［体育授業叢書］

体育の授業づくりと授業研究

小林 篤・著

大修館書店

まえがき

　本書は、著者が最近学会誌、大学の研究紀要、雑誌等に執筆・掲載した体育授業に関する論文の中から約40編を選び、体育授業の目標、内容、方法等に分類してまとめてみたものである。ただし、その中には20年から30年も前に執筆したものが数編混じっているが、これらは今日でも若干の存在意義を持つのではないかと判断して選んだものである。

　諸論文のうち、学会誌や紀要の論文はおおむねかなり長く（本書のページ数で11〜18ページ）、また雑誌論文は一般に3〜6ページであるが、一方、10編を収録した巻頭言はわずか1ページの分量である。各章とも、論文はおおむね長いものから短いものへと順に並べてあるが、一部順不同の箇所もあり、読んでいて何かしら凸凹した感じを抱かれることがあるかもしれない。

　ただ、若い研究者や学生諸君には、長い論文は文科系の原著論文の書き方の一つのモデルとして、また巻頭言は小論文（800字論文）の書き方のモデルとして多少の参考になるかもしれないと思い、またそうあってほしいと期待している。

　なお、引用文献の記載方法には、古くからの文科系の論文に一般的な、引用順に記載する方法と、理科系の論文に一般的なアルファベット順に記載する方法とがある。著者は通常は前者の方法をとっているが、日本体育学会の機関誌『体育学研究』などは後者をとることになっているので、同誌に載せた論文の場合はこれに従った。本書では、このような文献引用の仕方の違いは、原文のままにしておいたほうが研究上の資料としては参考になるのではないかと考え、あえて統一はしなかった。

　本書の刊行に際しては、大修館書店の綾部健三氏に一方ならぬお世話になった。『体育の授業づくりと授業研究』という書名も、綾部氏につけていただいたものである。記して深く感謝の意を表したい。

　　　2000年2月

　　　　　　　　　　　　　　　　　　　　　　　　　　　小林　篤

もくじ

第1章● 体育授業の目標 ……………………………… 7
第1節　新学力観に立つ体育授業 ―― 8
- 1◆平成元年版学習指導要領の内容 ―― 8
- 2◆新学力観と体育の授業 ―― 11
- 3◆体育学習における基礎・基本 ―― 15

第2節　「生きる力」を育てる体育授業 ―― 19
- 1◆バランスのとれた知・徳・体 ―― 19
- 2◆「工夫する学習」の全面的な強調 ―― 21
- 3◆運動を好きにさせる授業 ―― 25
- 4◆研究成果を踏まえた合理的な指導 ―― 27
- 5◆運動の取り上げ方の弾力化と選択制の拡大 ―― 28
- 6◆保健の授業の拡大と健康の自己管理能力の育成 ―― 31
- 7◆全体的な評価 ―― 32

第3節　体育授業の目標をめぐる諸問題 ―― 34
- 1◆Take part（参加する）ということ ―― 34
- 2◆運動の「楽しさ」と「喜び」 ―― 37
- 3◆ルールを自らつくる学習 ―― 38
- 4◆「体ほぐし」への一つの視角 ―― 41
- 5◆スポーツは学校から地域社会へ ―― 48

第4節　健康教育の現状と課題 ―― 52
- 1◆保健と健康教育 ―― 52
- 2◆学校をあげての指導体制の整備 ―― 53
- 3◆生涯学習を見据えた保健の授業の課題 ―― 54

第2章● 体育授業の教材と内容 ……………………… 59
第1節　体育学習における差別と共生 ―― 60
- 1◆教材研究の必要性 ―― 60
- 2◆教材の本質を把握する必要性 ―― 62

3◆プロセスを把握し評価する必要性-------------------------------------64
　　4◆共生せざるをえない学習の場をつくる-------------------------68
　　5◆支え合う仲間関係をつくる---70
　　6◆懸命に、えこひいきせずに教える-------------------------------74
　　7◆まとめ---76
　第2節　簡易ゲームで運動の特性に触れる学習───────78
　　1◆運動の特性に触れる学習---78
　　2◆ハーフコート・バスケットボール----------------------------79
　　3◆ファンボール--81
　　4◆ドリブルなしのバスケットボール----------------------------82
　　5◆反省---85
　第3節　教材解釈と指導法をめぐる問題─────────87
　　1◆文献講読から入る教材研究-------------------------------------87
　　2◆ボールゲームの授業の課題-------------------------------------92
　　3◆行事での挨拶とそれに対する反応----------------------------96

第3章◉子どもが自ら学ぶ体育授業　……………101
　第1節　自分で運動をつくる体育学習──典型としての土谷体育──102
　　1◆子どもが運動を自律的に総合的に学ぶ授業　………………102
　　2◆土谷体育-- 102
　　3◆身体表現「木の葉」の授業------------------------------------ 104
　　4◆「木の葉」の授業分析--- 108
　　5◆高学年の「わたしの運動」------------------------------------ 111
　第2節　子どもが自ら修業に励む忍者体育の授業───113
　　1◆忍者体育の歴史-- 113
　　2◆低学年の基本の運動としての忍者体育の授業--------- 114
　　3◆高学年の器械運動としての忍者体育の授業------------ 118
　　4◆「私の床忍法修業の道」の授業（6年生）--------------- 120
　　5◆連続技の学習で体得する動きのリズム--------------------- 122
　第3節　子どもがつくるボールゲームの授業───────125
　　1◆土谷体育との出会い--- 125

2◆4年生の「ゴールパスゲーム」──────────125
　3◆態度測定による授業診断──────────128
　4◆ルールをつくる授業の立場と成果──────────131
第4節　すぐれた授業実践に学ぶということ──────────134
　1◆土谷の体育授業の研究──────────134
　2◆定石の研究ということ──────────135
　3◆形の模倣と原理の理解──────────137
　4◆体育・保健の基本的な問題として──────────138
第5節　子どもから出発する体育指導──────────141
　1◆自ら鍛える雰囲気づくりを──────────141
　2◆歩走練習──────────142
　3◆あるべき体育の教科内容の私案──────────146
　4◆教育技術の学びの領域──────────147
　5◆子どもから出発する「総合的な学習」──────────148

第4章◉体育授業での指導の言葉 ……………149
第1節　体育指導における感覚的な指導の言葉──────────150
　1◆問題の所在──────────150
　2◆感覚的な指示の言葉の収集と分類──────────151
　3◆意識を焦点化させる指示──────────151
　4◆比喩によってイメージを育てる指示──────────158
　5◆擬音語を用いた指示──────────160
　6◆全体的な傾向と指導上の問題──────────160
第2節　足音に着目した体育指導──────────164
　◆はじめに──────────164
　1◆足音をさせないことを求める体育指導──────────164
　2◆柔らかな足音を求める体育指導──────────169
　◆まとめ──────────176
第3節　指導の言葉をめぐって──────────178
　1◆技術と心と──────────178
　2◆言葉による指導の修業を──────────179

3◆かけがえのない励ましの言葉-------180

第5章●授業評価と生徒評価 ------181
第1節　体育実技に対する学生の態度の構造と変容------182
　◆はじめに-------182
　Ⅰ◆体育実技の目的-------183
　Ⅱ◆体育実技に対する態度尺度の作成-------186
　Ⅲ◆体育実技に対する態度の構造-------188
　Ⅳ◆体育実技に対する態度の変容-------191
　◆まとめ-------195
第2節　評価についての考え方------200
　1◆「関心・意欲・態度」の評価-------200
　2◆体育が抱える評価の今日的課題-------207
　3◆まず授業の評価を-------212

第6章●体育授業を担当する教師に求められる条件------215
第1節　体育担当教師の資質と修業------216
　1◆体育教師のV.S.O.P.-------216
　2◆教師自身の「関心・意欲・態度」を-------220
　3◆問題把握の力-------221
第2節　体育授業の美学------227
　❖寂かな授業-------227
　❖美しい行進-------228
　❖「寂かな授業」を生む要因-------229
　❖静かな体育授業-------230
　❖笛を吹かない体育授業-------231
第3節　運動ぎらいにさせるものは何か------233

第7章●体育の授業研究 ------241
第1節　体育授業分析方法論------242
　1◆授業分析的研究のむずかしさ-------242

2◆授業記録に求められる要件────────────────243
　3◆要件を満たした授業記録の実例────────────244
　4◆学術論文を書くための工夫と努力───────────247
　5◆体育授業のカテゴリー分析─────────────249
　6◆授業に対する子どもの感想・意見の数量的把握──────250
　7◆学問としての体育授業分析の基本的な課題───────251
第2節　高田典衛の体育授業研究を見直す──────────**255**
　1◆研究の目的と方法────────────────255
　2◆高田典衛の体育授業研究の歩み───────────256
　3◆研究業績としての評価をめぐって──────────260
　4◆体系化を志した高田の二つの書───────────263
　5◆体育科教育学研究の先駆けとしての高田の業績─────267
第3節　体育授業実践学への道程─────────────**271**
　1◆体育授業研究に志した筆者の歩み──────────271
　2◆独創的な「論」の評価を─────────────274
　3◆体育授業実践学の構築に向けての提言──────────277
第4節　体育授業研究の展開───────────────**280**
　1◆授業研究の「なぜ」「何を」「どのように」──────280
　2◆体育授業研究発展の六つの契機───────────285
　3◆体育原理（哲学）研究の興隆を───────────286

年　表───────────────────────**288**
さくいん──────────────────────**290**

第1章

体育授業の目標

Chapter 1

第1節 新学力観に立つ体育授業

1 ◆ 平成元年版学習指導要領の内容

1—1 自らゲームを組み立てる能力

　日本の教育は一斉指導の教え込みが多く、子どもたちが自分で考えることが少ないので、日本の子どもは知識は豊富だが創造性に乏しいということがよく言われる。

　体育やスポーツの分野でも、例えば日本サッカー協会会長で、サッカー界の理論的指導者の一人である岡野俊一郎は、日本の少年サッカーは世界的に強いのに大人になると勝てなくなるのは、教師やコーチャーが教えすぎて子どもたちに自分の頭で考えさせることがないために、状況に応じて臨機応変にゲームを組み立てる創造性が育たないからだということを指摘している[1]。これと同じ観点に立って中学校の保健体育の教科書でも、「日本のスポーツは子どもは強いが、おとなは……」と題して、日本では子どものうちから技術的な練習にこだわるので、「ゲームのなかで自由に判断してゲームを主体的に組み立てる能力が、子どものときに十分に養われていない」と説かれている[2]。

　また最近でも、W杯の監督を務めた岡田武史は次のように語っている[3]。

　「W杯を通じて、不足していると痛感したのは個々の判断力だ。国民性として、日本人は指示されたことを疑いなく受け入れ、『なぜ』とは考えない。体育や部活動といった学校教育のなかでサッカーを教えられてきているため、本来スポーツに必要な自由な発想が育ちにくいのだろう。『日本の選手は、この状況ではどうプレーすべきなのかと聞いてくるが、それは自分で考えることだ』と、Ｊリーグの外国人監督の多くが指摘している。」

　このように自分で考える力の不足は、教育の分野全般に見られることであ

り、「これではダメだ」という問題意識が発端になったのであろう。1989（平成元）年に告示された学習指導要領では、冒頭の総則で「学校の教育活動を進めるに当たっては、<u>自ら学ぶ意欲と社会の変化に主体的に対応できる能力</u>の育成を図るとともに、基礎的・基本的な内容の指導を徹底し、個性を生かす教育の充実に努めなければならない」（アンダーライン引用者）というように、自己学習力、つまり自らゲームを組み立てる能力の育成が説かれた。

1－2　楽しさと体力・技能

　一方、学習指導要領の体育編では、1977（昭和52）年版から目標の第1として、小学校第1～4学年では「運動を楽しくできるようにする」、小学校第5・6学年と中学校では「運動の楽しさを味わうことができるようにする」ということが謳われた。これは、自ら学ぶ意欲を生む源泉は学習への楽しさの感情であるという考えに基づくものである。

　ところが、過去の教え込みの教育への反省から、「これからの体育の授業は、子どもに楽しく学習させることが大事で、そのためには体力や技能をやかましく言ってはいけない」という解釈が流布され、「教師は立って見ているだけの体育授業があった」というような噂が流れたりした。そしてそれに対して、「楽しければよいのか」という批判が浴びせられるという具合に、両極端に偏した意見が出て錯綜する状況が生まれた。

　そこで、このような状況に対処するためであろう、低学年から高学年まで「楽しさ」という言葉で統一されていたのを改め、1989年版の学習指導要領では、一過性の楽しさと区別するために、小学校高学年と中学校では「楽しさや喜びを味わうことができるようにする」というように「喜び」という言葉が付け加えられた。筆者はかねてから、言葉のニュアンスとしては「楽しさ」より「よろこび」のほうが高次であり、したがって自由放任の授業でも生まれる一過性の「楽しさ」と区別するために、「よろこび」という言葉を使ったほうがよいと主張していたが[4]、学習指導要領改訂の当事者も、これと同じ認識に立っていたものと思われる。

　もっとも、学習指導要領では、上記の文面に続けて体力養成と運動技能習得の目標が掲げられている。体力については、これを小学校第1～4学年で

は「養う」、第5・6学年では「高める」、そして中学校では「向上を図る」とされ、また運動技能習得の目標は小学校第3学年から登場し、第3～6学年ではこれを「身に付け」、中学校では「高める」となっている。だから文面を素直に読めば、楽しく運動をした結果が体力養成や技能の習得に結び付かなければ、体育学習の目標を達成したとは言えないことは自ら明らかなはずである。

昔から「心技体」ということが言われるが、これを今の論議に都合よく解釈すれば、心が動くことによって技が身に付き体力が養われるのであり、まず心を動かす（楽しく運動をする）ことが大事である。しかし心さえ動かせば、その結果としての技や体はどうでもよいというものではないのである。

1—3　自己の能力に適した課題をもち、頭を使う学習

続いて、これもすでに1977年版から、学習指導要領の器械運動、陸上運動、水泳など個人的種目の箇所では、「自己の能力に適した課題をもって運動を行い、その技能を身に付け」ることが学習内容とされ、また体操も「自己の体に関心をもち、ねらいをもって運動を行い、体力を高めることができるようにする」とされている。これは、総則で言われる個性を生かす教育のための方策である。

自己の能力に適した課題をもって学ぶのは、頭を使って自ら学ぶ行為である。またこれらすべての領域で「計画的に運動ができるようにする」とあり、低学年のゲームと高学年のボール運動では、「規則やルールを工夫して」という表現で、やはり子どもたちが頭を使って自ら学ぶ方途が示されている。

大学の教材研究や教科教育法の授業で学習指導案を書く作業をする際、「教師がどんどん教えてしまうのでなく、できるだけ子どもたちに考えさせる授業を」という条件をつけても、ボール運動を題材に選ぶ学生の多くが、「まずルールはきちんと教える」と書いてくる。自分たちでルールを工夫した学習経験がないので、ルールを教えなければゲームがやれない、頭を使うのは作戦を立てる段階からと考えているのであろう。このような学生たちと比べれば、学習指導要領のほうがはるかに先進的だと言わざるをえない。

2 ◆ 新学力観と体育の授業

2－1　指導要録の評価の観点

　この1989年版の学習指導要領に準拠して、指導要録の観点別学習状況の欄の内容が改められた。従来は、技能や知識・理解が筆頭項目だったが、改訂版では、まず学習への「関心・意欲・態度」、続いて「思考・判断」という観点が掲げられ、「技能」や「知識・理解」はその後に退いた。これは、関心・意欲・態度が原動力となり、自分の頭で思考・判断しながら学習して身に付けた技能や知識・理解こそが、自らゲームを組み立てることのできる能力（自己学習力）に他ならないという考え方の表れである。

　もっとも、観点のこのような並べ方から、授業の眼目は子どもたちに学習への積極的な「関心・意欲・態度」をもたせることであり、「知識・理解」や「技能」をやかましく言ってはいけないという短絡的な解釈も生まれた。このへんのことは、学習指導要領に「楽しさ」が登場したときとまったく事情は同じである。

　しかし指導要録作成の当事者であった元文部事務次官の奥田真丈は、これらの観点は学習のプロセスの順に並べたものであり、これは、このプロセスにしたがって評価していけばプロセスで適切な指導ができて、一人ひとりが確実に学力を身に付けることができるという考えに基づくものであると説明している[5]。著者も、この考えに賛成である。関心・意欲にはお構いなしに運動の技術を教え込まれても、「学校体育、校門を出ず」で生涯スポーツにはつながらないが、逆に関心・意欲だけが高くても、「意余って力足らず」で実践的な力とはなり得ない。だから、これら評価の観点は全体で一つのセットであり、全体が大事なのである。

　この指導要録に続いて、「これが新しい学力観だ」という文部省見解が1993年発行の小学校教育課程一般の指導資料で示され[6]、以来「新学力観」という言葉が最もトレンディな教育用語となった。

2－2　指導資料で説かれる体育授業の姿

　上記の指導資料では、この新学力観に基づいた各教科の学習指導の在り方

が説かれているが、体育については次のように述べられている（アンダーライン引用者）。

　「これからの運動領域の学習指導においては、生涯スポーツの基礎を培うことを重視し、子ども一人ひとりが生涯にわたって自ら運動に親しむ態度の育成を図っていく必要がある。そのためには、子どもたちが進んで楽しく運動しようとする意欲をもち、自分の運動の課題の解決を目指して活動の仕方を考えたり工夫したりするような学習活動を展開することが大切である。」

　ここでは、先に見た学習指導要領総則の文面、ならびに体育編に述べられている体育授業の目標と内容が、コンパクトに表現されている。

2－3　新学力観に立つ体育授業の代表例としての「めあて学習」
(1) グループ学習の考案と普及

　体育の分野では、生徒の自主的・主体的な活動を促す学習形態として、1957（昭和32）年に竹之下休蔵（1905－88）によってグループ学習の方法が考案された。

　戦中の体操の指導は、教師が指揮台の上から号令をかけて、大勢の生徒に一斉画一的に体を動かさせるものであったが、このような指導法は、敗戦によってわが国に進駐してきた占領軍当局によって「軍国主義的である」として全面的に禁止された。しかしわが国の教師は、これに代わる指導法を見出すことができず体育の指導は混迷を続け、自由放任の授業が増えた。著者は当時新制中学校の生徒であったが、体育の授業といえば、野球をやって遊んでいた記憶しかない。まさに「六三制、野球ばかりがうまくなり」と揶揄されたとおりの状況であった。

　このような状況の中で、文部省に勤務していた竹之下は、戦後最初の体育の学習指導要領の作成に携わった後、東京教育大学教授として転じ、神奈川県の大田小学校を実験校として6年の歳月をかけ、体育独自のグループ学習の方法をつくり上げたのであった。そして、この方法の発表会に集まった教師が中心になって、グループ学習の普及発展を目指し竹之下を会長に全国体育学習研究会（略称：全体研）という民間教育研究団体が結成され、グループ学習は広く現場で採用されていった。

(2)「めあて学習」の誕生

　ところが時代を経て1977年版の学習指導要領では、先に見たとおり、「自己の能力に適した課題をもって運動を行う」という言い方で、個性を生かす教育の方向が示された。そうなると、グループ学習は、こういう新しい時代の教育の要請には必ずしも適合しない。なぜなら、グループ学習ではグループを単位に方針を決めて活動するから、個人の意志は、ある程度抑制しないといけないことが多いからである。

　そこで竹之下は、「グループ学習にこだわらずに、新しい学習指導法をつくり出す必要がある」ということを言い[7]、これを受けて全体研の人たちは、意欲的に現場で実践的研究を進めた。その結果生み出されたのが、いわゆる「めあて学習」である。

(3)「めあて学習」の方法

　これは、個人種目の場合、授業時間の前半は今もっている技で運動を楽しむ「めあて①」の段階の学習をし、後半は少し努力すればできそうな技に挑戦して楽しむ「めあて②」の段階の学習をするというものである。これで何時間か学習をして「めあて②」の技ができるようになると、これが「めあて①」に移り、新しい技が「めあて②」に取り入れられる。このようにして、学習はらせん状（スパイラル）に上昇していくから、これをスパイラル型と言う。文部省の指導資料では、モデルAと名づけられている。

　なおチームゲームの場合は、総当たり戦を行う「ねらい①」、次に、相手を特定し作戦を練って対抗戦を行う「ねらい②」という形態がとられる。これはステージ型（指導資料ではモデルB）と言われる。「めあて」と「ねらい」という用語は、授業の目標が「ねらい」で、各個人の目標が「めあて」というように一応区別される。

(4)「めあて学習」のすぐれている点と問題点

　このめあて学習は、よく考えられた方法であり、また文部省が新学力観に立つ体育授業の進め方のモデルとして積極的に伝達講習や指導資料で推奨したこともあって、たちまち日本全国の特に小学校に普及した。

　以前は、「今日は逆上がりの練習をする」ということで、みんなが鉄棒の前

に列をつくり、逆上がりという単一の技を順番に練習する授業が一般的であった。そうすると、すでに逆上がりのできる子どもは、順番がくればいともあっさりと演技をしてまた順番を待つだけで意欲も高まらず、進歩も見られない。ところがその一方では、順番がくるたびに無駄な失敗を繰り返している子どもがいるという情景がよく見られた。これでは、できる者もできない者も楽しくないから、1時間中逆上がりの練習を続けることは無理で、したがって逆上がりと障害走とか逆上がりとボールゲームというように、たいてい他の教材との組み合わせ単元という形で授業が行われていた。

これに対して「めあて学習」では、誰でも、自分ができて自分の好きな運動を「自己の能力に適した課題」としてめあてに選ぶから、できない子どもがいないし、どの子どもも楽しい。めあてもまた、少し努力すればできそうな技が選ばれているから意欲が湧き、やはり楽しい。したがって組み合わせ単元にしなくても、器械運動なら器械運動だけで1時間を十分持ちこたえることができるし、「この時間の終わりが、次の時間の始まりにつながる」というオープン・エンドの形で学習が発展していく。また、自分でめあてを考え、めあての達成を目指して学習するから、当然そこには思考・判断の活動が存在する。このようなわけであるから、楽しさと思考・判断のある継続的な学習によって、運動技能が身に付き、体力が養われていくのが「めあて学習」だという評価をすることができる。

ただ、「猫も杓子もめあて学習」というほどにこの学習形態が普及すると、その形式をなぞるだけの授業も増え、それに対する批判も噴出することになった。最も多い批判は、「めあて学習」の生命は、子どもたち一人ひとりがその能力に適しためあてをもって学習を進めるところにあるのであるが、どうもめあてが適切でない場合が少なくないのではないかということである。もちろん、子どもまかせにしていたのでは適切なめあてをもつことができない子どもが増えるのは当然のことだから、この批判は、子どもたちが適切なめあてをもつことができるように教師はきちんと指導・支援をしているのかという批判である。

では、この場合の適切な教師行動は、具体的にどのようなものであろうか。

このことについては、第3章で土谷体育を検討する際に考えてみることにしたい。

3 ◆ 体育学習における基礎・基本

3—1 「めあて学習」と逆上がり

　上記の問題を考える前に、ここではもう一つ、「めあて学習」に対する批判を取り上げてみることにしたい。それは、小・中学校の義務教育段階では国民として共通に必要な基礎・基本を学習することが大原則であるのに、子どもたち各自が自由にめあてをもつことになると、この基礎・基本が欠落してしまうのではないかという疑問・批判である。

　以前、「めあて学習」を熱心に行っているある小学校を訪問した際、スポーツテストの結果について相談を受けたことがあった。その学校の成績が、市内の他の小学校の成績に比べて低いし、県平均や全国平均と比べても低い。どうしたらよいか、ということであった。そこでデータを見せてもらったところ、連続逆上がりの成績が0点の児童が6年生でも半分以上いて、そのために全体の平均値が下がってしまっていることがわかった。0点が半分以上ということは、逆上がりが連続どころか1回もできない者が半分以上もいるということである。事情を聞いてみると、器械運動の「めあて学習」で、逆上がりを自己のめあてに選ばない児童が多いので、このような結果になったということであった。

　「そうであるなら、スポーツテストの成績を上げるには、全員に逆上がりを練習させるしかないではないですか」と返答したのであるが、同校の教師は、全員一律に同じ種目を履修させるのは、「めあて学習」の趣旨に反するのではないかとちゅうちょしているふうであった。

3—2　学習指導要領と指導書

　学習指導要領では、器械運動のうちマット運動と鉄棒運動については「技を繰り返したり、組み合わせたりすること」を第4学年の学習内容とし、また技を新たに加えて上記の運動を行うことを第5・6学年の学習内容にしている。また跳び箱運動は、第4学年では「支持跳び越し」、第5・6学年では

「安定した動作での支持跳び越し」が学習内容となっている。

しかし、これだけではわけがわからないので、文部省発行の指導書(1989年版)に技が具体的に示されている。これが例えば第5・6学年のマット運動では、側転、前転、後転など15個の単技と2種類の組み合わせ技、鉄棒運動は膝かけ上がり、逆上がりなど10個の単技と3種類の組み合わせ技という具合で、大変数が多い。

ただ、指導書のまえがきには、指導書は「各学校が適切な指導計画を作成し指導を行う上での参考となる事項をまとめたものである」と書いてあり、ここに示されている数多くの技も「例示」である。だから小学校のマット運動、鉄棒運動の基礎・基本は、学習指導要領に示されている「技の繰り返し・組み合わせ」であって、それらの技の中に、指導書に例示されている技を全部含ませなければならないというものではない。

内海和雄は、ある小学校での「鉄棒の逆上がり」の公開授業の場で、見学者を前に指導主事が「この子たちに逆上がりを教えたいと思う人?……(少しずつ手を上げる人を見渡しながら)そういう教師の態度がいけないのです。教えようと思ってはいけない、そしてすべての子にできさせようと思ってはいけない」と「指導」したというエピソードを、学級すべての子にわからせ、できさせようとする「これまでの教育」を否定した典型例として批判的に紹介している[8]。

確かにこの指導主事の言葉は舌足らずで、真意が理解されにくい面はあるが、しかし言っているのは、技の繰り返し・組み合わせの中に逆上がりを含ませなければならないというものではないということで、現行の学習指導要領の解釈としてまちがいではない。

かつて1968(昭和43)年版の学習指導要領では、小学校の第1学年から運動領域別の柱が立ち、器械運動の鉄棒では、第1学年から「腕立てとび上がり、懸垂振り、足ぬき回り」というように具体的な技が示され、逆上がりは第2学年から登場して第6学年まで一貫して必修の技として掲げられていたが、1977(昭和52)年改訂版からは学習内容の精選ということで基本的な動きが示されるに止まり、具体的な技はすべて指導書に例示として移されたのである。

3―3　器械運動の基礎・基本
(1) 共通履修の技を指定する提案

　もっとも他の運動領域では、例えば陸上運動では、リレー・短距離走、障害走、走り幅跳び、走り高跳びというように種目が示されているし、音楽でも、例えば第1学年の表現教材は、「うみ」、「かたつむり」、「日のまる」、「ひらいたひらいた」の4曲というように、学年ごとに曲目が具体的に示されている。だから多分器械運動でも、具体的な技を学習指導要領に残すことが検討されたのであろうが、特にマット運動と鉄棒運動は種目の数が多すぎて、基礎・基本の技を特定することができなかったのであろう。

　しかし、昔から鉄棒の逆上がりと跳び箱の開脚跳びは、小学校体育の代名詞ともされていた種目である。事実、1968年版の学習指導要領では、上記のとおり逆上がりは第2学年から第6学年まで一貫して必修教材であり、また開脚跳びも第2学年で腕立てとび上がり・とび下り、第3学年で腕立てとび越し、そして第4〜6学年は腕立て開脚跳びという形で一貫して必修教材になっていた。だから著者のような古い世代の者は、「小学校で6年間体育をやった証として、せめて開脚跳びと逆上がりくらいは」と思ってしまう。

　こういう考え方に立てば、すべての技を自由選択にするのではなく、鉄棒運動では逆上がりを共通履修の技として学習指導要領に戻し、まずこれの繰り返し（連続）、そのうえでこれに子どもたちが自分で選んだ技を加えて行う技の組み合わせを鉄棒運動の基礎・基本とするのが妥当ではないかということになる。共通履修の技の範囲をもう少し広げようと思えば、例えば、上がる技の代表として逆上がり、棒上で回転する技の代表として後方支持回転か前方支持回転、そして下りる技の代表として前回り下り――この三つを取り上げるという考え方もできる。

　連続逆上がりという種目を含む小学校スポーツテストは、逆上がりが小学校体育の必修教材となっていた時代の1965 (昭和40) 年に作成されたものであるので、当時は何も問題がなかったのであるが、「めあて学習」の時代になると、前記の小学校のような問題が発生する。しかし、逆上がりは共通履修の技にしようということにすれば、この問題も解決する。

ただ、1998年改訂の新学習指導要領では、残念ながら著者のこのような提案は採択されなかった。もっとも、完全学校週5日制に向けて小学校スポーツテストも改訂されて簡素化が図られることになり、連続逆上がりは削除されたから、現実にはテスト種目の改訂ということで問題が解決されたことになる。

(2) 共通履修の中での個性を生かす学習

　先ほどの小学校では、昔の一斉指導を連想して共通履修の方式の導入をちゅうちょしたのであるが、「自己の能力に適した課題をもって」という学習指導要領の方針に則るなら、仮に逆上がりを共通履修の技に指定しても、子どもたち各自がその能力に応じて異なる高さの鉄棒を選ぶことができ、また高さだけでなく、一息で回るとか脚を伸ばして回るとか連続逆上がりの回数に挑戦するとか、子どもたち一人ひとりのめあてが尊重される授業が展開されるはずである。

■引用文献
1）岡野俊一郎「サッカーとイマジネーション」『臨教審だより』第10号、1985年
2）学習研究社『中学保健体育』1996年、38頁
3）「岡田武史の301日(30)」朝日新聞1998年12月13日付
4）初出は、小林篤『体育の授業』1975年、一莖書房、30頁
　　なお、「よろこび」の表記法は「喜び」「悦び」「歓び」「慶び」などいろいろあり、それぞれに味わいがあるので、著者はこのどれにも特定しないという意味で「よろこび」とかな書きをした。
5）奥田真丈他『絶対評価の考え方』1992年、小学館、16頁
6）文部省『新しい学力観に立つ教育課程の創造と展開－小学校教育課程一般指導資料』1993年、東洋館、55頁
7）永島惇正「全体研における『楽しい体育』について」『体育科教育』1991年4月号
8）内海和雄「新学力観をどう捉えるか」『体育科教育』1994年1月号

〈『兵庫教育大学研究紀要』第18巻、1998年への掲載論文の前半部分〉

第2節 「生きる力」を育てる体育授業
――平成10年版学習指導要領の内容――

1・バランスのとれた知・徳・体

1—1 中央教育審議会答申

　1993年(平成5)年度に月1回実施で始まった学校週5日制は、1995年度からは月2回実施となり、2002(平成14)年度からは完全実施に移されることになっている。しかしそのためには、学校週6日制を前提につくられている現行の平成元年版学習指導要領を改訂して、内容を削減しないといけない。そこで、まず教育改革の基本方針を策定するために1995年4月、第15期中央教育審議会(有馬朗人会長)が発足したが、同審議会は1997年7月、「21世紀を展望した我が国の教育の在り方について」というタイトルで、「子どもに『生きる力』と『ゆとり』を」と題する答申を行った。バランスのとれた知・徳・体を「生きる力」と定義し、今後の教育が目指すのはこのような「生きる力」を育てることであり、そのために教育内容を「厳選」してスリム化し、完全学校週5日制を実現して子どもの生活にゆとりをもたせなければならないというのである。

　なお、ここで言われる「知」とは記憶した知識の量ではなく、自分で課題を見つけ、自ら学び考え、主体的に判断・行動し、よりよく問題を解決する能力のことであるという。そうすると、これは新学力観で言われる学力に他ならない。つまり「生きる力」とは、新学力観で言う学力を「知」として捉え、これに豊かな人間性の「徳」とたくましく生きるための健康や体力の「体」が合わさったものであると解釈することができる。

　こういうことが答申の中で説明されていれば、「生きる力」は新学力観を包み込んだものだということがスムーズに理解されるはずである。ところが、答申の下書きをしたのは文部省の担当官なのであろうが、「知」を説く文章の

中に新学力観という言葉は一度も出てこない。

　研究の場合は、先行研究を十分に尊重して、その上に自己の研究を積んでいくのが自明のルールである。ところが教育行政の場合は、学習指導要領がその典型であるが、今までの学習指導要領のどこが問題なのかということには全く触れることなしに、「今後はこのように変える」ということだけが示される。今回の中教審答申も同じで、新学力観という言葉は自らが提示し、指導資料や伝達講習で大いに啓蒙普及に努めてきたものであるのに、それには知らぬ顔で「生きる力」という新しい言葉を出してくる。その結果、日本の教育界は、過去の実践の成果を継承発展させるというのではなく、次々に掲げられる新しいスローガンに振り回されることになってしまっている。きっと近いうちに、「新学力観はもう古い。今度は生きる力だ」ということになるだろう。

　このように文部省の施策にクレームをつけたうえで、こんな言い方をするといささか腰くだけになってしまうが、ともすれば知的領域に限定されるかのようなイメージが描かれやすい新学力観という言葉よりも、「生きる力」のほうが体育という教科の意義を考えるには好都合であることは確かである。

1−2　教育課程審議会答申と新学習指導要領の告示

　中教審答申が出されたのに続いて、答申で示された教育改革の基本方針を教育課程（カリキュラム）に具体化する作業を行うために、教育課程審議会（三浦朱門会長）が発足したが、同審議会は精力的に審議を重ね、1998年7月に答申を行った。

　この答申に基づいて学習指導要領（以下、指導要領と示す）の改訂が急ピッチで進められ、1998（平成10）年12月に小学校及び中学校、翌1999年3月に高等学校の新指導要領が告示された。

　この新指導要領では、完全学校週5日制を実現させるために、学校の週当たりの授業時数を2時間減らす一方で、教科横断的な「総合的な学習の時間」が小学校第3学年以上で週3時間、中学校では下限が年間70時間、上限は第1学年で100時間、第2学年105時間、第3学年130時間、また高校では3年間で105〜210時間新設するとされた。そのために教科の授業時数が削減され、

小学校、中学校の体育、保健体育は現行の年間105時間が90時間に減らされることになった。また高校は、現行では体育が年間7～9単位、保健が2単位であるが、改訂版では体育が7～8単位になり、加えて、現行では全日制課程では体育は「9単位を下らないこと」となっているが、こういう縛りがなくなった。

このように削減された授業時間の中で、次のようなより一層充実した体育指導が求められることになっている。

2 ◆「工夫する学習」の全面的な強調

2−1 「工夫」のオンパレード

「生きる力」の柱となる要素として中教審答申では、先に見たとおり、自ら学び自ら考える能力をあげている。この考え方を受けて改訂指導要領冒頭の総則では、次のように述べられている。

「学校の教育活動を進めるに当たっては、各学校において、児童・生徒に生きる力をはぐくむことを目指し、創意工夫を生かし特色ある教育活動を展開する中で、自ら学び自ら考える力の育成を図るとともに、基礎的・基本的な内容の確実な定着を図り、個性を生かす教育の充実に努めなければならない。」

この基本方針に則って、指導要領の体育編でも、全編にわたって子どもたち一人ひとりが活動を工夫して計画的に運動を行うことが強調されている。小学校では、現行の平成元年版でも、ボール運動では「規則を工夫し」という表現が見られるが、改訂版では、全学年のすべての運動において「工夫」する学習が次のように求められている（アンダーライン引用者）。

> 〈基本の運動〉競争や運動の仕方〔(1・2年)を知り、(5・6年)の課題をもち、運動の楽しさを求めて〕活動を工夫することができるようにする。
> （以下、文章の末尾はすべて「(工夫)することができるようにする。」）
> 〈ゲーム〉ゲーム〔(1・2年)を楽しむための簡単な規則、(3・4年)の課題をもち、簡単なゲーム〕を工夫……。
> 〈体つくり運動〉自己の体力や体の状態に応じて、体ほぐしの行い方や体力の高め方を工夫……。

〈器械運動〉自己の能力に適した技に取り組み、その技ができるようにするための〔(4年) 活動、(5・6年) 課題の解決の仕方〕を工夫……。
〈陸上運動、水泳〉自己の能力に適した課題を決め、課題の解決の仕方を工夫……。
〈水泳 (4年)〉自己の能力に適した課題をもち、活動を工夫……。
〈ボール運動〉自分のチームの特徴に応じた作戦を立てたり、ルールを工夫したり……。
〈表現運動〉〔(3・4年) 表したい内容にふさわしい動きやリズムに乗って踊るための活動、(5・6年) 練習や発表の仕方〕を工夫したり……。

まさに、「工夫」のオンパレードである。これは中学校や高校の指導要領でも同様で、1989年版ではわずかに球技と武道で「攻防の仕方を工夫」という表現が見られるだけであるのに、改訂版では、例えば、器械運動・水泳「練習の仕方を工夫することができるようにする」、陸上競技「練習の仕方や競技の仕方を工夫 (以下同文)」というように、七つの運動領域すべてに工夫する学習が指示されている。

著者はかねてから、体育の授業では運動を行わせるだけでなく、それと表裏一体となって、「どのように行うのがよいか」「なぜか」ということを考えさせることが必要であり、そういう「知識・理解に裏打ちされた技能」が体育における学力だという主張をし、学習指導要領やそれに基づく指導要録にそういう志向性が欠けていることを批判してきたが[1]、いまやっと多年の主張が適えられた思いである。

2—2 短距離走のスタートの仕方の工夫

子どもに工夫させるための措置が、最も明確に打ち出されているのは小学校陸上運動の短距離走のスタートである。

このスタート法は、かつては小学校4年生からクラウチングスタートが指導書に示されていたが、脚力の弱い小学生では、このスタート法ではかえって遅くなるという研究結果に基づいて、1977年版からこれがスタンディングスタートに改められた。

ただ、クラウチングスタートは、速いスタートをするための力学的な原理

を平易に説明することができる教材なので[2]、これが小学校教材から消えてしまったのは残念なことだと著者は思っていたのであるが、新学習指導要領の告示に続いて1999年5月に発行された『学習指導要領解説』(従来の『指導書』が、このように改称された)では、「いろいろなスタートの形で行う」となった。どのようなスタートの仕方をすれば鋭いスタートダッシュができるか、子どもたちに工夫させるというのである。改訂に参画した小林寛道は、「小学生からクラウチングスタートが行われてもよいし、片手をついた3点支持のスタート姿勢でもよい。いかにすばやいスタートダッシュが生み出されるかが指導のポイントである」と解説している[3]。「教える」ことから「工夫させる」ことへの転換であり、「卓見である」と筆者は評価したい。

2—3 理論と実践の一体化

中学校の「体育に関する知識」や高校の「体育理論」も、従来から必修ではあったが、履修学年は中学校では第1学年又は2学年と限定され、また高校では授業時数は「体育の総授業時数の5～10％とする」と決められていたが、履修学年は特定されていなかったのに対し、新学習指導要領では、いずれも3学年にわたって必修ということになった。理論と実践の一体化を図るという趣旨によるものであるが、大きな前進であると言えよう。

なお小学校第3・4学年の「ゲーム」は、現行ではポートボール、ラインサッカー、ハンドベースボールという種目名が示されているが、改訂版ではバスケットボール型ゲーム、サッカー型ゲーム、ベースボール型ゲームとなった。これは、これによってニュースポーツの導入を可能にするとともに、子どもたちが自ら工夫してルールをつくることを奨励していると考えることができる。

2—4 体育は「生きる力」を育てる基礎的な教科

「生きる力」を育てる教育の中での体育授業の役割は「体」だけに関わると思われがちであるが、上記のように体育学習の全般にわたって「工夫」することが強調されると、体育の授業は単なる「体」ではなく、「知と結び付いた体」を育てる営みとなる。

また、例えば小学校学習指導要領の第3・4学年では、体育の目標として

「協力、公正……最後まで努力する態度を育てる」とあり、さらに各運動領域の箇所に、例えば「ゲーム」では「規則を守り、互いに協力してゲームを行い、勝敗を素直に認めることができるようにする」とある。これは，疑いもなく「徳」と結び付いた「体」の学習である。もっとも、「徳」を育てることを主目的とすれば道徳教育となるが、体育の場合はそうではなく、運動の学習の結果として上記のような運動場面での「徳」が体得されるということである。

　このように体育の授業は、直接的には「体」に関わりながら、教師に見識と力量があるなら、あわせて「知」と「徳」を育て、それがフィードバックして「体」の中身を質的に高め、「生きる力」を培う基礎的な授業（教科）になるということが言える。

2—5　すぐれた先行実践に学ぶ必要性

　もちろん、放っておいても自ら体育の授業が「生きる力」を育てるものになるというのではない。

　工夫する学習も、すでに見たとおり現行の小学校学習指導要領では、工夫という言葉はボール運動で「ルールを工夫」という表現で出てくるだけであるが、そのボール運動においても、ルールを工夫した学習経験のある学生は極めて少数派である。それは、「工夫する学習」についての教師の認識不足によることが多いというのは確かなことだが、それとともに、子どもたちに工夫させる授業は、教師がどんどん教える授業よりもどうしても時間がかかり、そのため工夫させていたのでは時間切れになってしまうという心配によるところも多いであろう。

　ボール運動だけでもこのような状況であるのに、新学習指導要領で全運動領域での工夫する学習を強調しても、果たして実現可能であるか疑問である。新しい教育課程では、体育の授業時間は現行の年間105時間から90時間に減らされるから、実現の可能性についての疑問はますます大きくなる。

　学習指導要領は夢を語る文書ではなく、学校教育の現実的なガイドブックであるから、学習指導要領の作成者には、すべての運動領域での工夫する学習の実現可能性についての見通しがあるはずである。その見通しを、具体的

な指導計画の形で発表されることを要望したい。

　一方、すぐれた先行実践に学ぶことも大事である。著者は、これまで子どもが自分の運動を自ら工夫・考案して実践する「土谷体育」（第3章参照）を分析・紹介してきたが、この授業方式からは、子どもたちに工夫させる授業の展開の仕方について多くの示唆を得ることができる。「土谷体育」を頭に置いて考えてみると、工夫させる授業は初めのうちは時間がかかり、「こんな調子では、多くの単元が積み残しになってしまう」と案じられるが、子どもたちが工夫する学習の経験を積んで力をつけると学習の進度は加速され、1年間が終わってみれば、学習指導要領に書いてある程度のことはすべて学習してしまっていたということになるのではないかと思われる。

　しかしこれはまだ仮説であり、この仮説を検証するには、子どもたちに工夫させるすぐれた実践家の授業を、1年間を通じて継続的に観察・記録・分析する息の長い研究が必要である。その点、著者の今までの研究は、主として1時間分の授業の分析であり、こういう長期的な視野に立った粘り強い研究が欠けていたことを反省させられる。

　いずれにしても、子どもたちが自ら考える授業を年間を通じて成立させるために求められるのは、教師の識見と力量であり、そういう識見と力量を身に付けるには、まずすぐれた先行実践に学ぶことが必要なのである。

3 ◆ 運動を好きにさせる授業

3—1　体ほぐしの運動の登場

　従来、体操は「体力を高める運動」を行う領域であったが、改訂学習指導要領では、小・中・高校を通じて、これと並んで「体ほぐしの運動」が加えられ、領域の名称も体操から「体つくり運動」に変わった。

　「体ほぐしの運動」の内容は、「自己の体の変化に気付き、体の調子を整えたり、仲間と交流したりするためのいろいろな手軽な運動や律動的運動」と説明されているが、『小学校学習指導要領解説』では次のような運動が例示されている。

・のびのびとした動作で用具などを用いた運動

- リズムに乗った体操など、心が弾むような動作での運動
- 互いの体に気付き合うようペアーでのストレッチング
- いろいろな動作などでウォーキングやジョギング

　心と体をリラックスさせ、伸び伸びと行う運動がイメージされるが、しかもこれは先ほど見たとおり、教師が指示して一斉画一的に行わせるのでなく、子どもたちに工夫させることが基本なのである。

　教育課程審議会の答申では、子どもたちの現状を「運動に興味をもち活発に運動をする者とそうでない者に二極化していたり、生活習慣の乱れやストレス・不安感が高まっている」としたうえで、心と体を一体としてとらえた指導によって、運動が好きで、健康な生活習慣を身に付けた子どもを育てることが必要であるとしている。その具体的な施策の目玉が、心身の硬さをほぐすことを目指す「体ほぐしの運動」であると見ることができる。

　体育が苦手だったという認知心理学者の佐伯胖は、その原因を次のように自己分析する[4]。

　　「なにかしらからだを緊張させて、言われたとおりの『動き』をむりやりに『形作ろうとして』いたように思う。だから、おそらくからだのあちこちに緊張がたまり、ばらばらになって、動きの『流れ』ができなかったのではないだろうか。」

　こういう子どもに体を動かす喜びを味わわせ、運動好きの子どもにしていくのが、言うまでもなく体育の授業を担当する教師の役割である。

　　「現在本当に必要な体育教師とは、一人ひとりの子どものからだを通して内面の緊張やこわばりを解き、自らのからだを味わいながら自らの『人間』の世界への姿勢を吟味することを助け、大切にしてあげる人ではないだろうか。」

　佐伯が具体的に思い浮かべているこのような体育教師は、野口体操という脱力を中心とした独特の体操を考案し指導した野口三千三（1915-98）[5]であり、また彼に学んで、体をほぐすことをテーマに演劇関係者や教師に体のレッスンをしている竹内敏晴[6]であると思われるが、このように「緊張やこわばりを解き、自らのからだを味わう」体ほぐしの運動の授業が一般化するなら、運動が好きな者とそうでない者の二極化現象も消えていくに違いない。「体ほぐしの運動」は、一見捉えどころのない感じもあり、放っておくとマニュア

ルのようなものが流布してそれに飛びつく教師も多数生まれる懸念もあるが、授業に当たる教師が、この運動の意義についての認識をもち、児童・生徒が心身を解放して、伸び伸び生き生きと体を躍動させる授業を創造していくことが期待される。

なお、近年の生徒の特徴として「他人との関係がつくれない」(河上亮一)[7]ことが指摘されているが、体ほぐしの運動の内容として「仲間と交流」や「ペアーでのストレッチング」が示されているのは、こういう問題点への対応を意図しているものと考えられる。

3—2　遊びから入る学習

自ら学び自ら考える体育学習を促すには、なず何よりも運動が楽しくなければならない。これは、現行でも強調されていることであるが、改訂版ではさらに一歩進めて、小学校低学年の基本の運動の内容を、現行では走・跳の運動、力試しの運動等々となっているのを、走・跳の運動遊び、力試しの運動遊びというように「遊び」という語句をつけ加えている。まず楽しく遊ぶことから入って、運動の楽しさ・喜びを体得させようということである。

また、低学年の基本の運動の中の模倣の運動は「表現リズム遊び」となり、これが表現運動として独立する第3・4学年での内容は、現行では表現とフォークダンスであるが、このうちフォークダンスが軽快なロックやサンバのリズムに乗って踊る「リズムダンス」に変わった。

4年生の娘さんのダンス発表会を参観した母親が、「サッカー部の練習風景を取り入れたダンスの中にカンフーがあったり、スピードやマックスを思わせるダンス。みんなが楽しく踊っていた」として、「苦手だった高校の創作ダンスの授業を思い出していた私は、カルチャーショックを受けた」と新聞に投書していたが[8]、このようなダンスの授業を一つの露頭として、体育の授業全体が、楽しさを基底にして「生きる力」を育てるものになっていくことが目指されているのである。

4 ◆ 研究成果を踏まえた合理的な指導

先ほど、小学校の陸上運動では短距離走のスタート法の縛りがなくなった

ということを見たが、今回の小学校学習指導要領の改訂では、この運動領域に特に見どころが多い。

　従来は小学生では短距離走単独では興味の持続がむずかしいということで、「リレー・短距離走」とセットにされ、しかもリレーが先にきていたのが、「短距離走・リレー」と改められた。きちんとした走法を指導するのがねらいだと言う。

　また短距離走の距離は、従来80〜100mであったのが、50〜80mに短縮された。「フルスピードで走り抜く快感」が短距離走の特性であるが、スピード曲線等をとった研究の結果では、従来の距離では長すぎて後半は減速してしまい、短距離走の特性から離れてしまうというのである。小林は、「極論すれば、小学生の短距離走の生命部分は40〜60m部分であることをあらかじめ理解しておくと、短距離走の指導を考えるうえで好都合であろう」と書いている[3]。同様の観点で、ハードル走(従来は障害走)も、50〜80mから40〜60mに短縮された。

　また走り幅跳びは、従来の15〜20mの助走での練習に先立って、踏切板を置いて5〜10mの短助走で跳ぶ練習が新たに加えられた。「まずリズミカルな走り幅跳びを短助走によって身につけさせようという意図」(小林)だと言う。かつて斎藤喜博は、小学校5年生に対する台上前回りの指導で、大技ではあるがリズムに欠けた演技をする子どもに対して、助走路を短くして3歩助走で行わせ、それでもまだ助走が強すぎると言って次には踏切板の上から跳ばせていたが[9]、上記の走り幅跳びでの短助走の措置は、跳び箱運動でも援用される価値があると言えよう。

5・運動の取り上げ方の弾力化と選択制の拡大

5—1　「いずれかの学年で履修するだけでもよい」という措置

　小学校体育の内容は2学年単位で示され、現行の第5・6学年では、陸上運動の走り幅跳びと走り高跳びが「各学年に分けて指導することができる」となっているほかは、すべての運動が「各学年で指導するものとする」とされている。これに対して改訂学習指導要領では、体つくり運動だけ「2学年

にわたって指導するものとする」という規定が残り、他の運動からはこれが消えた。したがって体つくり運動以外の運動は、第5・6学年のいずれかで学習するだけでもよいことになったと解釈することができる。

また低・中学年の基本の運動も、4学年を通じて指導することになっているのは走・跳の運動だけで、その他の運動は弾力的な取り扱いが認められている。

このような扱い方に変わったことの発端は、教育課程審議会で、ある女性委員が逆上がりなどができなくて辛い思いをした自らの小学生時代の体験を切々と語り、なぜ鉄棒運動等を必修にしなければならないのかと疑問を投げかけたことにあったと言われる。この発言が審議会の雰囲気を支配し、器械運動は第5・6学年のいずれかで履修すればよいことにしようという流れになったそうであるが、器械運動だけをこのように特別扱いすることには問題があり、結局「体つくり運動」を除くすべての運動が横並びで「右へならえ」ということになったのであろう。そしてこれは、結果的に授業時間数の削減に対応する措置にもなったのである。

この措置に対する評価を、今の段階でくだすのはむずかしい。短縮された体育の授業時間の中で、この措置が実際にどのように運用されるか、しばらく推移を見守る必要があるであろう。

5—2　中学校における選択制の拡大

小・中学校は義務教育であるから、国民に共通に必要な基礎・基本を指導するのが大原則である。しかし一方、前期中等教育としての中学校は、「個性を生かす教育」という観点で学習内容の選択制を大幅に取り入れている高等学校とのスムーズな接続を図る必要もある。

そこで中学校では、従来から第1学年では小学校との接続を重視して教育内容は共通履修であるが、第2学年からは高校との接続を視野に入れて選択制が取り入れられてきた。体育の場合、現行では例えば器械・陸上・水泳という個人的種目では、第1学年ではどれも必修であるが、第2学年になるとこれらのうちから2を選択することができ、第3学年になると1又は2を選択となっている（領域間選択）。また、これによって例えば器械運動を選択し

た場合、マット・鉄棒・平均台・跳び箱という4種目のうちから2又は3を選択することができる（領域内選択）となっている。

これが今回の改訂では、第2学年の選択制が拡大されて第3学年同様「1又は2」を選択と改められ、また器械運動を選択した場合の「2又は3を選択」という種目選択の条件がなくなって、単に「選択」ということになった。問題の焦点は、小学校と同様やはり器械運動で、これが体育嫌いをつくる「元凶」だ——と言うのは言いすぎであるにしても、それに近い思惑で、器械運動を毎学年履修しなくてもよいことにするという措置である。

これはこれで妥当な措置だと言えるが、ただこのように措置される理由が「生徒に好まれないから」というだけでは残念なことである。器械運動が子どもの体の機能の開発に果たす役割について、小学校段階、中学校段階に分けてていねいに考察したうえで、このような結論が示されるべきであろう。

5—3　高校における選択制の拡大

高等学校学習指導要領における保健体育の目標は、現行では「健康・安全や運動についての理解と運動の合理的な実践を通して、計画的に運動をする習慣を育てるとともに健康の増進と体力の向上を図り、明るく豊かで活力のある生活を営む態度を育てる」となっている。

これが新しい学習指導要領では、「心と体を一体としてとらえ、〜を通して、生涯にわたって計画的に運動に親しむ資質や能力を育てるとともに、健康の保持増進のための実践力の育成と体力の向上を図り、〜を育てる」（〜の部分は上のアンダーラインの部分と同文）というように変わった。生涯体育・スポーツのための実践力育成の目標が打ち出されたことがわかる。また、そういう実践力を、「運動する習慣」というレベルではなく、もっと根本的に「運動に親しむ資質や能力」というレベルで捉えていることも、上記の文面から読み取ることができる。

こういう実践力を育成するには、いろいろな運動を「つまみ食い」してどれもモノにならなかったというのではなく、種目の数は少なくてもよいから、それらをじっくりと時間をかけて学習し、その技に習熟することが必要である。そのため、現行でも体操と体育理論以外の器械、陸上、水泳、球技、武

道、ダンスの六つの運動領域からは「3又は4を選択して履修できるようにすること。その際、武道又はダンスのいずれかを含むようにすること」というように選択履修の措置がとられているが、改訂版ではこの選択制がさらに拡大され、第3学年では選択する領域が二つでもよいことになった。

6・保健の授業の拡大と健康の自己管理能力の育成

6—1　小学校中学年に保健の授業の新設

　子どもの体の発育が早くなり、教育課程審議会では一委員から、小学校3年生で初潮のあった児童がいたという指摘もあったという。加えて、小学生においてさえ薬物使用の事例が見られるという。

　このような実態に対応するため、現在第5・6学年で行われている保健の授業の内容のうち、「健康な生活」と「体の発育・発達」が改訂学習指導要領では第3・4学年に下ろされ、「毎日の生活と健康」「育ちゆく体とわたし」というテーマで実施されることになった。

　なお授業時間数は、現行では第5・6学年の保健の授業は体育の年間授業時数の1/10程度とされているから、2年間で21時間であるが、改訂版では、第3・4学年では2年間で8時間、第5・6学年では2年間で16時間とされている。トータルでは保健の授業時数は増えたが、高学年だけ見れば約5時間の減であり、削減された体育の総授業時数の中に保健が細切れ的にばらまかれたという感じは否めない。

　現在でも、保健は体育の授業よりも学級活動の中で適宜取り扱っているという事例が少なくないが、上記のような細切れ的な配当時間では、体育の授業の中での保健の指導の充実はあまり期待できない感じである。むしろ新設される週3時間の「総合的な学習の時間」の中で「健康」という総合単元を構想するほうが発展性があるのではないかと考えられる。

6—2　理解する学習

　体育の学習で「工夫する」ことが強調されているのと同じように、保健では、小学校から高校まですべての学習内容において「理解できるようにする」という指導方針が示されている。現行では、中学校と高校では「理解させる」

6―3　健康の自己管理能力の育成を目指す高校の保健

　高校の科目「体育」が、生涯体育・スポーツへの実践力を育てることを目標にしたのと同じように、高校の科目「保健」では、健康の自己管理能力を目指す目標が新学習指導要領で初めて掲げられた。次のとおりである。

　　「個人及び社会生活における健康・安全について理解を深めるようにし、生涯を通じて自らの健康を適切に管理し、改善していく資質や能力を育てる。」

　これは、WHOが1986年にオタワ憲章で打ち出したヘルスプロモーションという考え方に基づくもので、実際、保健の学習指導要領の「(1)現代社会と健康」の箇所で、学習指導のねらいが「健康を保持増進するためには、ヘルスプロモーションの考え方を生かし、人々が適切な生活行動を選択し実践すること及び環境を改善していく努力が重要であることを理解するようにする」と述べられている。

7 ◆ 全体的な評価

　今回の改訂学習指導要領体育編では、「自ら学び、自ら考える」という「生きる力」を育てる教育の一環として、全編で「工夫する」ことが強調され、また保健でも、「理解できるようにする」学習指導が強調されている。そして一方では、運動の好きな子どもを育てるための施策も数々見られ、また陸上運動に典型的に見られるように、科学的な研究の成果も取り入れられていて、よくできた改訂版であるという評価をすることができる。

　しかし問題は授業時間数の削減であり、ただでさえ時間が足りないのに、子どもたちに考えさせ工夫させていては決定的に時間が足りないということで、結局は「教え込み」の教育に回帰してしまうのではないかということが案じられる。すでに見たとおり、教師の識見と力量が問われるのである。

■引用文献
1）例えば、小林篤「体育の学力をどう考えればよいか」『体育の科学』1983年4月号
2）このことについては、小林篤『体育の授業研究』(1978年、大修館書店) 50－56頁参照

3）小林寛道「改訂『学習指導要領』の内容　陸上運動」『学校体育』1999年7月増刊号
4）佐伯胖「からだを動かすものは何か」『シリーズ授業⑦体育』1991年、岩波書店
5）野口三千三『原初生命体としての人間』1975年、三笠書房
6）竹内敏晴『教師のためのからだとことば考』1999年、ちくま学芸文庫
7）河上亮一『学校崩壊』1998年、草思社、51頁
8）毎日新聞1999年3月3日付投書「娘らいきいき学校ダンス発表会」主婦　加藤弘美（41）
9）斎藤喜博『わたしの授業』第2集、1978年、一莖書房、66-67頁

(「新学力観に立つ体育授業」『兵庫教育大学研究紀要』第18巻、1998年と「『生きる力』を育てる基礎教科として」『現代教育科学』1989年11月号を合成し、さらに加筆)

第3節　体育授業の目標をめぐる諸問題

1・Take part（参加する）ということ
―― 運動会での挨拶 ――

［本稿は、筆者が奈良女子大学附属小学校の校長を兼務していたときに、運動会で行った挨拶である］

❖開会式での挨拶

「いま行われているオリンピックは、90年前（1896年）に、フランスのクーベルタンという人によって始められたものですが、クーベルタンは、「オリンピックで大事なのは、勝つことではなく参加することだ」と言いました。これは今では、「やはり勝たなきゃダメだよ」ということで、時代遅れの古くさい言葉だと考える人が多いですね。しかしこれは、「参加する」という日本語がよくないのだと思います。何かの集まりに、無責任にフラッと顔を出すだけでも「参加する」と言いますね。しかし、「参加する」を英語では"take part"と言いますが、これは「役割をしっかりと果たす」という意味です。ですからクーベルタンの言葉は、「自分が勝つためだけにガツガツするのでなく、みんなが自分の役割をしっかりと果たすことが大事なのであり、そのことによってオリンピックは成功する」という意味なのです。

運動会もこれと全く同じで、みんなが自分の役割をしっかりと果たすことによって運動会は成功します。そしてそのことがまた、皆さんの一人ひとりが主役となって運動会に参加するということです。昨日は、5・6年生がこの運動会の会場をつくってくれましたが、みんな本当によく働いて、なかには三連の椅子を一人で抱えて何遍も何遍も運び、手の皮がむけてしまった人もいました。先生は、こういう人たちを見ていて本当に立派だと思い、これらの人たちは、本当に運動会に参加していると思いました。勝つためにがん

ばることも、またお友だちの演技を一生懸命に応援することも、自分の役割をしっかり果たすことのうちです。皆さんの一人ひとりが主役となって、自分の役割をしっかり果たし、今日の運動会を成功させましょう」

　この運動会は、私には初めての経験であったが、特に感心したことが三つあった。その第一は、5・6年生が、それぞれ役割を分担して、運動会の運営のいっさいをつかさどっていたことである。場内放送、出場者の先導、徒競走のピストル、低学年児の演技のときの用具の配置など、すべて5・6年生が一生懸命にその役割を果たしていた。それは、最後の運動会となった6年生の父母が、わが子の成長に目を見張り、感慨を深くする場面でもあった。

　感心したことの第二は、中学年以上の児童では、障害物リレーなどのときは、平均台、ハードル、カラーコーン等の用具を自分たちの手で運びながら入場して手際よく配置し、そして競技が終わると、また自分たちの手で運びながら退場していくことであった。観客の中から「セルフサービスだね」という声が聞こえてきたが、それは一見ユーモラスで、しかも感心させられる光景であった。

　感心したことの第三は、これは運動会の本質と関わることであるが、児童が出演する25種目のうち、学年縦割りのリレーが選手制であるほかは、すべて当該学年の児童が全員出場し、しかも紅白対抗で得点を競うわけでもなく、淡々と競技が進行したことである。上記リレーの選手でさえ、輪番制で選出する学級もあった。

　運動会で「競争」をどう考えるべきかということは、毎年運動会の季節になると新聞の投書欄を賑わす問題である。そして掲載される投書のほとんどは、競争の持つ意義を評価し、ギラギラした競争を避ける傾向のある昨今の運動会を批判するものである。しかし本校の岩井邦夫先生は、学級通信『一ばんぼし』（4年月組）で次のように書いている。

　「（本校の運動会では）勝敗や得点競争・順位・応援団を問題にし、それを喜びとすることはありませんし、その必要も感じません。もっと高いレベルの喜び、勝ち負け競争にこだわらない喜びを味わわせたいと考えているのです。運動会

は、子どものものです。子どもが、大集団の中でどのように生き、どのように参加しているかをよく見届けていきたいものです。(中略)運動会の雰囲気や盛り上げを大切にし、深い喜びを味わうために、勝った喜びや1位になった喜びもさることながら、お互いに力一杯、自分の力、ギリギリのものを出し切った喜びを味わえるように指導していきたいものです。」

我田引水かもしれないが、勝つために力一杯がんばることも含めて、運動会にしっかりと"take part"することによって、勝ち負け競争を超えた喜びが得られると私は思うのである。

❖閉会式での挨拶

「みなさん今日は本当によくがんばりました。みなさんの一人ひとりが主役となって、運動会に参加していました。校長先生は、本当に感心しました。立派でした」

《後日談》生きていくことへの参加

卒業していく6年生の父母が寄稿した育友会の機関誌『愛眼』に、杉原良太君のお母さんが、「良太へ」と題して次のような文章を載せておられた。

「運動会の日、校長先生がオリンピックの話から『参加する』ことの意義を話されましたね。人は生まれるとすぐ、生きていくことに参加します。『オギャー』という第一声は、その表明だと思います。あなたは、なかなかそれを表明してくれませんでした。奈良からかけつけたお父さんが、病院の玄関に入った時、あなたはそれを待っていたかのように『オギャー』となったのです。お父さんには感激的な、私や病院の方々には心配をかけた第一声でした。

それから12年、あなたは生きていくことに参加してきました。何の思いも心にとめることなく、ただ時間が過ぎていっただけかも知れません。それでもあなたは、とても素直に育ってくれました。これからもあなたは、生きていくことに参加し続けるでしょう。自分の行いに少しでも迷いが表れたら、校長先生の話されたことを思い起こしてほしいと思います。」

空に拡散してしまったように感じていた挨拶であったが、この文章を読んで、私は良太君のお母さんに心から感謝した。良太君は仲よし委員会(児童会)

の委員長を務めた気骨のある少年である。この母にしてこの子ありというべきか、私にとっては忘れられない思い出である。

(原題「校長歳時記6－運動会での挨拶」奈良女子大附小『学習研究』304号、1986年)

2・運動の「楽しさ」と「喜び」

　運動ぎらい、体育ぎらいの子どもを生まないためには、体育の授業は、まず何よりも楽しくなければならない。これは自明のことである。しかし、かつては、楽しい体育授業の必要性を言うと、「それは、子どもを遊ばせておけばよいということか」などと反発する人がいて、閉口させられたものであった。楽しさ＝遊び＝自由放任、という連想をしてしまうのであろう。

　昭和52年告示の学習指導要領に、「楽しい体育」が登場して世情は一変した。しかし、楽しい体育のためには、技能を云々したり教師が表に出たりしてはいけないらしいということを、研究会の席で先生方が、とまどいながら真剣に話し合う情景も珍しくなかった。楽しい体育は「お上」の言うことだから従わざるをえないが、体育は遊びではないのだがなあ、という思いがあるのであろう。

　だが、運動ぎらい、体育ぎらいを生まないための楽しい体育は、そんな低次元のものだろうか。ガッツ石松氏は、こう語っている。

　「毎日夕方5時まで仕事して、それからジムに通う。そういう生活は、楽しいというより夢中ですよ。例えばゴルフをやってプレーに集中している時、ああ楽しいなんて思いますか？　あとで振り返ってみて楽しかったと思うわけでしょ。それと同じ心境。やってる時はただ一生懸命ですよ。」(『週刊サンケイ』1987年7月2日号)

　この言葉から学ぶのは、こういう楽しさを生む授業が必要なのであり、そのための要諦は、子どもたちが夢中になって運動の学習に打ち込める場づくりをしてやるということである。

　「楽しさ」という言葉には、ともすれば前述のようなイメージがつきまとう。そこで私は、それよりも、「よろこび」という言葉を使うほうがよいと主

張してきた。歓喜、喜悦など、いずれも「よろこび」と読む語句を重ねた最高級の表現である。平成元年版の学習指導要領では、運動の楽しさだけでなく、「喜びを味わう」という表現が登場した。その出自は明らかでないが、これは多分、私と同じ発想で、「楽しさ」から遊び、自由放任を連想する傾向にブレーキをかけるために付け加えられたものであろうと私は勝手に解釈している。

(『体育科教育』1989年11月号「巻頭言」)

3・ルールを自らつくる学習

❖ルールをつくり変える柔軟性を

　今年（1982年）の夏は、私の大学（奈良女子大）が当番校になって、近畿地区国公立大学体育大会が開かれた。運動部の対抗戦であるが、各種目とも正式の競技団体（例えばテニスなら奈良県庭球協会）に公認審判員の派遣を依頼しなければならないということで、それに対する謝金が相当の額にのぼり、また接待その他の気遣いも大変なものであった。日本新記録が出る気配など全くなく、またこの勝ち負けがリーグ戦の順位に響くわけでもないのだから、学生の相互審判でやればよいではないかと私は思ったのだが、しかしそんなふうに思うのは少数派で、大学当局者はともかく、学生の中からも「相互審判でやろう」という声が全く出なかったことに私はガッカリさせられた。既成のルールを金科玉条のものとし、これを厳密に履行するには公式の資格を持った審判員を委嘱しなければならない、というような硬直化した考えに学生が陥っているのは、私には残念なことであった。

　私たちの硬直化した教育のツケが回ってきているということになるのだろうが、しかし本当は、小学校から大学まで連綿として続く体育の授業は、もっと柔軟な考え方をすることのできる人間をつくることをめざしているのである。小学校学習指導要領体育編の第3・4学年、ボール運動の個所には、「規則を工夫し、簡単な技能を身に付け、ゲームが楽しくできるようにする」（昭和52年版）とある。ここでは、既成のルールに子どもたちをはめ込むのではなく、子どもたち自身にルールをつくらせることにしているのである。こ

こで留意すべきことは、「ゲームが楽しくできるようにする」ためにルールを工夫するのだということである。誰が楽しくできるようになるのかと言えば、当然、うまい者だけでなく、みんながということであろう。これは当たり前のことのようであるが、しかし大事なことで、うまい者だけでなく、へたな者も楽しくゲームができるようにルールを工夫するのだというように視点を定めると、いろいろなアイデアが生まれてくるものである。

　例えば大学のバレーボールの授業で見ると、大体の傾向としては、背の高い者はスパイクがうまく、低い者はへたである。ジャンプしても指先がネットの上に出ないようではスパイクの打ちようがなく、背の低い者はスパイクがへたで当たり前だとも言えるが、しかしそう言ってしまってよいものかどうか。背が高くても低くても、みんながトスを上げ、みんながスパイクを打つのでなければ、バレーボールという運動文化の総体を学んだことにはならず、体育の授業としては問題があるのではないかと私は思った。そう思うと視点が定まり、授業では私は、ネットの高さを背がいちばん低い者がジャンプして指先が出る高さまで下げた。そうすると、今まで高いネットの前でぶざまな姿をさらしていた背の低い学生たちの動きが一変した。「きれいだなあ」とほれぼれするような、流れのある動きが生まれたのである。

　これは、今までは与えられた器が大きすぎてみすぼらしい存在であった学生に、適切な大きさの器を与えることによって、すばらしい可能性を引き出すことができた一つの例である。このような経験をしてみて私は、「あの学生はダメだ」などと安易に言うべきではないと反省した。学生の学業成績が思わしくないときは、私たちはまず、学生に与えている器が果たして適切な大きさのものであるかどうかを吟味してみないといけないと思ったのであった。

　スポーツの場合、器の最たるものはルールであるから、いま適用しているルールが、果たして参加者の可能性を最大限に引き出しているかどうかということを、指導者である私たちは、いつも参加者の体の動きを注視することを通じて吟味してみなければならない。それは、対象が幼児であろうと大学生であろうと同じことである。

❖ルールの成立史について理解を

　既成のルールを臨機応変につくり変えるためには、できることなら、既成の国際ルールが、どんな必然性に基づいて現在のようなものになったかということについての知識を持つことが望ましい。

　前任校での体育の授業では、私はサッカーを担当することが多かったが、ゲームのとき、オフサイドの反則があってもわざと笛を吹かずにいると、たいてい「オフサイド！　オフサイド！」と叫ぶ学生が出てくる。そこで後で、みんなを集めてその学生に「なぜ、オフサイドのルールが設けられているのか」と問うと、答えられない。そこで私は、こんな説明をする。

　「昔のサッカーは、ボールを前へ大きくけって、みんなでワーッと攻めるキック・アンド・ラッシュのサッカーだった。相手も同じ。そのうちに知恵者が現れ、相手のゴール前に味方を待ち伏せさせることを考えるようになった。相手も同じ。そうなると、これはもう、相手ゴール前の味方をめがけてボールを大きくけり合うだけの単調なサッカーになってしまう。そこで、待ち伏せできないようにと考えられたのがオフサイドのルールであり、このルールが、パスワークを主体とする近代サッカーを生むきっかけになった。だからこれを逆に言えば、ボールを遠くの目標めがけて正確にける技術が身に付いていない段階でオフサイドのルールを取り入れても、それはゴールシュートの楽しみから自分たちを遠ざけてしまうだけで、あまり意味がないのではないか。」

　こんな説明をしても、ルールを自分たちでつくった経験のない学生たちは、キョトンとして聞いているという実情であったが、ルールを知るだけでなく、それが生まれた経緯を理解し、そして今の自分たちにこのルールがどんな意味を持つかということを直観的に判断することのできる学生を育てたいと私は願ったものである。

　バレーボールやテニスでも、経験者の中には、初心者相手に猛烈なサービスをして得点をかせぎ、得意になっている者がいる。「アホではないか」と私は言いたい。サービスの語源は文字どおりサービスであって、相手がレシーブしやすいボールを打ってやるのがサービスであった。サービスによってラリーが始まるのである。スポーツが社交から真剣勝負へと変わるのにつれて、サービスも本来の意味を失ったが、しかし少なくとも体育の授業では、サー

ビス・ポイントをあげて一人悦に入っていても、その他大勢の者は、ただ立っているだけで運動にもならない。サービスの語源を理解し、その場の状況を考え、語源どおりのサービスでラリーを成立させようという心配りをすることのできる学生を私は育てたいと思う。

〈注〉オフサイドの起源については、上述の授業の場の状況では筆者の説明でよかったと思う。ただ、「オフサイドは、『楽しいサッカーをいつまでも終わらせずに続けたい』というサッカー好きのイギリス人の願いから生まれた」という解釈もある。順序から言えば、この願いが発端で、待ち伏せ禁止はこの後に出た措置であろう。なおオフサイドのルールの起源については、中村敏雄の緻密な研究がある[1]。

(原題「参加者の可能性を最大限に引き出しているか」『みんなのスポーツ』1982年10月号)

4 ◆「体ほぐし」への一つの視角

❖体操と音楽

わが国でラジオ体操が始められたのは1928 (昭和3) 年のことで、アメリカのメトロポリタン保険会社が放送局とタイアップして行っていたラジオ体操がモデルになった。ただし、アメリカでは音楽の伴奏付きで行われていたのに、わが国のラジオ体操では音楽は消えてなくなり、勇壮な号令がそれに代わった。そのためラジオ体操は、戦後GHQから「全国に一斉に号令をかけるのは軍国的だ」と中止命令をくらった。アメリカのラジオ体操を視察してわが国に紹介した進藤誠一 (当時、逓信省簡易保険局課長) は、「あれは号令がたたった。私は、軍隊式の号令はかけちゃいかん、リズムでやればいいと当初から思っていた。……文部省の内部でも音楽でいくべきだという議論があったように聞いています」と語っている (「朝日新聞」1978年7月21日付)。

実は、このように音楽がどこかへ消えてしまったのはラジオ体操が初めてではなく、これよりずっと前にも同じようなことが起こっていた。明治5年の「学制」で学校教育が始まり、体操 (当初は体術という名称) も科目として置かれたが、元来日本人は体操をする習慣がなかったので体操の方法に不案

内な教師が多く、実際はほとんど行われなかった。そのため文部省は、明治11年、体操の指導者養成機関として体操伝習所を開設し、教師としてアメリカからリーランドを招いた。彼がわが国に紹介したのは、当時アメリカで流行していた木竿、棍棒、亜鈴などの小道具を手に持ち、音楽に合わせて行う軽体操であった。ところが、リーランドの通訳を勤め、後にわが国における体育指導の中心的人物となった坪井玄道が、「音楽付きの体操は、わが国では受け入れられない」と彼を説得し、音楽を止めて号令をかけることにしてしまった。

　ところで、元来日本人のような農耕民族はリズム音痴だったという説もあるが、そのことが原因であったのかどうか、いつの頃からか「音楽は軟弱だ」と考える傾向が生まれた。そうすると、旧制高校の寮歌などは、もちろん歌なのだが、それにリズムとメロディを持たせると軟弱になってしまう、俺たちは軟弱な徒ではない、質実剛健なのだということを誇示しようとすれば、リズムとメロディを排除して歌わなければならない。そのためには、わめくしか手がない。寮歌祭などで、旧制高校のOBが蛮カラ声を張り上げてわめいているのは、とても歌とは思えない。あれを聞くと、音楽教育の空しさを思わずにはいられないと言った人もいた。

　一方、体操に期待されていたのは、身体と精神を鍛えて富国強兵の役に立たせることであったから、それを「軟弱」な音楽と結び付けるなどというのは、当時の日本人にとっては論外だったのであろう。蛮カラ声を張り上げて寮歌をわめくのと同じように、教師が指揮台の上から大声で号令をかけ、それに合わせて体を緊張させ、力んで一斉に手足を動かすのが体操だということになっていったものと思われる。

　それでも最近(筆者注：本稿を執筆した1980年頃)は、音楽に合わせての体操がかなり見られるようになった。秋田県の農協では、東北地方の民謡を伴奏音楽にした「農民民謡体操」というものをつくっている。ところが面白いことに、この体操は音楽付きではあっても、その中にものすごく気合のかかった号令が入っている。その辺が極めて日本的なのだが、結局、動作に区切りのあるラジオ体操式の体操の場合は、1、2、3、4と号令によって区切りを

指示したほうがやりやすいということなのだろう。

　一方、欧米諸国の体操のテープを聞いてみると、号令のないものが多い。例えば西ドイツの「キーダイシュの音楽体操」では、体操競技の床運動のときに流れるような音楽がテープに入っているだけで、号令はない。このような体操では、音楽に合わせて歩いたり走ったり跳んだりという具合に動きがリズミカルに連続するので、号令のかけようがないのである。ジャズのリズムに乗って体を動かすジャズ体操も同様である。こういうものを、最近ではジムナスティック（体操）から区別してムーブメントと呼ぶことが多くなった。

　しかし日本人の場合は——といっても、われわれ中年以上の者に限ったことかもしれないが——号令をかけて体操を行う習慣が身に付いてしまっているため、ムーブメントには違和感があってどうもなじめず、それに、1、2、3、4と動作にはっきり区切りのつく運動のほうが性に合うという几帳面な性格も加わって、先ほどの民謡体操のように、音楽は鳴っていても号令をかけないと落ち着かず、結局、木に竹を継いだようなことになってしまっていると見ることができる。

❖脱力と体操

　ジムナスティックとムーブメントということに関して面白いのは、ヨガや太極拳である。日本の体操は号令をかけて行うジムナスティックだから、お隣りの中国も似たようなものかと思うとそうではなく、中国の国民体操である太極拳は、ラジオ体操のような直線的な動きがなく、滑らかな動きが切れ目なしに続く。これでは号令のかけようがなく、明らかにこれはムーブメントの路線のものである。後に見るとおり、インドのヨガも同様である。

　このことから考えると、日本とインドや中国は、同じアジアの国だとはいってもその国民性はずいぶん違い、日本人よりもインド人や中国人のほうが、ずっと欧米諸国の人たちの国民性に近いように思われる。ただ、このようなことは、考え始めるといろいろな疑問が生まれてくる。太極拳の動きは能によく似ているし、舞楽にも似ている。もちろん、歴史的に見れば太極拳のほ

うがずっと古いから、能や舞楽が太極拳に似ているというべきなのだが、そうすると、わが国にも昔からムーブメントはあったのである。盆踊りなどもムーブメントである。そもそも明治5年に学校教育が始まるまでは、わが国には号令をかけて体操を行う習慣はなかったのだから、いま見た日本人の国民性のようなものは、富国強兵の国策に基づく教育によってつくられた国民性ではないかとも思われる。

ところで、筆者はムーブメントのほうがジムナスティックよりもよいのだということを言っているのではなく、号令をかけて行うジムナスティックにも、規律がとれるとか気持ちがシャンとするとか——こんな感じ方をすること自体が日本人的なのかもしれないが——それなりのよさがあると思う。ただ、号令をかけて行う体操は、号令でみんなを一斉に動かすわけだから、ともすれば個人差を無視した十把一からげの体操になってしまうおそれがある。

そのように考え、号令をかけて行う体操に反対して、一人ひとりが自分のペースで行う体操を提唱しているのが、「野口体操」の野口三千三である。野口体操の方法は、例えば開脚座位で上体を前へ曲げる場合、力を入れたり反動をつけたりするのではなく、深い呼吸をしながら脱力してゆっくりと曲げていく。野口は、この体操を「ふんわべったり」と名づけている[2]。

野口体操の考え方や方法は、ヨガによく似ている。ヨガでは心を集中して深い呼吸をし、吐く息に合わせて体をゆっくり動かす。そうすると、筋肉の緊張がほぐれてよく伸び、自分でも思いもよらなかったほどに体が柔らかになるというわけで、野口体操の原理もこれと同じである。野口は独自に道を開いてきたところ、結果的にそれがヨガによく似たものになったのである。

ところで、アメリカではネブラスカ大学の若いフットボール・コーチ、ボブ・アンダーソンが1970年代の初めに、ヨガにヒントを得てストレッチングを考案した。これは1980年、安田矩明（中京大学）らによってストレッチ体操と訳されてNHK教育テレビのスポーツ教室で紹介され、一気にわが国でもブームになったが[3]、これはその名のとおり、体をリラックス（脱力）させ、呼吸を止めず、反動や弾みをつけずに10秒から30秒、筋肉をジワジワとストレッチする（引き伸ばす）運動である。力を入れたり反動をつけたりして体を

曲げようとすると、筋肉は反射的に防衛反応が働いて緊張し、固くなる。そんな状態で力まかせに筋肉を引き伸ばそうとしても、それは「大いにがんばった」という自己満足にはなるが、実際にはむだな努力をしているにすぎない。そうではなく、体をリラックスさせ、深い呼吸をしながらゆっくりジワジワと体を曲げるとき、本当に十分に筋肉を引き伸ばすことができる。これがストレッチングの原理で、ヨガの原理と全く同じである。

　しかし、号令をかけず、力を入れず、リラックスしてゆっくりジワジワと体を曲げるなどというやり方は、どうも私たち日本人には物足りない。そこで、早朝のテレビでのヨガ体操の番組のように、「がんばりましょう」「がんばります」と声をかけ合ってヨガを行うというような、およそ日本的な情景が生まれたりする。このようなことから考えると、号令一下、一斉に体を動かす体操が主流を占めるという状況は今も続いているわけで、ヨガとか野口体操とか、あるいはストレッチングというようなものは、初めは物珍しくてある程度流行はしても、どれだけ原形のままわが国で定着するかは、かなり疑問であるように思える。

　＊これは1980年代初頭での観測である。実際は、どう展開したであろうか。

❖脱力とゆとり

　日本人の「がんばりの精神」は、どこから生まれているのだろうか。日本人の応援は、たいてい「がんばれ！」という。応援するほうが肩を怒らせ、目を三角にして「がんばれ！」と励ますと、選手のほうも緊張してしまい、持てる力を十分に発揮することができずに敗れ去ることが少なくない。ところがアメリカ人の応援の言葉には〝Be relax！〟とか〝Take it easy！〟というのが多い。イギリス人は、よく〝Enjoy the race！〟と言うそうである。

　スポーツの語源は disport で、dis＝away（離れる）、port＝work（仕事）、つまりスポーツとは仕事を離れた楽しい遊びや気晴らしのことであるが、そのようなもののために目を三角にし、体をコチコチに固くしてしまったのでは、それはもう本来の意味でのスポーツではなくなってしまう。だから〝Be relax！〟とか〝Enjoy the race！〟という言葉が自然に出てくるのであろう

が、わが国では「遊び」とか「気晴らし」という意味でのスポーツは一つも生まれていない。なぜであろうか。

　世界共通のルールを持つスポーツを、それ以前のスポーツと区別して「近代スポーツ」と言うが、それらの多くがイギリスで生まれたので、イギリスは「近代スポーツの祖国」と呼ばれている。ところが、このような近代スポーツは、みな産業革命以後に生まれているのである。なぜだろうか。

　スポーツが成立するためには、金とひまに恵まれ、スポーツを遊び・気晴らしとして楽しむことのできる市民階級が存在することが必要条件であり、そのような市民階級が産業革命によって生まれたのである。ところがわが国では、明治維新までずっと封建社会であったから、市民階級など存在せず、スポーツが生まれる基盤がなかった。そして封建社会を支配していたのは、「負けるは末代までの恥、何が何でも勝たねばならぬ」という武士道の精神であった。

　明治維新も、民衆の中に市民社会が形成されて、それが革命の原動力になったのではないから、明治維新以後も、日本人の意識構造は封建社会の頃と大して変わっていなかったのではないか。そこへ欧米からスポーツがどんどん入ってくる。そこでスポーツと武士道精神が結び付いて、「負けるは恥。何が何でも勝たねばならぬ。がんばれ、がんばれ」ということになったのではないだろうか。旧制高校の応援歌は戦争の歌であるものが多いし、スポーツの試合で応援団同士の血を見る乱闘騒ぎも珍しいことではなかった。実際、スポーツのゲームは、遊びや気晴らしどころではなく、この一戦という戦いであり、一敗地にまみれて行うリターンマッチは、雪辱戦であり復しゅう戦であったのである。

　武士道精神が明治維新以後も生き続け、それがこのような風潮を生んだと思われるが、これにさらに拍車をかけたのが、一刻も早く欧米の文化に追いつき、あわよくば追い越そうという意欲であったのであろう。司馬遼太郎に『坂の上の雲』という小説があるが、欧米の文化という「坂の上の雲」をめざしてただひたすらに登りつめてきたのが、明治維新以後のわが国の近代化の歩みであった。そしてそのための手段として最大の期待をかけられたのが教

育であったから、必然的に教育は、勝ったか負けたかということを重視し、「がんばれ、がんばれ」と子どもたちを励ます。その結果、体育だけを見ても、学校で教えるのは力技であって、脱力は教えない。号令に合わせて力んで行う体操は教えるが、脱力の体操は教えないという具合である。それはいわば、急な坂道を力にまかせて一直線に登らせようとするもので、足腰の弱い者は落ちこぼれてしまう。

このような状況への批判に立って、何もこんなにむりやり真っすぐ登らせなくてもよいではないか。Ｓ字状に登っていけば、誰でも楽に登れるではないか。そしてそのほうが、実は急がば回れではないかというのが脱力の考え方であると言ってよいであろう。しかし、そのような一見なまぬるいやり方は日本人の国民性にはあまり合わないのであろう、脱力重視の教育は、従来のわが国の教育では少数派でしかなかった。

ただ、「ゆとりと充実」を看板に掲げた新しい学習指導要領(昭和52年版)になって、やっと「楽しい体育」ということで脱力の考え方が少し取り入れられた。このような行き方がわが国の教育に定着するかどうかは心もとないことであるが、ぜひ定着させ発展させたいものである。そのためにはまず、教師自身が深く息をして、あわてず騒がず悠々と教育の仕事を進める習慣を身に付けなければなるまい。これは、せっかちな私自身への自戒である。そしてそのうえで、このような「ゆとり」があって初めて本当の「充実」を生み出すことができるということを、教育の事実によって明らかにしていかなければならないと思うのである。

■引用文献
1）中村敏雄『オフサイドはなぜ反則か』1985年、三省堂選書
2）野口三千三『原初生命体としての人間』1975年、三笠書房
3）安田矩明・小栗達也・勝亦紘一『ストレッチ体操』1981年、大修館書店

(原題「ゆとりの教育への一つの視角」『学校体育』1981年5月号)

5 ・スポーツは学校から地域社会へ

❖「スポーツは学校から地域社会へ」という構想

　完全学校週5日制のためには、学校のスリム化が不可欠の要件であるが、1996年に出された中教審の第1次答申では、そのための方策の一つとして、スポーツに関して「地域のスポーツ施設を整備充実し、少年スポーツ教室、親子スポーツ教室等の多様で魅力的なプログラムを積極的に提供する。……さらに、スポーツ団体へのできるだけ多くの子供の参加を促進する。……部活動は、地域社会に受け入れ条件が整い、学校に指導者がいない場合などには、地域社会にゆだねていくことも必要である」と述べられている。地域社会のスポーツ活動を盛んにして学校のスポーツを校外に出し、運動部活動も地域社会にゆだねるという構想である。

❖貧弱だった地域社会のスポーツ

　このような構想のモデルになっているのは、西ヨーロッパの青少年スポーツである。西欧諸国では、スポーツは地域社会の中で生まれ、育ってきた。学校にも体育施設はあるが、それは身体訓練のための小規模なもので、スポーツは下校後に地域のスポーツクラブで行うのが西欧型である。

　それに対してわが国では、元々スポーツは明治の中頃、外国人教師や欧米諸国への留学生によって大学や旧制高校に伝えられたものなので、これらの学校の学生の間では盛んに行われ、そのための施設も作られたが、大衆教育機関である小学校では、小さな雨天体操場と四角な運動場があっただけであり、ましてや地域社会にスポーツ施設は何もなく、スポーツは学生の「ぜいたくな遊び」であった。

　それが、戦後の六三制の時代になり、アメリカ式に体育科の主教材がスポーツとなったことによって、小学校や新制の中学、高校に立派な体育館が建てられ、プールも設営されていった。また1964年の東京オリンピックを契機にスポーツ振興法が制定され、これに基づいて、地域社会のスポーツ施設の整備の促進、学校の体育施設の放課後や休日における一般開放、スポーツ少

年団の結成、体育指導委員制の発足など、地域社会のスポーツ(コミュニティ・スポーツ)の振興のためのさまざまな施策が実行に移されてきた。

❖教育課程の内と外

このような諸施策によって、地域のスポーツ活動が昔にくらべてずいぶん盛んになった。そしてそのような状況の中で、学校のスリム化が迫られることになったから、「運動部活動は地域社会に移行させたらどうか」という声が起こるのは必然的なことである。しかし、そもそも部活動は教育課程外の活動であり、小学校第4学年以上の時間割に週1時間組まれているクラブ活動が教育課程内の活動である。だからタテマエ上は、部活動はすでに学校の外に出ているのであって、今さら出す出さないという議論をするのがおかしいのである。

部活動が正式に教育課程の外に出されたのは、1967年から順次改訂された小、中、高校の学習指導要領で、いわゆる必修クラブが時間割に組まれるようになって以来のことである。こういう措置の背景には、当時わが国がILO条約を批准して勤労者の労働時間を週44時間以内に収めなければならなくなったため、部活動の指導は教員の勤務時間外の活動として扱わざるをえなくなったという事情があった。そして、こういう措置に即応して小学校では、今ではほとんどの学校の運動部活動がスポーツ少年団に移行している。

しかし中学や高校の運動部は、古い歴史があったり、生徒も教師も強い愛着を持っていたりして、これを校外に出すなど論外だというものが少なくなかった。また、校外のスポーツ組織の中心であるスポーツ少年団の構成員は90％近くが小学生で、中学生や高校生の受け皿になっていないこともあって、運動部活動は従来どおり学校の教育活動の一環であると見なし、顧問の教師を決めて指導するというのが大方の現実であった。一方、体育系の必修クラブは、参加希望者が多くて超過密で実質的な活動ができず、しかも、わずか週1時間の活動では実効が上がらないというのが広く見られる現実となった。

そこで、こういう実情を反映して平成元年版の中学、高校学習指導要領特別活動編では、「部活動に参加する生徒については、当該部活動への参加によ

りクラブを履修した場合と同様の成果があると認められるときは、部活動への参加をもってクラブ活動の一部又は全部の履修に替えることができるものとする」という方針が示された。物理的条件が隘路になって、「全員参加のクラブ活動」という理想からの後退を余儀なくされ、その受け皿として、一度は教育課程外に出された部活動が、再び実質的には学校の教育活動と見なされることになったのである。

　そしてさらにこれに追い打ちをかけるように、平成10年の教育課程審議会答申では、中学と高校のクラブ活動は廃止、小学校のクラブ活動も「『総合的な学習の時間』の創設、教育課程外の活動や学校外活動との関連を考慮し、地域や学校の実態に応じて学校において適切な授業時数を配当できるようにすることが適当である」とする消極的な姿勢が示された。このような措置の背景には、完全学校週5日制に向けて、クラブ活動が授業時数削減のターゲットにされたということもあるであろう。この方針を受けて、平成10、11年に改訂された中学、高校の学習指導要領で必修のクラブ活動が廃止された。

❖運動部からクラブ・チームへ

　このように、一旦は「教育課程外の活動」として突き放され、そして再び学校の中に戻ってきた中学・高校の部活動であるが、いずれは中教審答申に沿って地域社会に移行する方向に向かうのが時流だと見るのが妥当なところであろう。少子化による部員減、また新卒者の採用減で教員が高齢化し、顧問のなり手がいなくて休・廃部に追い込まれる運動部が、特に中学校で全国的に増えていることが、こういう「学校から地域へ」という流れを加速させることになるとも考えられる。

　現在は、小・中・高校の体育連盟が主催する大会には学校単位でしか出場が認められず、このことが「学校から地域へ」の流れを妨げる要因になっている。しかしその他の大会では、水泳でもミニ・バスケットボールでも、所属するスイミング・クラブやスポーツ少年団の名で参加するチームや選手が大半を占めている。今後地域のスポーツ活動が一層盛んになれば、中教審の答申が「錦の御旗」になって、学校の体育連盟の大会も規制を緩和して、ク

ラブ・チームの参加を認めざるをえない状況になっていくものと考えられる。

　最後まで「学校単位の参加」にこだわるのは、高校野球、高校サッカーなどの高校スポーツであるだろうが、高校野球も、部員減でチームを編成できない高校には、連合して出場を認める方針であるという。こういう学校連合チームが、クラブ・チームとしての出場への突破口となるかもしれない。

(『学校運営研究』1997年8月号)

第4節 健康教育の現状と課題

1 ◆ 保健と健康教育

　アメリカでは昔から Health and Physical Education という言い方がされていて、これがわが国の戦後の新学制に「保健体育」と訳されて輸入された。直訳すれば「健康・身体教育」であるが、4文字程度に止めたいということと語呂の関係で保健体育になったのであろう。ただ、保健というと「健康を保つ」というどちらかといえば現状維持のニュアンスがあるので、体育関係者の一部では、もっと積極的に健康増進の意味を込めて「増健」とか「増健活動」と言おうという動きが起こった。しかしこれは、その後「体力づくり」という言葉が一般化したので、普及しないままに終わった。

　ところが近年(1986年)になって WHO は、オタワ憲章で、ヘルスプロモーションという言葉を打ち出した。これは、人々が自らの健康をコントロールし、改善することができるようにするプロセスを指すというが、これがわが国では適当な訳語がないということで、原語のまま健康教育のキーワードになっている。しかし筆者などは、増健が適訳ではないかと思うのである。

　なお、保健体育から保健を切り離し、さらにこれを学校保健に限定すれば、その内容は図1のようになる。

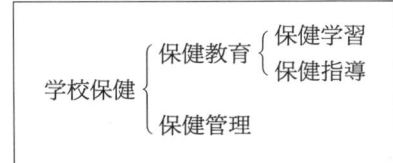

```
              ┌ 保健教育 ┌ 保健学習
学校保健 ┤         └ 保健指導
              └ 保健管理
```

図1／学校保健の内容

　その後、1986(昭和61)年になって生涯学習の推進を謳った臨時教育審議会の答申が出されたが、この中では、「今後は、とくに心の健康を含め、長期化する人生の全生涯にわたり健康で充実した生活を送ることができるよう、体力の増進と健康教育を重視する必要がある」と述べられている。この答申を受けて1988年には文部省の社会教育局が改組・拡充されて生涯学習局となり、

また体育局の学校保健課と学校給食課が統合されて学校健康教育課となった。以来、健康教育という言葉が広く使われるようになった。

　生涯学習の全体をカバーするのが健康教育で、このうち学校教育の中での健康教育が学校健康教育である。1997年に出された保健体育審議会の答申では、この学校健康教育の意義と内容がくわしく説かれているが、その記述にしたがって学校健康教育の内容をまとめると図2のようになる。

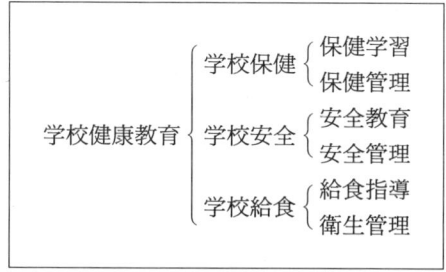

```
                    ┌ 学校保健 ┤ 保健学習
                    │          └ 保健管理
学校健康教育 ┤ 学校安全 ┤ 安全教育
                    │          └ 安全管理
                    └ 学校給食 ┤ 給食指導
                                └ 衛生管理
```

図2／学校健康教育の内容

2 ◆ 学校をあげての指導体制の整備

　平成元年版までの学習指導要領総則では、体育という言葉の中に保健や健康教育の意味も含めて、次のように述べられている。

> 「学校における体育に関する指導は、学校の教育活動全体を通じて適切に行うものとする。(中略)それらの指導を通して、日常生活における適切な体育的活動の実践が促されるとともに、生涯を通じて健康で安全な生活を送るための基礎が培われるよう配慮しなければならない。」

　つまり体育(健康教育を含む)は、単に一教科の問題ではなく、生涯学習を見据えて学校全体で取り組む課題であるというわけである。

　これを踏まえて保健体育審議会の答申でも、「健康教育は、学校が組織体としての教育機能を発揮すべき典型的な実践の場ととらえることが必要である」とし、そのために、健康に関する深い認識をもった校長のリーダーシップのもと、学校栄養職員や学校医も含めた保健と関係の深い職員による指導体制を整えることが必要不可欠であると指摘された。そしてこのような健康教育重視の動向を反映して、平成10年改訂の学習指導要領の総則では、上記の「体育に関する指導」「体育的活動」という言葉が、「体育・健康に関する

指導」「体育・健康に関する活動」という表現に改められた。

　なお、この場合の健康に関する指導・活動は、総則に言うとおり「学校の教育活動全体」という観点で捉えると視野が広がる。例えば、1999年3月24日付の朝日新聞に「自然と親しみ、子のけが半減」という75歳の元校長の投書が載っていたが、これによると、学校安全会からの給付を受けたけがが、児童100人当たり年間8.2人、ガラスの修理費が一人当たり94.5円であった小学校で、学校をあげて花を育て小鳥や魚を飼い、また手先を使ってものをつくったり絵をかく表現活動にも力を入れたところ、けがは1年後には100人当たり6.7人、3年後には4.2人と半減し、またガラスの修理費も1年後には61.5円に下がったという。投書者は「自然に接し、ものをつくり育てることが、情緒の安定と深くかかわっていることを実証した経験であった」と結んでいる。

　広い視野に立った多彩な実践が各学校で展開され、その成果が実証的なデータで発表されるならば、私たちはそこから豊かな知見を得るとともに、実践的な学校健康教育学を構築していくことができると考えられる。

3 ・生涯学習を見据えた保健の授業の課題

3—1　健康教育の重要性

　健康教育の核となるのは、保健の授業である。しかし大学生に聞いてみると、これまでに受けてきた保健の授業で印象に残っているのは、小学校での養護教諭による初経の指導（ただし女子だけ）と高校か中学での救急法の実習だけという者が圧倒的に多い。学齢期は一般に元気旺盛な時期であり、また教師も、特に中学や高校で授業を担当する保健体育の教師は元気な人が多いので、子どもたちも教師も健康問題には関心が薄く、授業が低調になるのは仕方のないことだとも言える。

　しかし、学校教育は生涯学習のための基礎を培うという観点に立つと、「仕方がない」では済まされなくなる。成人病（厚生省は、1996年から生活習慣病と呼称を改めた）は、成人になってから突然発症するのではなく、幼少時からの生活習慣（ライフスタイル）の結果として生まれると考えると、学校教育で健

康的な生活習慣についての知識と実践的態度を身に付けることの必要性が明らかになる。ましてや、遠い将来のことではなく、児童生徒自身のなかにも「近年の生活行動や疾病構造等の変化に伴う心の健康、薬物乱用、生活習慣病、防災や性など新たな課題」(教育課程審議会「中間まとめ」)が生起している現状では、なおさらのことである。

3—2　教師の教材研究が基底

　教育は、つまるところ教師の問題である。保健の授業や学校の健康教育活動も、教師が健康問題に関心をもち、教材研究を深めることから始まる。

　では、問題への関心はどのようにして生まれるものだろうか。私自身の拙い経験を述べてみることにしよう。

　私は、かつて(1978年)大学新入生のクラス担任になったとき、初めてのコンパで学生が一斉に「イッキ！　イッキ！」とはやし立て、順番に女子学生までもが一気飲みをしていく光景に接して唖然とさせられたことがあった。世情に疎いことであったが、このとき初めて私は一気飲みというものを知り、それにしても高校を卒業したばかりの未成年の学生が、みな一気飲みの知識と実践力をもっていることに合点がいかない思いがしたものであった。

　それ以来、私は一気飲みに関心を持つようになったが、そうなると関連する新聞記事は必ず目に入るようになり、それらを切り抜いておくようになった。いまこれを見直してみると、私が唖然とした頃から以後、新入生や新入社員の歓迎コンパでの一気飲みによる死亡事故が相次いでいたが、死亡者の浅はかさが嘲笑されるだけで、飲ませた側の責任が問われることはなかった。しかし、一被害者の父親が「イッキ飲み防止連絡協議会」を結成し、酒席で断るときに使う「イエローカード」やポスター、ビラの作成などの社会的キャンペーンを展開し、さらに飲酒を強要した者を告発し、莫大な金額の示談金を大学や会社から遺族に支払わせるというような活動の結果、一気飲みを強要した者は退学処分にするという大学が現れ、また一気飲みの危険性を説く冊子やビデオができて広く学校現場で利用され、飲酒を強要して事故が起これば重大な責任が問われることも「社会常識」になってきている、という一連の流れを読み取ることができる。

いまなら私は、こういう新聞記事の切り抜きや冊子、ポスター、ビラ、ビデオなどを教材に、一気飲みをテーマにした授業を総合学習的に構成して行うことができるような気がする。健康教育ではライフスキル（私訳では「よく生きる技術」）ということが言われ、その一つとして飲酒や喫煙を勧められたときに断る技術の学習が重視されている。しかし私見では、タテマエ論だと言われるかもしれないが、断る技術よりも、飲酒や喫煙の強要には社会的責任が問われるということをキチンと理解させることが先だと思うのである。

　これも新聞記事によることだが、最近では「イッキ！　イッキ！」に代わって「粗相、粗相」とはやし立てたり、名前を連呼して飲酒を強要するケースが広がっているという。おそらくこれらの学生は、一気飲みをめぐる上記のような社会的状況の変遷について何も知らないのであろう。実証的な資料を十分に整えて、きちんとした教育をすることが必要である。

　以上述べた個人的な事例を一般論に拡大して言えば、担任する子どもたちの姿をよく見て、そこから問題を読み取ること。問題意識が生まれれば、関連する新聞記事やテレビ番組に目が止まるようになり、切り抜きやビデオが増え、それらを教材にして保健の授業や保健指導の構想がふくらんでいくということが言えるであろう。

　なおまた、教材研究が深まれば、教師が一方的に教えるのでなく、発問して考えさせ、子どもたちが興味をもって自ら学ぶ授業をつくり上げていく余裕（力量と言うべきか）も生まれる。知識を教えても、それが行動に結び付かない、つまり「わかる」が「できない」ということが保健教育の問題点として指摘されてきたが、それは教師の教材研究が十分ではないために、教科書を読んで終わりという授業が少なくなかったことに大きな原因があると考えられる。

　しかしそれにしても、保健の授業時間数は少ない。特に小学校では、第5・6学年で体育の授業時数の約1/10、つまり2年間で20～21時間であるが、新しい教育課程では、体育の授業時数が現行の年間105時間から90時間に削減されるから、これに比例するとすれば、保健の授業は2年間でわずか17時間程度ということになる。しかも今後は中学年でも新たに保健の授業を行うこと

が示されているが、これは削減された体育の授業時間の中で行うということなのであろうか。

　このような状況であるから、多様な健康問題への対処の仕方が「わかり、かつできる」ようにする基礎的素養を育てることを、保健の授業だけで背負い込もうとしても無理である。学校の教育活動全体を通じての積極的な健康教育計画の策定を期待したい。

(『兵庫教育』1998年6月号)

　〈追記〉平成10年改訂の学習指導要領で、保健の授業時数は、第3・4学年の2年間で8時間、第5・6学年の2年間で16時間程度と示された。合わせて24時間で従来よりやや増えたが、4学年にわたってバラまかれているから、どれだけまとまった授業ができるか疑問であるし、また体育の側から見れば、中学年では授業時数が削減されたうえに、保健にも時間を食われてしまうということになる。

　　一方、週3時間新設される「総合的な学習の時間」の内容として、福祉・健康が例示されている。健康問題を中心にした総合的学習の授業実践が数多く展開されることが期待される。

第2章

体育授業の教材と内容

Chapter 2

第1節 体育学習における差別と共生

1 ◆ 教材研究の必要性

1—1　教材と内容

　教育のための材料が教材である。教科書が教材の代表であり、体育では運動が教材であった。体操科や体錬科の時代には、体操を中心とした運動を材料（手段）にして、体を鍛えたり精神力を養ったりすることが目指されたのである。

　ところが、教材としてスポーツが大幅に取り入れられた体育科、保健体育科の時代になると、スポーツで体力を養うだけでなく、スポーツを構成する主な要素はルール・技術・マナーであるが、こういうものを学ぶことも体育学習の重要な目標だとされるようになった。体操、ダンス、武道等も同じに考えることができる。

　つまり、スポーツに代表されるいろいろな運動は、体力づくりのための単なる教材ではなく、それ自体に学ぶ価値のある内容をもった文化財だということであり（運動文化という言い方をすることができる）、こういう考え方を反映して1953（昭和28）年版の学習指導要領体育編からは、教材に代わって内容という言葉が登場した。学習指導の内容ということであるから、これは学習内容と同義であると考えてよい。

　しかし、このように運動はそれ自体が学習内容であるといっても、運動によって体力が高まれば、運動は学習内容であったのと同時に体力づくりのための教材でもあったということになる。また、チームスポーツに関するマナーの学習内容の一つとして協力や団結心をあげることができるが、学級崩壊の危機に直面した教師が、学級の団結力を高めることを目指して体育の授業でチームスポーツを取り上げて効果をあげたという場合は、子どもたちがチ

ームスポーツの内容を学習したと言えるが、それは教師の意識では、チームスポーツを子どもたちの精神的な状況を改革するための教材（手段）と捉えていたと解釈することもできる。

このように運動には教材と内容の両面があり、現在の学習指導要領には教材という言葉は出てこないが、これは昔から用いられてきた言葉で、しかも教材即内容、内容即教材で両者をハッキリ区別できないことも多いので、今日でも教材という言葉がしばしば使われる。特に、授業で扱う運動をよく研究し、その特性や指導上の留意点を理解しておくことは、教師が授業の前に必ず行うべきことであるが、このような行為は昔から教材研究、教材解釈と呼ばれ、これは今日でも広く使われている言葉であるので、本章でも内容とともに教材という言葉も併用することにしたい。

1―2　「共生」を成立させる教師の教材解釈

そこで本節の主題であるが、スポーツを体育の授業で取り扱う場合、ほとんどのスポーツは競争がその特性であるので、組をつくって相手と勝敗を競うスポーツでは、下手な者は場面の周辺（例えばボールのこないところ）に置かれたり、仲間はずれにされたりして活動の機会を奪われてしまうことが少なくない。また個人競技でも、常に競争に負ける者は次第次第に学習意欲をなくしてしまい、しかもそうなっても、相変わらず授業では競争の場に立つことが強制される。競争ではないが、器械運動のように「できる、できない」が誰の目にもハッキリ見える運動の場合も、できない者は競争で常に負ける者と同じ立場に立たされる。

そして、子どもの頃にこのような辛い学習経験をもつ人が、大人になってから体育授業への「怨念」を書き綴ることも稀ではない。これでは運動のもつ教育的価値が、その人には全く具現化されずに終わるだけでなく、体育という教科の存在意義についての疑念を世の人々の間に生み出すもとにもなってしまう。

しかし一方では、うまい者とへたな者が、ともに高い学習意欲をもち、全力を尽くして「共生」する授業が展開された事例も存在する。本節では、このようなすぐれた実践例を分析することを通じて、教師のすぐれた教材解釈

が、へたな者も差別されず劣等感ももたず、うまい者と共生することのできる体育授業を成立させる基本的な条件であることを明らかにしたい。

2 ◆ 教材の本質を把握する必要性

2—1　足の遅い子を仲間はずれにした詩

　次の詩は、小学校低学年用につくられた「障害って、なんだろう？　どんどん」という絵本に載っている詩である[1]。

> **リレーきょうそう**
> 　「てっちゃんがいるから、いつもぼくらのチームがまけるんや」と、みんなは、てっちゃんをなかまはずれにしました。
> 　てっちゃんは、大きなこえで、なきだしました。
> 　みんなは、きこえないふりをして、リレーきょうそうをしました。
> 　てっちゃんがぬけたので、そのチームは、はじめてかちました。
> 　うれしいのは、いちばんだけかな？

　1等になることだけがうれしいことだろうか、と問いかけているが、むずかしい問いである。大学2年次生の体育科教材研究＊の授業で、この詩を題材に使い、「あなたがクラス担任だったとして、こういう情景に出くわしたらどうしますか」と聞いてみると、ほとんどの学生が、「勝つことだけが大事なのではないといって子どもたちを諭す」という選択肢を選ぶ。

　たしかに、こういう「道徳教育」は大事である。しかし、毎度毎度負け続ければ、「てっちゃんに出場を遠慮してもらいたい」と思うようになるのも、また人情である。だから、てっちゃんを仲間はずれにせず、しかもリレーに勝つ方法はないかということを追求し、明らかにしていくのが教師の役割だと筆者は思うのである。しかし、果たしてそんな方法があるだろうか。

＊この科目は、教育職員免許法の改正によって、平成12年度から「初等体育科教育法」と名称が変わった。

2－2　足の遅い子に1等のテープを切らせた実践

　これがまた偶然というべきか、この絵本が出版された2年後の1987年の体育の日に、当時NHKで放映されていた「クイズどきゅめんと」という番組で解答が示された。

　これは広島市のある小学校5年生の学級での実話であるというが、100mを走るのに20秒3もかかる極端に足の遅い白川君という子が、運動会を前にして「一度、運動会で1等のテープを切ってみたい」と書いた。「たわごと」としかいいようのない願いである。ところが担任の教師が、クラス会でこの作文を紹介したところ、クラスの子どもたちは、「白川君をリレーのアンカーにして1等のテープを切らせよう」と決めてしまった。クラスを半分ずつに分けて18人で走る全員参加のリレーである。

　リレーでは、第2走者以後は加速してからバトンを受け取るので、スタートして加速していく区間が省略される。したがって、リレーのメンバーが個別に走ったタイムの合計よりも、リレーのタイムのほうが速くなる。例えば、ロス・オリンピックの400mリレーで優勝したアメリカ・チームのタイムは37秒83であったが、カール・ルイスを始めとする4人のメンバーの予選会のときの100m走のタイムの合計値は41秒19で、リレーのタイムのほうが3秒36も速くなっている。「リレーはバトンパス」なのである。

　もっとも、4人くらいで走るリレーではどうにもならないが、白川君の学校の運動会のリレーは18人で走るから、バトンパスの回数は17回もある。これだけの回数があれば、バトンパスをうまくやれば、白川君の足の遅さをカバーできると、子どもたちはとっさに判断したのであろう。

　担任の教師も、「これはいけるかもしれない」と思ったであろう。しかし、あえて教師は、他のクラスのアンカーの14秒8とか15秒7というタイムを引き合いに出して、「こういう人たちと一緒に走ったら、白川君はどんどん離されて、100mで35mも差をつけられてしまう。こんなみじめなことはないよ」といって子どもたちを牽制する。それに対して子どもたちは、「それなら、他のクラスに35mの差をつけて白川君にバトンをパスすればよい」と応じた。

　子どもたちの自主的な早朝練習が始まったが、練習はバトンパスに集中し

ていた。そして本番。このクラスの子どもたちは、後ろを振り向かずにフルスピードで行うすばらしいバトンパスを続け、他のクラスを35mどころか、それよりもはるかに引き離して白川君にバトンをパスし、彼に生まれて初めて1等のテープを切らせた。

これは、足の遅い子どもを仲間はずれにした先ほどの「リレーきょうそう」という詩とは、全く対照的な情景であった。

2—3　教師のしっかりした技術認識が先決条件

この成果は、「リレーはバトンパスだ」というリレーの技術の本質を子どもたちが認識していたから生み出すことができたものであるが、さかのぼっていけば、教師が「リレーはバトンパスだ」という技術認識をもっていて、それが多分体育の授業でのリレーの学習の際に子どもたちに伝えられていたからこそ生まれた成果なのであろう。

だから、この事例から学ぶのは、「みんな仲よく」とか「差別をしてはいけない」という徳目を説くのは大事なことであるが、しかしそれだけでは問題を本質的に解決することはできない。教材の本質、この場合はリレーの技術の本質を子どもたちに知らせ、しっかりした技術認識を育てることが必要だということである。そのためには、いうまでもなく、まず教師自身の深い教材研究が必要なのである。

3・プロセスを把握し評価する必要性

3—1　ビリにはビリのフルスピード

今はリレーを題材にして考えてみたが、次に短距離走を取り上げてみることにしたい。

『村を育てる学力』で広く世に知られた東井義雄には、『主体性を育てる教育』(1966年、明治図書)という著書もあるが、この本に次のような二人の子どもの作文が紹介されている。

「予　演　会」　　　　　　　生田　勉

ぼくは、いつも走る前に、人に勝てるなどと思えたことがない。スタートを早

くすることなど、いろいろ考えて実行しているが、どうしてもだめ。一度でいいから、自分のこの胸でテープを切ってみたいと思う。ゴールに入ってからも、いつも「チクショウ」と言えてしまう。

　しかし、今度の体育会にはがんばりたい。ぼくにはぼくの、ビリにはビリのフルスピードというものがあるはずだ。体育会では、そのことで仲間たちを驚かせてやりたい。全力を出して走ってみたい。

「恥しくなった」　　　　　　　　宮前徹志

　（前略）いつも必ず1等だといっても、うかうかしてはおれない。生田君は「ビリにはビリのフルスピードというものがある」と言っている。これは、ぼくにとっておそろしい言葉だ。ぼくも生田君にならい、「1等のフルスピードというものはこんなものだ」と、自分にうなずける走をしてみたい。ゴールまで少しのゆるみもなく走り、その人たちに負けないようにしたい。1等のフルスピードも、ビリのフルスピードと同じように、決して簡単にできるというものではないだろう。

　ある小学校の若い絵の教師は、「こんな偽善者的な詩は嫌いだ」と吐き捨てるように言ったが、著者は、このような考え方をする子どもを育てた東井の教育のすばらしさを思った。そして、生田君の「ビリにはビリのフルスピード」という言葉は、決して詭弁ではなく、その合理性をスピード曲線で説明することができると思ったのである。

3—2　スピード曲線

　図3は、スピード曲線の記録用紙の実例である。50m走の場合、10mごとにストップウオッチをもった測定員が立ち、ランナーの通過タイムを測定する。これによって、10m単位の所要タイムを計算してグラフを描けば、これがスピード曲線である。50m走では、途中で一度スピードが落ちて、ゴール間際になってまた盛り返すのが普通の形である。

　通常短距離走の授業は、タイムをとって、何秒だった、何等だったということで終わりになるが、そうすると、足の遅い者はだんだん走る意欲をなくし、高校生くらいになると、特に女子高生などでは短距離走の授業を成立させることさえ困難になる。しかし、このように走りの中身（学校体育研究同志

66　第2章　体育授業の教材と内容

| 90 | 10 × 5 | 北い1日出子 |

[1]回目

m	通過タイム	差	
50	8.51	1.62	E
40	6.89	1.33	D
30	5.56	1.54	C
20	4.02	1.48	B
10	2.54		A

スピード曲線

[2]回目

m	通過タイム	差	
50	8.29	1.53	E
40	6.66	1.54	D
30	5.12	1.49	C
20	3.53	1.48	B
10	2.05		A

スピード曲線

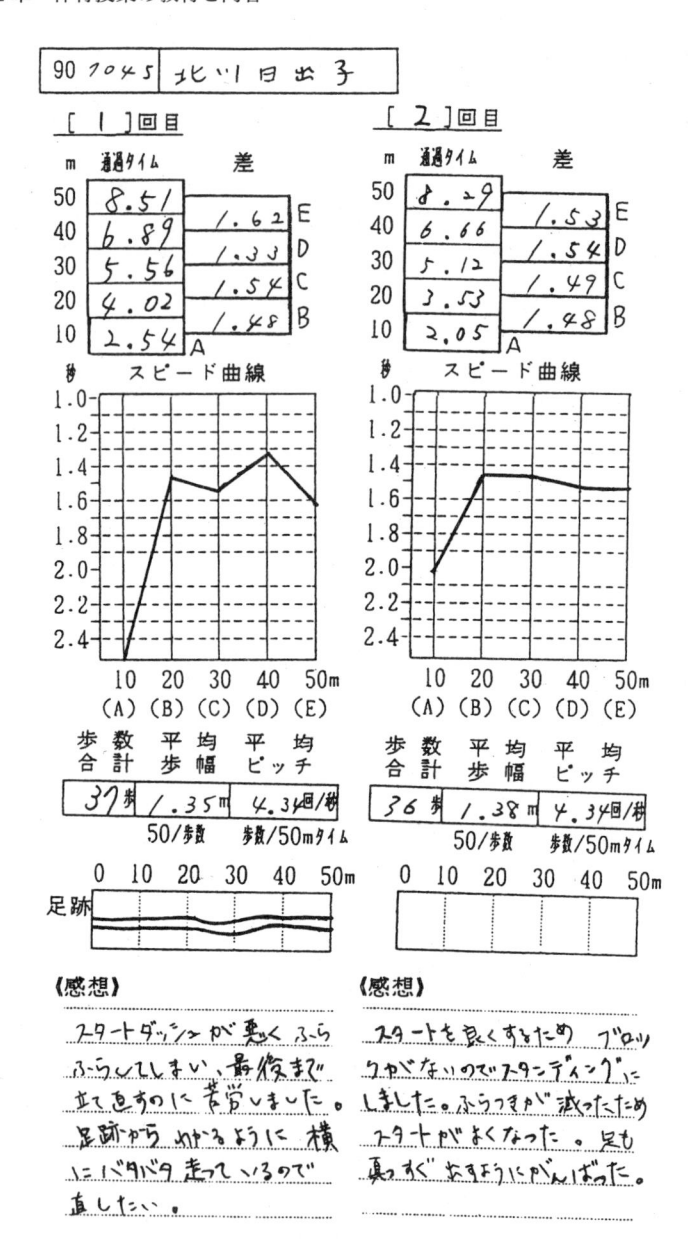

歩数合計	平均歩幅	平均ピッチ
37歩	1.35m	4.34回/秒

50/歩数　　歩数/50mタイム

歩数合計	平均歩幅	平均ピッチ
36歩	1.38m	4.34回/秒

50/歩数　　歩数/50mタイム

足跡

《感想》
スタートダッシュが悪くふらふらしてしまい、最後まで立て直すのに苦労しました。足跡からわかるように横にバタバタ走っているので直したい。

《感想》
スタートを良くするためブロックがないのでスタンディングにしました。ふらつきが減ったためスタートがよくなった。足も真っすぐ出すようにがんばった。

図3／スピード曲線記録用紙

会の一会員は、これを短距離走のレントゲン写真と呼んだという[2]）がわかると、言われなくとも走る途中でのスピードの落ち込みをどうやってなくすか、自分で考えて自主的な学習活動が始まる。

この図3は、筆者の教材研究の授業で実習として行った結果であるが、この学生は「感想」に見るとおり、スタートを工夫し、また足をまっすぐ出すことに留意してスピードの落ち込みをなくしている。

3―3　生田君と宮前君のスピード曲線

では、生田君の言う「ビリにはビリのフルスピード」と宮前君の言う「1等のフルスピード」をスピード曲線に描けば、どうなるだろうか。どちらも、図4のようにスピードの落ち込みなしに走り通す図として描くことができるであ

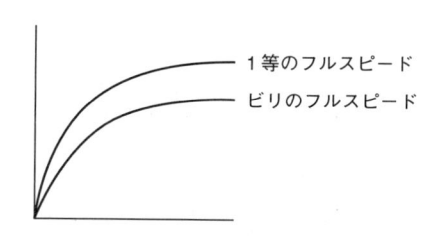

図4／1等とビリのフルスピード

ろう。ビリの子の場合、スピードの落ち込みなしに走り通すことができるかどうかはわからないが、心意気としてはこのような図になるであろう。

何秒で走ったか、何等だったかという競争では、1等の子とビリの子とでは勝負にならないが、このような走る中身での競争なら、速い子も遅い子も、優劣を超えて、同じ土俵の上で競争ができる。これは、評価で言えば相対評価ではなくて絶対評価であるが、このような絶対評価による競争の場を設けてやることができるかどうかは、教師の教材研究如何――つまり、教師がスピード曲線を知っているかどうかにかかっている。

3―4　1等よりも尊いビリ

東井の生まれ故郷である兵庫県出石郡但東町には、役場に隣接した公民館の中に東井義雄記念館ができているが、そこに掲げられている年譜には、次のように書かれている。

　　「師範学校では全員が何かの部に入らなければならず、東井はマラソン部に入部する。しかし運動の苦手な東井は卒業するまでビリを走り続けた。

　　ビリを走りながら東井は、『先生になったら運動でも勉強でもビリッ子の心が

わかる先生になろう」と決心した。」

そして、「一番はもちろん尊い。しかし、一番よりも尊いビリだってある」という色紙が掲げられている。たとえ一番でも、途中でスピードの落ち込みがあり、また一方、たとえビリでも、スピード曲線に落ち込みが見られないなら、そのビリは一番よりも尊い、というように解釈することができる。

「フルスピードで走り抜く快感」が、短距離走という運動の本質（特性と言ってもよい）である。上掲の生田君や宮前君の作文が書かれたのは30年以上も前のことだから、この二人の子どもはもちろん、東井先生もスピード曲線は知らなかったであろう。しかし後になって吟味してみると、この人たちは体育教材としての短距離走の本質を見事に把握していたのである。

4・共生せざるをえない学習の場をつくる

4—1 ボール運動のゲームでの共生の工夫

では、ボール運動の場合はどうであろうか。うまい者がドリブルで独走し、あるいはうまい者同士だけでパスをつなげ、へたな者は単にその場に存在するだけというのが、体育の授業でのボール運動のゲームで少なからず見られる現象である。こういうチームを、どうやって「パスをつないで、みんながシュート」というチームにしていくかということが、ボール運動の授業の古くて新しい課題である。

この課題解決のための方策としてよく用いられるのが、うまい者の独走を防ぎ、へたな者にも活動する自由を保障するために、コートに線を引いて動ける範囲を制限するグリッド制である。これはこれで意味のある方策であるが、理想的には、動ける範囲を制限しなくてもうまい者とへたな者が共生してパスをつなぎシュートするようなチームをつくりたいものである。そういう理想のチームづくりに迫る実践例として、ここでは、松田日出子（奈良市の公立小学校教諭）が担任する5年生の学級で行った子どもたち自身がルールをつくっていった授業を取り上げてみることにしよう[3]。

4—2 パスを回してゲームに勝つ

ゲームでパスを回すことが、この単元を通しての目標であった。8時間目、

第1節　体育学習における差別と共生　69

　5人のメンバーから成る抽出班は、対戦相手との1回戦は2－3で負け、2回戦は3－3で引き分けたが、その時点で荘山さんという女の子が、「なんか、パスが回ってない」ということをみんなに言った。事実、図5に見るとおり、パスはもっぱら長島と植田の間で行われていたのである。

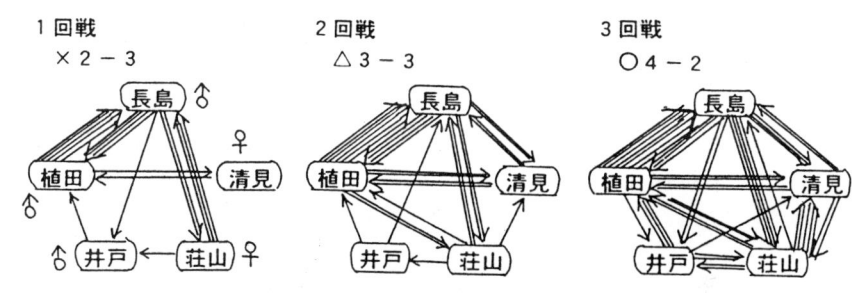

図5／抽出班の第8時間目のゲームでのパスの受け渡し

　しかし、荘山のこの発言によって、チームの中心である長島はハタとわれに返り、3回戦はパスを回すことを心がけ、それまでほとんど疎外されていた井戸にもパスが渡り、荘山、清見という二人の女子も1、2回戦とは比較にならないほど数多くパス回しに参加した。そして、おそらくその結果であろう、4－2で勝つことができ、通算9－8で逆転勝利を収めた。
　次は、ゲーム終了後の話し合いの記録である。
　T　これは、どうして勝てたの？　その原因は何？
　長島　荘山さんが、「なんか、パス回ってないで」って全員に言ってたから。
　T　ああー、荘山さんすごい！
　　（全員から拍手。荘山、うれしそうにほほえむ。清見も荘山の顔を見て、うれしそうに拍手する）
　T　そんないいこと、言ったらなー。荘山さんが、パス回してないって、ちゃんと長島君に言ってんのやな？　そしたら、得点に結びついたんか？
　長島　（うれしそうにうなずき、ニコニコしながら）そんで、2回戦の終わりの作戦タイムの時に「パス回そう」って……。
　T　ああ、パス回してんな。わかった。女の子も遠慮しないで、そういう大事なこと言わなあかんな。
　植田　3試合目のとき、荘山さんが「ゴール前」とか、よく声をかけてくれて、

ボールをもらった。
（荘山と清見が顔を見合わせ、うれしそうに笑う）
T　ああ、よく声をかけてくれたんやな。わかった。
植田　（うなずきながら）今日清見さんが、それまであまり点数入れられなかったのに、3回目の最後に1点取ることができた。
（全員から自然に拍手が起きる）

　この授業が終わった後、二人の女子が松田教諭に、「先生、ものすごく考える体育ですね」「友達っていうことを、うんと考える」と語ったと記録者の瀧川は綴っている。

4—3　相手チームとの共生

　上記のように、抽出班の子どもたちは、ゲームの中でパスを回すことを心がけ、それが勝利を呼んだということを実感した。そして、その実感に基づいた事後の話し合いで、パスを回すことの重要性についての認識を確かなものにしていっている。

　しかしさかのぼってみると、もし相手が弱くて無防御の状態であれば、ワンマンプレイでどんどん得点することができ、パスを回す必要など感じない。しかし実際には、相手に防御されて、一部の者が活躍するだけでは点が入らない。点を入れるためには、パスをつないで攻めていくしかなかったのである。つまり、チームゲームの学習では、相手にも強くなってもらうことによって、うまい者もそうでない者も、共生して相手に勝つチーム力をつけていくことができる。だから、理想論のように聞こえるかもしれないが、ボールゲームでの相手チームは、競争の相手であるとともに協同の仲間でもあるのである。

5 ◆支え合う仲間関係をつくる

5—1　仲島正教教諭のボールゲームの授業

　前節で見たとおり、ボールゲームの学習でうまい者とそうでない者が共生するチームは、ゲームの中でつくられていく。しかしその場合、その前段階として、子どもたちがお互いに助け合い協力し合う学級集団ができ上がって

いるかどうかによって、チームづくりの難易度は大きく異なったものになると考えられる。そのことを実証する資料として、ここでは、西宮市の公立小学校教諭である仲島が、1991年度、担任している4年生の体育授業で行ったボールゲームの授業の記録を見てみることにしたい[4]。

これは、体育館の両側の壁にネットをぶら下げ、これに向かってシュートするハンドボール型のゲームであるが、ルールは問題が発生するごとに話し合ってつくっていくものである。ゲームの名称も、ルールが大体でき上がった時点で子どもたちが話し合い、「ゴールパスゲーム」に決まった。

班は5～6名編成で、六つの班がつくられた。ゲームは1セット3分間で3～4セット行われ、3名が交代で出場する。

5—2　身体障害児のいる班

2班には、山本聡子という両足ギブスの子どもがいた。この子どもと、この子どもをめぐる状況を記録者の堂薗は次のように綴っている。

> 「2班の山本さんは、二分脊椎症で両足が不自由であるため、思うように動くことができない。ボールを投げるのも腕の力だけで投げるため、シュートをしても、なかなかゴールに届かなかった。そこで2班の子どもたちは、山本さんにつきっきりでシュートの練習をし、ゲームにおいても、山本さんにシュートを打たせる作戦を立てた。山本さんもそれにこたえようと家でも練習していたようで、徐々にシュートできるようになった。
>
> 山本さんにシュートさせないで、他の二人でシュートすればもっと容易に得点し、勝つことができたであろう。しかし、山本さんのシュートが成功した時にみんなが拍手して喜んでいた様子や、第16時間目に1試合で3得点し、みんなが喜び、山本さん本人もうれし涙を流していた様子から、子どもたちの山本さんにもシュートを打たせようとし、そのための作戦を立てたり練習したりしたことで、2班の子どもたちは試合で勝つこととは別の喜びを得ることができたのではないかと感じた。」

六つの班のうち、この子のいる2班は22勝22敗6分と五分の星を残して第4位に入る大健闘であった。

5—3 「教えてあげられる」という感覚

同じ班の河内さんという子は、次のような感想を書いている。

「(準備体操の敏しょう性の運動で)いつも最後にフーちゃんが残っています。でも、私たちの班にはフーちゃんがいます。だから私たちは、フーちゃんに教えてあげられます。そしてフーちゃんは、すごくうまく投げれるようになりました。」

「フーちゃん」とは、山本さんの愛称である。体の不自由なフーちゃんを、みんなは仲間はずれにするのでなく、「フーちゃんがいるから、わたしたちは教えてあげられる」と言っている。教えてやるのではなく、教えてあげられる、わたしたちがフーちゃんのお蔭をこうむっているという感覚がすばらしい。

5—4 健常児と障害児の共生

授業者の仲島が、この実践の記録を体育雑誌に発表したが[5]、この数カ月後の号にすでに中学3年生になっていた山本さんも寄稿し、次のように書いている[6]。

「初めての練習の日、シュートやパスなどの練習をしましたが、うまくいかず、本当にみんなと一緒にやれるのか不安でした。でも放課後、チームの友達が『練習しよう』と声をかけてくれ、その言葉に勇気づけられ、私のために一生懸命になってくれる友達がいるんだからと思うと、うれしくて半分泣きながら一生懸命練習しました。そして初めての試合の日、私は緊張してしまって思うように動けないままチームは負けてしまいました。その後も、何回試合をしてもチームは負け続けてしまいました。私は、何度やっても思い通りに動けない自分に腹が立ち、チームのために自分はやめたほうがいいのではないかとも思いましたが、でもその時、先生はじめ友達全員が、どうしたら私のチームが強くなるかを考えてくれたのです。

また放課後の練習が始まり、いくらやっても入らなかったボールが入るようになり、やれば私にもできるんだと自信がついてきました。試合の時は、練習の時にチームの友達に言われたことを思い出し、友達がパスしてくれたボールをただゴールに入れることだけを考えて夢中でやりました。私のシュートも何本か入り、チームはなんと勝つことができたのです。私はうれしくて、跳び上がりたいほどでした。でも、私以上に喜んでくれたのはチームの友達でした。文句も言わずに毎日といっていいほど放課後の練習を一緒にやってくれました。だからこそ

私もがんばれました。

　その1勝をきっかけに、チームは連勝していきました。弱すぎて相手にもならなかったチームが勝ち続けるので、今度はどうしたら私のいるチームに勝てるかという話し合いまでされるほどになっていきました。それ以来、勝つ回数は少なくなってしまいました。が、私のチームの友達は落ち込みませんでした。放課後に練習していた最初の頃は、他のチームに勝つために練習をしていたのに、その頃では勝ち負けよりも、むしろ友達同士協力しあって行動することが楽しくなっていて、勝ち負けにはこだわらなくなっていたからでした。

　この『ゴールパスゲーム』は体育の授業ということを通り越して、人と人との交流ができたすばらしい機会でした。私自身それまではそんなふうにみんなと同じように参加できるとは思っていませんでした。何をするにもみんなより遅くなることが当たり前で、みんなと同じように行動できなくて、腹立たしく、悲しく、みじめに思ったことが何度もありました。でも『ゴールパスゲーム』をしている時だけは、自分の障害のことを忘れて一緒に楽しむことができました。あの時の思い出は私の宝物です。」

5 — 5　同情とは無縁の共生

　この時のチームメイトだった大野茜さんという子どもも、この雑誌の次号でこの授業の思い出を次のように書いている[5]。

　「彼女に対して、どのようにパスをしたら受けとりやすいか、彼女にシュートをさせるには、他のメンバーがどのように動けばいいのかなどを考えました。彼女も必死でがんばっていました。つらくて泣いていたこともありました。でも、その姿を見て私たちもまたがんばろうと思いました。彼女との出会いが、彼女と一緒にがんばったことが、私にとってかけがえのないものとなったのです。今思えば、この授業があったからこそ、私はこういうふうな授業を自分もやりたいという夢を持ちました。この授業のことを、私は一生忘れないでしょう。」

　障害者を仲間はずれにするのでなく、かといって安っぽい同情をするのでもなく、一生懸命に共生する姿がここにある。このような仲間関係は、「支え合う仲間」を合言葉にした日常の学級経営を基盤にして生まれ、それが体育の授業での集団活動の経験を通じて補強されていったと見るべきであろう。体育の授業と学級経営は、密接に結び付いているのである。

6 ◆ 懸命に、えこひいきせずに教える

　うまい者とそうでない者が共生できる体育授業を成立させる条件の最後として、教師が子どもを差別せずに懸命に教えるということを、斎藤喜博を具体例に見てみることにしたい。

　「島小教育」の名で教育史に残る実践を展開した斎藤は、その最晩年、広島県呉市の鍋小学校に指導に赴いていた。翌日の公開研究会のためのリハーサルで、全学年・全学級の合唱と体育の手入れ（指導）をしたのであるが、2年生の横まわりの指導では、一通り終わったと思われたところで、担任の教師が、まだできない子どもが三人いると申し出た。そこで、大急ぎでその三人を指導することになったが、斎藤は肝炎が悪化して体調が悪く、起きているのも大儀な状態で（この半年後には亡くなった）、椅子にかけたままでの指導であった。

　丸太棒のようにゴロゴロ転がるのでなく、手足を浮かして腰で回る横回りなので、なかなか回れないが、初めの二人は何とか回ることができ、斎藤はこの子どもたちに「うまい」というほめ言葉をかけてやった。

　三人目の子どもは、なかなか回れない。これ以後の指導記録は次のようになっている。著者が、立ち会って記録したものである。

斎藤　背中へ力を入れて、キューッと筋張ってごらん。手の先から足の先まで、筋張って。はい、思い切り力を入れてー！　回るんだ。力を入れてごらん。とってもきれいだぞ。おお、きれいだ。それっ！……とってもいいじゃないの。それが、うんと時間がかかるほどいいんだよ。……うまい！　よーし！　もう1回がんばってごらん。

　——子ども、2回目に挑戦。なかなか回れない。

斎藤　手を上げてごらん、上へ。よし、それでもうひとがんばり。今のようにやるときれいだ。きれいでしょ、ほら、今の姿。それ、がんばれ。……よし、思い切り筋張るの。手の先から足の先まで1本の棒にするの、ギューッと。だから、うんと力がいるんだよ。はい、がんばってごらん。最初みたいにやってごらん。……それ、がんばれー。……よーし、うまい！　えー、これうまいじゃないの。ほれ、できたぞ。回れ回れ。

——この子、2回転目ができる。
斎藤　（参観者と教師に）こういうふうに励ます。
担任　できない子が、まだ一人いるんです。
斎藤　だから出しなさいって……
担任　中田君、中田君。
　　——自閉症の子（ということは、斎藤は知らない）、教師に呼ばれて出てきてマットのところに立ち、ちょっと表情を崩す。
斎藤　この子の今の笑い顔、きれいな顔をして。いい顔だねー。ああいうふうな笑顔が出ないとだめだよー。
　　——この子、試みる。
斎藤　おおいい、きれいだ。足の先が特にきれいだね。ほら見てごらん、足がついているでしょ、指がついて、あそこがきれいなの、とっても。ほれ、がんばってー。よいしょ！……はい、きれいだ。
　　——1回回る。
斎藤　よーし、うまい！　きれいだ！　ほら、足の爪先きれいだったでしょ。……はい、もうひとがんばり。……よーいしょ、どっこいしょ。
　　——2回目も回る。
斎藤　よーし、これも上等。いちばんうまいくらいだ。はい、いいでしょう。できないどころか、こんなにみんなうまいじゃない。
校長　（退場していく子どもたちに）とってもよかったねー。上手だったよ。
斎藤　教師っていうのは、いろいろな手だてをその子につくして、そして相手が自信をもって、喜びをもつようにしてやらないとだめですね。

　起きているのもやっとという状態であったのに、斎藤は、担任の教師がもてあましている何人もの子どもに、気持ちを集中させて矢継ぎ早に指導の言葉を発してできるようにしてやり、しかも、「いちばんうまいくらいだ」と言ってほめてやっている。

　もちろん彼は、お世辞で子どもをほめたのではなく、担任の教師が「できない子」と見ていた子どもの動きのなかに美しさを認め、心から感動してその子をほめたのである。彼は、力に任せた大技ではなく、動きはまだ幼くても理にかなったリズムのある動きを「きれいな動き、美しい動き」として評価した[3]。こういう評価の観点を持つことによって、運動が不得手だとされる

子や肢体不自由児の動きの中に美しさを見ることができ、それがこういう子どもたちを「えこひいき（差別）せず、懸命に教える」行為のもとになったということができるであろう。

7・まとめ

　以上、運動の不得手な者や体の不自由な者も、特にハンデをつけるのでなく、運動の得意な者や健常児とともに全力を尽くしながら共生する体育実践の実例と、そのような実践を成立させる原理・原則を見てきた。これらをまとめると、次のように言える。

1．最も根本的な原理・原則は、教師が、「リレーはバトンパスだ」、「短距離走の特性はフルスピードで走り抜く快感」、「ボールゲームの特性は、パスをつないでのシュート」、「マット運動での美しさは、リズムのある滑らかな動き」等々、運動の特性（本質）をしっかり把握することである。
2．運動の特性を把握することによって、運動の不得手な者が得意な者と共生する手だての展望が開ける。足の遅い者が単独で走ったのでは足の速い者に敵うはずはないが、大勢で走るリレーでバトンパスに習熟すれば、足の遅い子どもの足の遅さを十分にカバーできることなどは、その典型例である。
3．子どもたちが運動の特性に触れる学習をしているかどうか把握する方法を工夫することによって、共生の途が開けることがある。短距離走のスピード曲線を描くことによって、タイムや着順など他との競争（相対評価）ではなく、自己のスピード曲線の改善（絶対評価）に意識が向くことなどがその具体例である。
4．チームゲームでは、へたな者を疎外するのでなく、へたな者も包み込みながらパスをつないでシュートすることが勝利への道であることを、子どもたちに実感として認識させることが教師の力量であるというべきであろう。このようにうまい者とそうでない者とがともに支え合うチームが成熟すれば、勝つことだけがチームの目標ではないという認識がチーム成員の間に生まれる。

5．最後にもう一つ重要な条件は、教師が子どもを差別せず、懸命に教えるということである。ここでいう「教える」ということのなかには、教師が子どもたちに助言し、支援してやる行為も含んでいる。こういう「懸命に教える」行為を支えるのは、運動が不得手だとされる子どもや肢体不自由児の動きのなかにも美しさを認める美意識である。

■引用文献
1）障害児教育自主教材編集委員会『障害ってなんだろう？　どんどん』1985年、リボン社
2）出原泰明「私の実践ノート——50m走の実践から」『運動文化』24（1980.12）
3）これは、兵庫教育大学の院生であった瀧川國博が記録をとりに通って書いた修士論文に基づいている（瀧川「『土谷体育』における三人組学習の意義と実践に関する研究－松田日出子教諭における実践を通して」1996年度兵庫教育大学修士論文）
4）これは、堂薗由起子が記録をとりに通って書いた卒業論文の基づいている（堂薗「子どもから出発する体育授業の研究——仲島正教教諭のボール運動の授業を事例として」1991年度兵庫教育大学卒業論文）
5）仲島正教「子どもがつくるボールゲーム」『体育科教育』1996年2月号
6）山本聡子「忘れられない小学校時代の体育（上）」『体育科教育』1996年4月号
7）大野茜「忘れられない小学校時代の体育（下）」『体育科教育』1996年5月号
8）小林篤「斎藤喜博における体育指導の特質」『兵庫教育大学研究紀要』第13巻第3分冊、1993年、58－59頁（これは本書に再録している）

（『兵庫教育大学研究紀要』第19巻、1999年）

第2節 簡易ゲームで運動の特性に触れる学習

1 ◆ 運動の特性に触れる学習

　運動には、それぞれ他の運動と区別される特性（持ち味）がある。例えば、ボール運動の特性は、「パスをつないでのシュート」であると言える。学校体育研究同志会の人たちは、これを「コンビネーションプレイからのシュート」と言う。ボール運動の授業は、子どもたちみんなをこの特性に触れさせることが第一の目標となる。しかし現実には、例えばバスケットボールのゲームを正規のルールで行うと、成員間の触球数やシュート数に大きなアンバランスが生まれるのが通例である。そこで、子どもたちみんなが運動の特性に触れることができるようにするための工夫がこらされることになる。

　工夫の第一は、コートを区切って成員の動くことのできる範囲を制限しようとするものである。文部省の『小学校体育指導資料』（東洋館）には、「コートの工夫」として、コートを横に格子状（グリッド）に区切って前衛・後衛に分ける方法、対角線で区切るトライアングル、縦に3等分するスリーゾーン・コートなどの具体例が示されている。

　また小学校教師の中尾道子は、六人1組で三つのコンビを作り、第一のコンビは前衛、第二のコンビは後衛、第三のコンビのうち一人はオールコート、もう一人は記録係という役割分担をし、ドリブルなしのパスだけのゲームを3セット制でローテーションする「ポジション制パスワークバスケットボール」の実践をしている[1]。その結果は、正規のルールでのゲームにくらべ、この方式のゲームのほうが、触球数、シュート数ともずっと均等化している。

　工夫の第二は、人数を減らしたり、コートを狭くしたりして行うリードアップゲーム（導入のためのゲーム）の採用である。例えばバスケットボールでは、中学校教師の有信実は、3対3、ハーフコートで攻めと守りに分かれ、

3アウトになったらチェンジで攻守交代という「野球型バスケットボール」の実践記録を発表し、5対5のオールコートの場合より「楽しく盛り上がり、かつ集中していた」と報告している[2]。またソフトボールは、1993年から日本ティーボール協会がティーバッティングで行う「ティーボール」の普及に努めている。

本節では、筆者の研究室に所属した学生が卒業研究のために試験的に取り入れてみたハーフコートバスケットボールと、ファンボールというリードアップゲーム及びドリブルを制限したバスケットボールのゲームの実施結果について報告してみることにしたい[3][4]。

2・ハーフコート・バスケットボール

2-1 ルール

ハーフコート・バスケット（以下、HCBと表記する）は、いまストリートバスケットとか3 on 3の名で流行しているものである。これは野球型と同じで、3対3、ハーフコートで行うが、野球型は攻防分離型であるのに対し、HCBは攻防入り乱れ型で、ボールを取ったら攻めることができる。ただし、攻める前に一度、ボールをテイクバックライン（フリースローラインとその延長線）に戻さないといけない。

2-2 授業の結果

H小学校6年生41名と僻地指定のK小学校5・6年生15名を対象に、4時間扱い（1時間目は正規の5対5のゲーム、2～4時間目はHCB）で担任の教師に授業をしてもらった。その結果の一部が図6、7と表1で

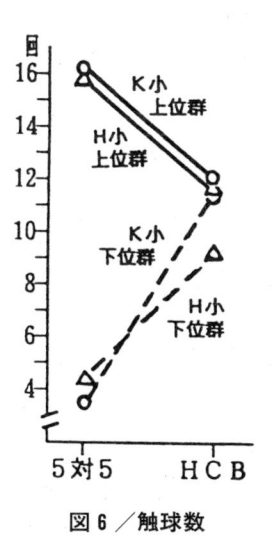

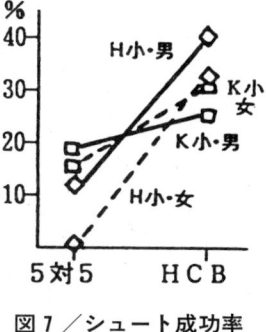

図6／触球数

図7／シュート成功率

表1／HCBの好き嫌い（K小）

	好き	ふつう	嫌い
男子	40	30	30
女子	57	24	19

ある。

　正規のゲームの結果から、触球数を上位群（上位1/3）と下位群（下位1/3）に分けて比較してみると、HCBでは両群の間に差がなくなっている（図6）。またシュート成功率を男女別に見ると、男女ともHCBのほうが成功率が大幅に高まり、特に女子の高まり方が著しい（図7）。ハーフコートのゲームなので、いつもゴールの近くからシュートできることによる結果であろう。

　各班の学習カードでは、HCBの2時間目からすでに、フリーな場所に走ってパスを受け、シュートするという作戦図が現れている。人数が三人なので、作戦も考えやすいのである。

2—3　男女、上位・下位群で分かれる評価

　以上の分析から、HCBのようなリードアップゲームは、特に女子や下位群をボール運動の特性に触れさせるのに有効な教材であることがわかる。

　では、活発な男子や上位群は、HCBをどう見ているだろうか。表1は、男女別に見たHCBの好き嫌いであるが、HCBは女子には好意的に受け入れられているが、男子では評価が分かれている。上位群、下位群という分類で集計しても、多分これと同じ結果が得られたと思われる。

　また、男女ともバスケットボール部員はHCBに否定的であった。大学の教材研究の授業で、小学生の時に3対3のバスケットボールを学習したことのある体育専攻学生が、「人数が少ないので、パスを出す方向などが限られ、単調で物足りなかった」と思い出を語ったことがあった。しかしこれは、うまい者の感想であって、単調であるからこそ、へたな者もゲームに参加できるのである。図7のシュート成功率のデータなどは、導入のための簡易ゲームが、「へたな者」だけでなく「うまい者」にとっても意味のある教材であることを物語っている。このようなデータを授業中にできるだけ子どもたちにフィードバックして、「うまい者」と「へたな者」が「共生」する授業をつくっていくのだという意識を子どもたちの中に育てていくべきであったというのが、この実践的研究での反省である。

3・ファンボール

3－1　ルール

　これは1968年、日本レクリエーション協会が公募した簡易スポーツのアイデアで、全国で唯1編入選した作品で、創案者は福本伸男（当時、赤穂養護学校勤務）である[5]。ファン（扇）という名のとおり、これは三角ベースで、1チーム7人。投手は味方の最終打者が努める。打者は、3球以内に打たないとアウト。福本は、勤務校の職員文集に「1試合7イニングが30分間、それも10対8といった楽しい試合ができます」と書いている。

　ソフトボールに代表される野球型の運動の第一の特性は、「投げ込まれたボールを力一杯バットで打ち返す楽しみ」と捉えることができるが、初心者でもこの特性に多数回触れることができるようにするために、味方がボールを投げてやり、また早く打たないとアウトになるというのが、この工夫のミソである。

3－2　授業の結果

　ソフトボールは、「投げ、打ち、走る」という運動の基本を総合的に含むスポーツである。特に「打つ」運動は、小学校では他にない。その点でソフトボールは、小学校体育の価値ある教材であると言える。ただ、この運動は広い場所が必要、ゲームに時間がかかる、運動量が少ない、技能の男女差が大きい等々の理由で取り扱いがむずかしい教材であることも確かである。

　しかし上記のファンボールなら、これらの難点をかなり克服できそうに思われたので、そのことを検証してみることにした。対象は、前記K小5・6年生とT小5年の2学級64人。4時間扱い(練習1時間、ゲーム3時間)で、担任の教師に授業をしてもらった。用具は、K小では1号ボールをジュニア用

表2／投球数と打数

(1人当/1ゲーム)			投球数	打数	打撃率
正式ゲーム	K小	男	6.0	1.8	30%
		女	11.0	0.7	6
	T小	男	6.9	2.6	38
		女	6.3	2.1	33
ファンボール	K小	男	6.1	2.4	39
		女	7.6	2.4	32
	T小	男	5.1	2.5	49
		女	3.9	2.4	62

バットで打ち、T小ではバウンドテニス用ラケットとボールを用いた。

その結果、表2に見るとおり、正式ルールでのゲームに比べ、ファンボールでは少ない投球数でどんどん打っていくことができるようになっている。特にK小女子は、正式ルールのゲームでは打撃率わずかに6％で、投げても投げても打てず、これでは

表3／歩　数

(1人当／1ゲーム)		正式ゲーム	ファンボール	差
K小	男	1452	1606	154
	女	1035	1412	377
	差	417	194	
T小	男	1395	1358	−37
	女	1171	1256	85
	差	224	102	

時間がかかり、運動量も乏しく、教材としての価値に疑問符がつくのも無理からぬことであったが、ファンボールでは打撃率32％、つまり平均3球でフェア地域へ打ち返すことができている。これにともなって、運動量の指標である歩数も、特にK小女子では約1000歩から1400歩へと大幅に増えている（表3）。

投手の条件に関しては、［①ティーバッティングで打つティーボール→②味方が投げるファンボール→③山なりのボールを投げないといけないスローピッチ→④どんなに速いボールを投げてもよいファーストピッチ］というのが、取り扱い方の順序になるであろう。アメリカではスローピッチのソフトボールが非常に盛んで、大学の体育の授業でも、投手が少し速いボールを投げると、打者の女子学生が「ツー・ファースト（速過ぎる）！」と叫んでいるという話を聞いたことがある。日本ではこれと逆で、三振をした子どもは首うなだれてすごすごと引き下がるのが常であるが、へたな子も運動の特性に触れる当然の権利があると教師も子どもたちも考えることが常識になり、うまい者とへたな者が「共生」できる教材の扱い方をみんなで工夫するようになれば、体育の授業にもまた新しい地平が開けていくように思われる。

4・ドリブルなしのバスケットボール

4—1　実験的実践の条件

野球型バスケットやHCBのようなハーフコートでのゲームを学習した後は、オールコートでのゲームに進むことになるが、ここで問題になるのはド

第 2 節　簡易ゲームで運動の特性に触れる学習　83

リブルである。うまい者がドリブルで独走してシュートし、へたな者は為す術もなくその子の後を追っているという光景がしばしば見られる。そこから、「ドリブルを禁止してみたらどうだろうか」という発想が生まれる。

　そこで、YMCAのミニバスケット教室に通ってきている小学校3～6年生の男子44人（5チーム）、女子9人（1チーム）を対象とし、毎週1回、延べ7回、次のような条件でゲームを実施してみた[6]。

> Ⅰ（1、2回目）……正式ルール（全面でドリブル可）
> Ⅱ（3、4回目）……ドリブル禁止。パスだけ。
> Ⅲ（5、6回目）……シュートにつながる時だけ、ドリブル3回まで可。
> Ⅳ（7回目）　　……フロントコートでだけドリブル可。

4－2　ゲームの結果

　ドリブルの規制を強くすると、必然的にパスがふえる（表4）。パスの総数は、ドリブル自由のⅠに比べて、全面禁止のⅡ、ほとんど禁止のⅢでは2.5倍に増えている。パスのつながりも、Ⅰでは平均1.7回であったのが、ⅡとⅢではそれぞれ2.6回 2.4回に増えている。その結果 シュートをすることができた者の比率も飛躍的に高まった（図8）。

　次頁の表5は、最初のドリブル規制なしのⅠのゲームで、触球数が10回以上であった者を上位群（7人）、3回以下であった者を下位群（10人）として分類し、これら各種条件下のゲームに対する感想を調査した結果である。下位群といっても、ミニバスケット教室へ通ってきている子どもたちであるから、体

表4／パスの総数とつながり

ドリブル	パス総数	パスのつながり
Ⅰ（全面で可）	16	1.7回
Ⅱ（フロントコートだけ可）	33	2.3
Ⅲ（シュート前だけ可）	38	2.4
Ⅳ（全面禁止）	40	2.6

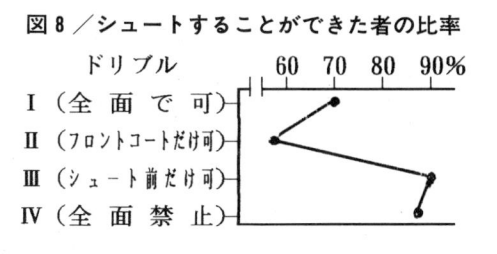

図8／シュートすることができた者の比率

育の授業での下位群よりも関心、技能ともに高いが、それでも上位群のほとんどが最もおもしろくなかったとしているドリブル全面禁止のⅡのゲームを、半数の子どもが最もおもしろかったと答えている。

表5／各種条件下のゲームに対する感想

○おもしろかった ×おもしろくなかった	上位群(7人)		下位群(10人)	
	○	×	○	×
Ⅰ（全面で可）	5		3	1
Ⅱ（フロントコートだけ可）		1	2	3
Ⅲ（シュート前だけ可）	1			3
Ⅳ（全面禁止）	1	6	5	3
計	7	7	10	10

4—3　パス中心のゲーム経験による意識変革

　後日、このYMCAのチームが、対外試合で強敵と対戦した時のこと、ドリブルがすべてカットされてしまった。そこで、この実験授業での経験を生かしてパスをつなぐ作戦に切り替えたところ、おもしろいほど成功し、意外にも勝つことができたという。「この試合で、パスとドリブルの使い分けの大切さがわかったみたいです」と指導者は語っていた。

　また、かつて筆者が勤めていた大学で、体育専攻学生がバスケットボールの授業を受講した後、口々に「今まで、バスケットボールは走るスポーツだと思っていたが、まちがっていました」と興奮して語っていたことがあった。非常勤講師の先生であったが、ドリブルを制限してパスワークを主体としたゲームを行い、「バスケットボールはパスワークのゲームだ」ということを学生に体験させたということであった。中学や高校の選択制体育では、「バスケットボールはシンドイ」ということで履修希望者が少ないのが通例であるが、上記のような体験をした学生が教職につけば、きっとパスワークの楽しさを生徒に味わわせる授業を展開しようとするだろうと筆者は思った。

　しかしその反面現職教員を対象とした大学院の授業でドリブルを制限した実践を紹介したところ、バスケットボールが専門の中学校の体育教師である院生から強い反発を受けたことがあった　この人は「バスケットボールはドリブルだ」という信念で、体育の授業でも部活動でも、まずドリブルから指導を始めていたそうで、そういう長年の実践が否定されたと思ったのであろう。だが、少なくとも学問研究に志す大学院生なら、自己の信念を主張するだけ

ではなく、「そうか、パスを主体としたゲームから入る指導法の効果を検証した研究があるのか。しかし自分は、ドリブルから入るのがよいと考えて指導してきた。それなら、この二つの指導法の効果の違いを検証してみよう」．という発想をもってほしいと筆者は思う。そういう比較研究が行われることによって、指導法についての新しい知見が得られるのである。

5・反　省

　本節で取り扱ったゲームのルールは、みなあらかじめ決まっていて、それを子どもたちに教えたのであるが、それでも、うまい者とへたな者の「共生」を図るには大いに有効であることが実証された。しかし学習指導要領では、ボール運動は「ルールを工夫し」と書いてある。既製のルールを教えて守らせるよりも、子どもたち自身にルールを工夫させ、つくらせていくほうが教育的意義ははるかに大きい。だから本節で紹介した諸研究も、大まかなルールは教師が提示しても、後は子どもたちに考えさせるのが望ましい行き方であった。

　ただ言いわけをすれば、考え工夫する学習はどうしても時間がかかるので、学生の卒業研究の場合、それだけの授業時間を割いてもらうのは困難で、既成のルールの有効性を検証するのが時間的に精一杯のところであった。ルールを工夫し、つくっていく学習の実践的研究は、むしろ現場の教師のほうが行いやすく、事実、HCBやティーボールは、子どもたちにルールをつくらせながら行われた実践的研究が存在する[7)8)]。こういう研究が、今後なお数多く行われることを期待したい。

■引用文献
1) 中尾節子「ポジション制パスワークバスケットボール」小学校体育教材研究会編『小学校体育　楽しい体育の教材研究』1983年、日本体育社、192－196頁
2) 有信実「野球型バスケットボール」中村敏雄編『続　体育の実験的実践』1991年、創文企画　185－204頁
3) 野津美奈子「小学校体育におけるハーフコートバスケットボールの教材価値に関する研究」兵庫教育大学1993年度卒業論文

4）北川日出子「ファンボールの教材価値についての実証的研究」兵庫教育大学1993年度卒業論文
5）『レクリエーション事典』1971年 不昧堂 231頁
6）鳥山佳子「ルール規制によるゲームの流れの変化」奈良女子大学1982年度卒業論文
7）近藤俊彦他「バスケットコートを2倍に活用し、ひとりひとりに充実感を持たせるハーフコートバスケットボールの指導について」『第35回全国小学校体育科教育研究集会要項』1991年 82頁
8）佐藤郁子「子供が創る体育学習――Tボールにおけるルールや作戦の工夫を通して」松山市教委・松山市小体連『平成6年度研究紀要』1995年 96－105頁

（『体育科教育』1995年8月号）

第3節　教材解釈と指導法をめぐる問題

1 ◆ 文献講読から入る教材研究

❖教材研究じゃいけないんですか！

　昨年、体育学専攻学生を相手にしたゼミで、中学校の国語の教師として生涯現役を貫いた大村はま氏のロングセラー『教えるということ』（共文社）[1]を読んだが、その中に次のような話が出てくる。

　大学を卒業した大村氏は、教育熱心な信州の高等女学校の教師になった。周囲の教師は、『源氏物語』や『万葉集』の研究に没頭している。

　「私はそのことについて相当な反感をもっておりました。それはそれでよい。研究することは尊いことだと思いました。けれども、私はもっと、『作文をどうするか』とか、そういった種類のことを教師は勉強すべきではないかと、生意気ながらも考えておりました。女子大に在学中から、先生になろうと決心して、教材の研究を試みていたのですから、当然そういうことになるわけです。」

ところが周囲の教師は「学問をやれ」と大村氏に繰り返し強くすすめる。

　「とうとう私は、職員室のまん中で、20幾人かいる先生の中で——校長先生はもちろんおいでになっていました——そのみなさんの中で、『作文の研究じゃいけないんですか！』とどなってしまいました。（中略、それ以後）みなびっくりしまして、『万葉の研究がいいだろう』なんて言う人がいなくなってしまって、せいせいしました。」

大村氏のいう「作文の研究」というのは、一般化して「教材研究」と言い換えることができるが、教材研究をすることにこれほどの気概をもつ体育の教師が（そして研究者が！）うんと増えたら、体育科教育はどんなに面目を一新することかと私は思い、その思いを共有してほしいために、学生にこの本を読んでもらったのである。

　このゼミの看板は「体育の教材研究」であった。私が体育教材に精通して

いるからこんなゼミを開設したのではなく、事実はそれとは全く逆なのだが、要するに私には、教材研究に関連のある本で、学生にぜひ読んでもらいたいものが何冊かあったのである。その中の1冊が大村氏の『教えるということ』で、私の考えでは、これは教材研究への動機づけ、起爆剤のような働きをしてくれる本であった。

❖くわしい授業記録を丹念に読む

体育の教材研究に直接関係のある本として最初に読んだのは、斎藤喜博『わたしの授業』第2集、第3集（1978年、一莖書房）であった。これは斎藤氏が、小学生から大学生にまで行った跳び箱、マット、行進などの20数時間分の授業記録集で、私が録音をとり、文字に直して編集し、解説をつけたものである。

これらの教材での斎藤氏の指導法は、常識的な指導法とは、かなり、ときには全く違っていて、意表をつかれることが多い。そのことだけで反感をもつ人もいるようだが、それでは研究にならない。意表をつかれた部分について、「なぜこんな指導法をとるのだろう」と考えながら丹念に授業記録を読んでいくと、教材の本質についての斎藤氏の深い読み（教材解釈）が見えてきて、「ああ、そうだったのか」と急に視野が開けるような思いをしたことがしばしばある。

この『わたしの授業』という本に収める授業記録をつくる段階で、そのような経験を何度も重ねた結果、私は、当座の間に合わせとしての知識を仕入れるのなら広く浅くの解説書で用が足りるだろうが、本当に教材を深く読む力を養うためには、すぐれた教材解釈に基づいたくわしい授業記録を丹念に読むことが必要だと思うようになった。ゼミでこの本を読んだのは、私にそのような問題意識があったからであった。

なおゼミでは、中森孜郎氏をリーダーとする宮城保健体育研究会の授業研究報告のいくつかも読んだ[2]。その中の、例えば中森・加藤敬三「走り幅跳びの教材価値を探る」では、踏切線は何のためにあるかということに焦点を絞って教材研究が深められ、それに基づいて行われた授業の様子がありのままに記録されている。ある学生は、「私は走り幅跳びは、ただ跳ぶだけという授

業しか受けてこなかった。この授業記録を読んでみて、教材研究が大事であることがわかった。『教材研究を怠って、今まで、つまらない教材と思ってきた私は批判されるべきだと深く反省しています』(加藤敬三)。教師は、教材を愛さなければならないということを思い出した」と書いている。

❖教材研究への問題意識を育てる

ゼミでは、秋になって山本貞美『小学校における陸上運動の指導法』(広大附小内学校教育研究会)を読んだ[3]。なぜこの本を読んだのかということの説明として、『体育科教育』1978年4月増刊号に載せた私の書評の一部を次に引用しておくことにしたい。

> 「私たちはこの本から、体育の授業や体育教材についての個別を超えた普遍的な原理・原則を豊富に読みとることができる。その理由の第一は、体育の『劣等生』であったという山本氏が体育の教師になって、子どもたち、特に『劣等生』の子どもたちに注ぐ深い愛情——それが山本氏の授業の基底になっており、しかもそれが単なる同情に終わらずに、すべての子どもたちを生き生きと授業に参加させるための方法の考案へと発展していること——その経緯についての記述が深く私たちの胸を打つからである。
> 　考案された方法は、例えば、スタートの地点は子どもたちの能力によって違え、ゴール付近でみんなが一線に並ぶ8秒間走というような卓抜なものであり、それは子どもたちの学習意欲を高めるだけでなく、判定の手間を著しく省き、授業の効率を高めるのである。この本から私は、深い問題意識が創造の源泉であることを、目を見張る思いで知らされたのであった。
> 　しかも山本氏の場合みごとなのは、方法を考案するだけでなく、その方法を授業に取り入れてみた結果が、子どもの感想文、授業記録、写真、測定値などさまざまな資料を分析することによって明らかにされていることである。私はこの本に、授業分析の方法の宝庫を見る思いがする。」

教材研究への情熱をもち、そして教材の本質を読み取るための基礎的な力をつけても、その力を生きて働く力にするには、深い問題意識が必要なのだということ、そしてそのような問題意識はどのようにして生まれるのかということを、この本から読み取ってほしいと私は思ったのである。

ゼミではこの後、学校体育研究同志会の人たちの論文をかなり数多く読ん

だ。問題意識の強さが、どれほど教材研究を推し進める力になるかということを学ぶには、山本氏の著作とともに、同志会の人たちの著作が格好の〝教材〟であると考えられたからである。

　ポジションを固定した9人制バレーボールしか行われていなかった頃、体育の授業でのゲームで個人別の触球数をとってみたら、後衛左の生徒は一度もボールに触れず、サーブの順番も回ってこなかったことがわかった。同志会の人たちはこの事実に強いショックを受け、ここから、へたな子どもたちを生かすことを目指した精力的な教材研究が始まったのだった。

　この同志会発足時から現在に至るまでの数十年間にわたる教材研究の歩みをわかりやすく解説した本があると　研究法のテキストとして大変重宝である。しかし、そのような本はまだ出ていないので、私は同志会関係の膨大な量の文献の中からボール運動に焦点を絞り、とりあえず4回分の授業に使うだけの分量の資料を選び出して編集し、プリントして学生に配ったが、次から次へとプリントを配るので、「これは何やら大変なことになってきた。どんどん目の前に積まれていくプリントの山の前で、読み終えてはフゥーッとため息をつくばかりだ」などと感想文に書く学生もいた。

❖性急な実践は逆効果になることも

　斎藤氏の『わたしの授業』を読んだ時は、体育館で実習を2回行い、中森氏の野口体操実践記を読んだ時も1回実習した。山本氏の本を読んだ後には、わざわざ広島から山本氏に来ていただいて実習と講義をしてもらった。また同志会の文献を読み始めた時には、すでに17名の受講者のうち9名は同志会の出原泰明氏（当時大阪市立天王寺商高）の授業を参観した経験を持っていた。

　これらの学生は、私の保健体育科教育法の講義の受講者でもあったのだが、この講義でグループ学習の話をした時その典型的な事例として出原氏の「ハンドボールの実践から」という報告[4]を読み、そして大阪まで授業を見せてもらいに出かけたのであった。もし事前にこのようなことがなければ、ゼミの行事として授業参観に行っていたであろう。

　体育は体を動かす活動であるから、それを頭で考えているだけでは理解に限界がある。例えば『わたしの授業』を読んで斎藤流の教材解釈を知り、共

感したとしても、斎藤氏の指導を受けている子どもたちの様子を実際に見るか、あるいは自分で体を動かして体感してみるかしないと、斎藤流教材解釈の良さを本当に理解することはむずかしい。そう考えて、ここでは、文献講読と実習・見学をセットにしたのである。

この場合、山本氏の指導を受けたり出原氏の授業を参観に行ったりするのは、"ほんもの"に指導してもらったり"ほんもの"を見に行ったりするのだから、何も問題はない。出原氏の同志会流「コンビネーション・プレイからのシュート」の授業は、このようなスタイルの授業を初めて見た大方の学生に強烈な衝撃を与えたようだが、それはそれで構わない。それがまた、教材研究へのエネルギーになるのである。

ところが、斎藤氏の体育や野口体操などは、指導に来てもらうことも参観に行くことも不可能なので、やむをえず斎藤流の指導は私が行い、野口体操は各種目ごとに学生が分担して中森レポートを読み、あらかじめ研修してきて指導することにした。しかし私の授業での学生の姿と、かつて録音をとりながら見た斎藤氏の授業での子どもたちの姿とは、何かが違うのである。そのことは、斎藤氏の授業を見たことのない学生たちも感じたらしく、「斎藤氏の意図していることと違うことをしているのではないだろうか」と感想を書いていた学生がいた。同じことは、野口体操についても言えることであった。

もっとも、これは当たり前のことで、カラヤンの指揮を私がくわしく分析し、忠実にまねをしたつもりでも、カラヤン指揮の演奏を再現できるはずがないのと同じことである。しかし実は、この当たり前のことが、体育のように実技が本命である教科の教材研究では、思わぬ落とし穴になることがあるのではないかと私は思った。カラヤンの指揮を主観的には忠実にまねし、実は客観的には拙劣にまねし、結果が思わしくないので、教師はカラヤンの指揮法ナンセンス、曲についてのカラヤンの解釈ナンセンスと決めつけ、また、そんな教師のへたな指導を受けて、生徒たちもカラヤン流というのは何とつまらないものかと思ってしまうというようなことが、体育の場合にはしばしばあるのではないかと思われる。価値あることをへたに教えた場合の教育のおそろしさである。

その意味では、私のへたな指導を受けた学生たちが、「斎藤氏の教材解釈というのは、何とつまらないものか」と思わずに、「斎藤氏の意図と違うことをしているのではないか」と思ってくれたのは救いであった。学生のこのような思慮深さは、事前に斎藤氏の授業記録をかなり時間をかけて読み込んでいたことから生まれたものであろう。

このような経験から私は、体育で先人の教材研究の跡を学ぶ場合、半可通のままで実践に走るのはむしろ危険ではないかと思うようになった。じっくりと授業記録を読み、そこに流れる論理を理解することが、まず第一に必要なことだと思ったのである。

■引用文献
1）この本は、今では「ちくま学芸文庫」に入っている。
2）中森孜郎編著『保健体育の授業』1979年、大修館書店
3）1977年に自費出版されたこの本は、後に明治図書から『体育科扱いにくい単元の教え方 2－陸上運動編』（1984年）というタイトルで出版された。
4）出原泰明「ハンドボールの実践から」学校体育研究同志会編『体育の授業記録』1975年、ベースボールマガジン社

(原題「現場教師のための教材研究入門」『体育科教育』1980年5月号)

2 ◆ボールゲームの授業の課題

❖「心体育」の提唱

深刻な学級崩壊の実態が、しばしばマスコミで報道されているが、1999年1月に開かれた日教組の教育研究全国集会では、学級崩壊への対策として「特に『遊び』の重要性に注目が集まった。『今、集団での遊びの場は学校以外にない』などの指摘があり、崩壊を克服した東北地方の女性教師は、『集団遊びの中で子どもは、ルールがないと面白くない、と学んでくれた』と体験を披露した」という[1]。集団遊びの中でルールがつくられていき、その活動体験が学級づくりに大いに役立ったということであるが、そういう遊びの代表はボールゲームだから、この記事を本稿の主題に引き寄せて解釈すれば、ボー

ゲームは子どもたちの心と体を育て、「生きる力」を培う非常に価値のある運動だということができる。

だから、このような運動を教材とする体育は、体だけでなく心をも育てる教科であり、したがってこれからは、体育を戦後の「新体育」をもじって「心体育」と呼ぶことにしようというのが、私の冗談半分の、しかし半分はマジメな提案である。

だが新体育の時代には、スポーツを行えば自らスポーツマンシップが身に付くかのような言説も見られたが、実際はそんな楽観主義は通用しない。同様にボールゲームも、それを「心体育」にするには、教師の一方ならぬ教育活動が必要とされる。そのことの説明を、筆者の稚拙な実践体験を報告することから始めたい。

❖ 触球数をめぐって

図9は、40年前、筆者が大学で駆け出しの助手だった時に、中学3年男子の体育の授業でとったバスケットボールのゲームの記録で

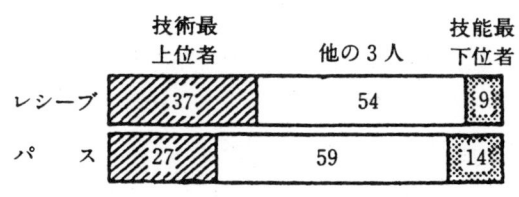

	技術最上位者	他の3人	技能最下位者
レシーブ	37	54	9
パス	27	59	14

図9／バスケットボールでのチーム成員のパスとレシーブの比率（小林・生田　1961）

ある[2]。6チーム各10試合の総平均であるが、レシーブは、その約1/3 (37%) が五人のメンバーのうち最もうまい者に集中し、最もへたな者がレシーブをする比率は9%でしかない。一方、最もうまい者のパスの比率は27%に止まるが、これはパスをせずに自分でシュートをすることが多いからである。要するにうまい者が大いに活躍しているのに対し、へたな者はボールに触れる機会に乏しいという結果であるが、当時の私は「ボールゲームでは、これは仕方のないことだ」と思っただけであった。

ところがこれと同じ頃、中村敏雄氏を中心とする学校体育研究同志会の人たちが、体育の授業でバレーボールゲームの記録をとっていた。ポジション固定の9人制の時代であったが、21対18の大接戦だったのに、後衛左の生徒は一度もボールに触れず、サーブの順番も回ってこなかった[3]。これは、私が得たのと同じ種類のデータで、私なら珍しくもないこととして気にも止めな

かったであろうが、同志会の人たちはこのデータに衝撃を受け、ここから、へたな者はへたにさせられてきた歴史があるのではないか、みんながうまくなれる指導法を開発しようという問題意識が生まれたのであった。その後の同会の発展は周知のとおりである。

当時まだ若かった私は、「当たり前」として見過ごしていることの中に問題を発見する感性があるかどうかが、その人のその後の実践や研究の発展を決定的に規定するということを、打ちのめされる思いで知ったのである。

❖「みんながシュートを！」

このような苦い経験をしてからは、私は大学の体育実技でのバスケットボールやサッカーの授業では、「パスをつないで、みんながシュート！」というスローガンを掲げることにした。

図10は、バスケットボールでこのような授業をした最初の年の結果である。6チームが総当たりで各12試合を行ったが、横軸が前半6試合の個人別シュート数、縦軸が後半6試合のシュート数である。後半に学習成果が出ると考えれば、横軸の値はバラついていても、縦軸の値はみな同じようになって、データは横に並ぶはずである。

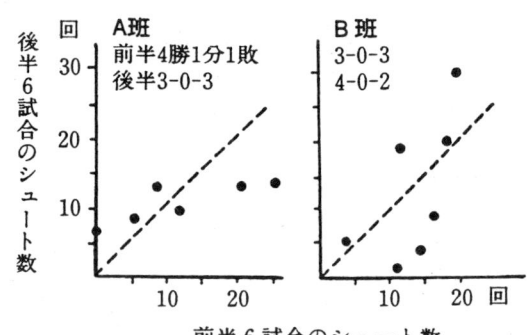

図10／バスケットボールゲームでの個人別シュート数（小林　1973）

実際、A班はそのようになり、私のスローガンを達成したチームとなったが、B班は前半も後半もうまい者が走り回って大いにシュートをしており、「この学生は、何を考えているのか」と私は腹を立てたものであった。他の4チームのデータは掲載を省略したが、どれもB班と大同小異であった。

このような授業は、運動が得意な体育専攻学生には評判が悪かった。このスローガンの達成のためには「へたな者にシュートをさせるために、うまい者は後ろに下がってパスを出せ」と言って、うまい者に自己規制を求めるこ

とになるが、そんなふうに動きが制限されたのでは面白くないということと、そもそもみんながシュートをする必要があるのか、役割分担を決めて、それぞれが自己の役割を果たすのがチームプレイではないか、というのが私のスローガンに疑念を抱く学生の意見の内容であった。

私は「それはうまい者の立場からの見方だ。体育の授業は部活動とは違うから、もっとへたな者の立場で見ないといけない」と反論したが、論議は交わらなかった[4]。しかしそれから数十年、ハンデを持つ人々に対する世の中の見方がずいぶん変わった今、体育専攻学生の考えも変わっただろうか。調査してみたいことである。

❖グリッド制と3対3

当時私は、「うまい者は後ろに下がれ」というだけで、うまい者の動きを制限するためにコートに線を引くことは全く思いつかなかった。だから私の要求は「道徳律」に止まり、うまい者の中には、熱中してくるとわれを忘れてコートの中を走り回った者がいたのである。だから、後年、グリッド制のアイデアを指導資料等で目にしたときは、私は本当に感心した。第三者として見れば別にどうということもないアイデアでも、自己の体験を通して見ると、そのすばらしさに驚かされることがあるものである。

3対3のハーフコート・バスケットも、人数が少ないからへたな者にも必然的にパスが渡るということで、私の関心をひいた教材であった。事実、これを体育科教材研究の授業で扱ったところ、個人別の触球数、シュート数が均等化し、「今日やったバスケットでは"私"も必要だということがわかって生き甲斐を感じた」、「小学校以来、初めてバスケットボールが楽しいと思った」というような感想文が続出した[5]。その後、学生が卒業研究として、小学校でハーフコート・バスケットの授業をしてみたが、本章の前節で報告したとおり 同様の結果が得られた。リードアップゲームとして、グリッド制や簡易ゲームの価値が実証されたのである。

❖プロ教師の技術の凄さ

このような措置を講じなくても、小学校で「パスをつないで、みんながシュート」という授業を実現させたのが、本章の第1節で紹介した松田日出子

先生である。私は、自分で勝手にスローガンを掲げ、そして学生の行動が私の意に添わないことに腹を立てたのであるが、松田先生は、子どもたちのゲーム中のよい行動をよく見て、ゲーム後の話し合いでその行動を紹介し、それが生まれた原因を問うことによって、そのような行動の大事さとそれを生み出す手だてを子どもたちみんなの共通認識にしていっている。

「子どもの学習を支援する」と口で言うのは簡単だが、その実際の教師行動をこのように見ると、「プロ教師の技術の凄さ」に改めて感服させられる。このようなボールゲームであってこそ、「パスをつないで、みんながシュート」というゲームが成立し、「心体育」の名にふさわしいものになるであろう。

■引用文献
1）「毎日新聞」1999年1月25日付
2）小林篤「運動嫌いにさせるものは何か」『体育の科学』1970年5月号
3）中村敏雄『近代スポーツ批判』1968年、三省堂新書、5頁（後に三省堂選書として新版）
4）小林篤『体育の授業研究』1978年、大修館書店、140－147頁
5）小林篤「学校体育における人間形成の科学」『Japanese Journal of Sports Sciences』11－2、1992年

(原題「『ボールゲーム』の現状と課題」『体育科教育』1999年4月号)

3・行事での挨拶とそれに対する反応

[本稿は、筆者が奈良女子大附小の校長であった時に書いたものである]

行事で挨拶をするのは校長の仕事であるが、挨拶をして張り合いがあるのは、聞いてくださった人の反応がある場合である。昨年転出された尾石先生は、しばしば厳しい批評をしてくださった。しかしそれだけに、たまにほめてもらえると、それがお世辞でないことがわかるので本当にうれしく、また自信もついた。そのへんの心理は、大人でも子どもでも同じであろう。また、やはり昨年転出された大江先生は、よく子どもたちの反応を知らせてくださった。一昨年9月のプール水泳納会の時がそうであった。

❖プールさん、ありがとう

「きょうはみなさん寒かったと思いますが、よくがんばりました。みんながこんなによく泳ぐ学校は、めったにありません。先生は、大変感心しました。4年生以上の人たちは、バタフライまで泳ぐんですからね。ますます感心しました。今年のプール水泳は、これで終わりです。みんな大きな声で『プールさん、ありがとう』と言って終わりにしましょう。では、セーノ。『プールさん、ありがとう』」（子どもたち唱和）

　この時は、納会が後半に入った頃から、終わりにどんな挨拶をしたらよいだろうかと考えていたのであるが、たまたましばらく前に読んだ川島四郎とサトウ・サンペイの『食べ物さん、ありがとう』（朝日文庫）という本の書名が頭にひらめき、それを援用したのであった。

　後で、3年生を担任していた大江先生から、「先生はどうして『プールさん、ありがとう』と言わないの」と子どもたちに詰問されたという話をうかがった。大江先生は、私の挨拶があまりに唐突だったので、びっくりしている間に唱和がすんでしまったとのことであった。名にし負う奈良女子大附小の先生を口あんぐりさせたことに私は半分恐縮し、そして半分は、してやったりという気持ちであった。

❖ 根をおろす

　副校長の斎藤先生からほめてもらった挨拶が二つある。その一つは、一昨年の2学期終業式の時のものである。

　「今日は、黒板を使って話をしましょう。これは宮崎県で本当にあった話ですが、こういうふうに山と谷があり（板書①）山にも谷にも木が生えていました。そこへものすごい台風がやってきて、雨と風が吹き荒れました　そのため、山か谷かどっちかの木が、みんな根こそぎひっくり返ってしまいました。どっちの木がひっくり返ったと思いますか？　（「山」という声が多い）山のほうが風がまともに当たるから、山の木がひっくり返ったと思う人が多いでしょうね。ところが実際は、山の木はものすごい風で木は折れ、葉っぱは飛んで裸になっていましたが、しかし倒れずに立っていました。それに対して、風当たりが弱かったはずの谷の木が、

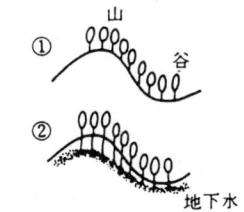

みんなひっくり返ってしまっていました。どうしてこんなことになったのか、わかりますか？（子どもたち、考えている）

　土の中を水が通っています(板書②)。これを何と言いますか？　（低学年の児童の中から「川」という声）地下を通る水ですから、地下水と言います。この地下水は、山では深いところを通り、谷では浅いところを通っています。ですから山の木は、水を吸い上げるために根を深くおろしています（「根をおろす」と板書）。ですから、ものすごい風にさらされても、木は倒れずにがんばっていたのでした。ところが谷の木は、地下水が浅いところを通っているので、根が浅かったのですね。そのために、簡単にひっくり返ってしまったというわけです。

　明日から楽しい冬休みですが、今日はなぜこんな話をしたかわかるかな？　教室に帰ってから、先生と一緒に考えてみてください。」

　実は、「寒いからといってコタツに潜り込んでいたり、朝寝坊をしたりするのは谷の木。寒くてもがんばって早起きをし、外に出て体を鍛えるのが山の木。根をおろした生活をしよう」という結論まで話すつもりで演壇に立ったのだが、しゃべっているうちに気が変わって、結論は子どもたち自身に考えてもらうことにしたのであった。

　後で、6年生を担任していた斎藤先生から、子どもたちが私の話を受けとめ、理解してくれたという話をうかがって大変うれしかった。しかしその反面、3年生の担任の先生からは、私の話はむずかしくてわからんと子どもたちが言っていたということを聞いた。やはりこのような抽象的な話は、高学年の児童でないと理解できないのであろう。今年の3学期の終業式には、6年生を念頭に置いて「有終の美を飾る」という話をしたが、後で1年生の担任の先生から、教室で子どもたちにこの言葉の意味を説明したが、子どもたちはさっぱりわかってくれなかったという話をうかがって恐縮した。

〈注〉この「山の木」の話の出典は、岩崎文吉「根をおろす」（『事実と創造』67号、1986年12月）である。

❖いろいろな泳ぎができるのは人間だけ

　斎藤先生にほめてもらえたもう一つの挨拶は、昨年6月のプール開きの時

のものである。

「（大きな画用紙に描いた①を示して）これは何でしょう？（子どもたち、一斉に『犬！』）犬ですね。犬が水に入りました（②のように、青いセロファン紙をかぶせる）。鼻が水の上に出ていますから、楽に息をすることができますね。これで、陸の上を歩いているとおりに足を動かせば、『犬かき』で泳ぐことができます。こういうふうに4本足の動物は、練習しなくてもすぐに泳げます。

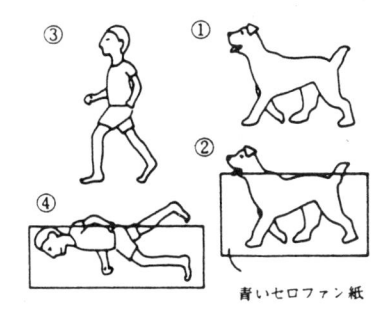

ところが（③を示して）人間はどうでしょう。人間は水に入ると（④のようにして）こんなふうになってしまって、どうしようもないですね。まず第一に息ができませんから、泳ぐためには息の仕方を練習しないといけませんね。それから、手足も陸の上を歩く時の動かし方ではダメで、泳ぐための特別な動かし方を練習しないといけませんね。そうするとみなさん、『ああ、4本足の動物はいいなあ。練習しなくても、すぐ泳げるからいいなあ』と思いますか？（子どもたち、考えている）

たしかに4本足の動物は、練習しなくてもすぐ泳げますが、ただ、犬かきでしか泳げませんね。犬がクロールで泳いだとか、馬が平泳ぎで泳いだなんて話は聞いたことがありません。ところが人間は、練習しないと泳げるようにはなりませんが、しかし、犬かきだけでなくて、クロール、平泳ぎ、背泳ぎ、バタフライ、横泳ぎ、立ち泳ぎなど、いろいろな泳ぎ方ができますね。

さあ、そうすると、4本足の動物と人間と、どっちがいいでしょう？　人間のほうが、いろいろな泳ぎをすることができて楽しいですね。みなさんがんばって、いろいろな泳ぎを覚えましょう。」

こういう話は、低学年の子どもも高学年の子どもも、みんなが興味を持って聞くというのが、斎藤先生がこれを評価してくださった理由である。なお、高学年の児童や中学生向けには、この話に続けて、古代エジプトの時代にすでにクロールで泳いでいる人の壁画が残っているということを話し、水泳も人間が創り出してきたスポーツ文化だという話をしてやるとよいかもしれな

い。
　このプール開きの時の話は私のオリジナルであるが、しかし、このような話はめったに考えられるものではない。

　　　　　　　　　　　　（奈良女子大附小『学習研究』312号　1988年4月）

第3章

子どもが自ら学ぶ体育授業

Chapter 3

第1節　自分で運動をつくる体育学習
──典型としての土谷体育──

1 ◆ 子どもが運動を自律的に総合的に学ぶ授業

　小学校低学年の体育は、運動の基本を総合的に学んで巧みな動きのできる体（調整力）をつくるというねらいから、運動が「基本の運動」と「ゲーム」にまとめられている。趣旨からいえば「基本の運動」１本でよいのであるが、それでは大まかすぎてわかりにくいということで、ゲームとの２本立てになったものである。

　しかも、すでに第１章で見たとおり、新学習指導要領では、運動を楽しく行い、第３学年以上からは運動の仕方やきまりを子どもたち自身につくらせるという方針が示されている。つまり、子どもたちが自ら考え自ら工夫して、運動を総合的に楽しく行う授業をつくることが、これからの小学校低・中学年の体育の基本的な課題だということになる。

　ではそのような授業は、具体的にどうすれば生み出すことができるであろうか。殷鑑遠からず──このような授業の典型例として、ここでは土谷体育と呼ばれる体育授業のいくつかを紹介する。

2 ◆ 土谷体育

2─1　土谷体育ということ

　土谷体育というのは、1947年から35年間にわたって奈良女子大学文学部附属小学校に勤めた土谷正規が展開した、子どもが自分で自分の運動をつくって学習する体育授業を指す言葉である。氏は、古希を過ぎた今も近畿小学校体育研究会会長として、かくしゃくとして現職教員の指導に当たっている。

　中央のマスコミにもっと近かったら、氏の知名度はもっと上がっていたと思われる。しかし、新学力観とか「生きる力」ということで、子どもが自ら

学び自ら考えることが重視されている今日の時点に立ってみると、土谷体育は、このような教育を30年以上も前に先取りしたものとして、体育授業実践史に記録されるべき価値をもつものであると言えよう。

2－2　土谷の体育授業の代表例

　土谷の体育授業の代表例は、低学年では「木の葉」「くもの巣」「木津川」などの身体表現の授業、高学年では「わたしの運動」の授業で、いずれも今日喧伝されている「総合的な学習」の先がけを為したものとして評価することのできるものである。

　土谷学級の子どもたちは、「見たこと帳」を持って、生活の中で見たこと感じたことを書いていた。そして、それを毎日の学級の朝の会で、順ぐりに発表した。その中で、みんなが興味を持ち、学習課題として発展する可能性があるものが教師によって取り上げられ、それが総合学習のテーマ（単元）となった。

　例えば1年生の「くもの巣」は、ある子どもが、登校の途中でくもの巣を見つけたと言って朝の会で発表した。それに対して多くの子どもが興味を示し、いろいろ質問したが、発表者はくわしい観察をしてきていないので答えられない。そこでみんなは、くもの巣を探して観察するために校内へ出かけた。

　このことが発端になって、くもの巣の形やくもの生態を観察してきて朝の会で発表する子どもが増え、子どもたちの知識が豊かになっていった。そして、くもの巣を題材に作文を書いたり絵を描いたりという総合学習が展開し、その一環として体育館で「くもの巣」の身体表現の学習が行われた。すでに子どもたちは、くもの巣についての豊富なイメージを持っているので、教師がいちいち指示しなくても自発的に体育館の中を走り回ってくもの巣を張り、くもと虫の役割を分担してくもが虫を捕える様子を表現し、さらに嵐に合ってこわれるくもの巣、嵐が去って巣を補修するくも、たくさん生まれたくもの子が一斉に出てきて遊ぶ様子など、次々に豊かな表現活動を展開した。

　また「木津川」は、遠足に行った木津川の情景を思い浮かべながら、石ころが木津川を流されて海に出ていくまでのストーリーを持った表現である。

平成元年告示の学習指導要領から、小学校低学年では社会科と理科が合併して「生活科」という総合学習が始まったが、土谷実践はそれよりはるか以前から、社会科と理科だけでなく、国語も図工も音楽も、そして体育も包含した文字どおりの総合学習であったと評価することができるし、それは平成10年告示の学習指導要領から登場した「総合的な学習」の先どりでもあったのである。

本節では、低学年の「木の葉」と高学年の「わたしの運動」を分析して、子どもが自分で自分の運動をつくって楽しく学ぶ体育授業の姿と、そのような授業を成立させるための条件を探ってみることにしたい。

3 ◆ 身体表現「木の葉」の授業

3―1　総合学習としての身体表現の授業

今から20年以上前の1976年、NHK教育テレビで、土谷が担任する1年生のクラスの「木の葉の身体表現＋ボールをついて遊ぶ」という授業の情景が放映された。

秋が深まって落ち葉の季節になり、子どもたちの中には落ち葉を観察したり拾ってきたりして、朝の会で発表する子どもが出てきた。これが発端になって落ち葉の観察が始まり、やがてそれが学習に発展した。木の葉はなぜ落ちるか、なぜ赤くなるかという学習。落ち葉を題材にした作文。「落ち葉の歌」の作詞作曲。落ち葉をボール紙に貼り付けて、船やら鳥の羽根やらの工作、粘土細工など。こういう総合学習の一環として、体育館で「木の葉」の身体表現の授業が行われた。

3―2　「木の葉」の授業記録

(1) 集合

教師が先頭で、子どもたちは教室から2列に並んで歩いてきて、靴をぬいで体育館に入る。

《解説》体育の授業は、教室に始まり教室に終わるというのが、土谷体育である。運動が終わった後も、並んで教室に帰り、着替えて感想文を書く。ここまでが体育

の授業である。

　教師、タンバリンをパンパンと叩き、両腕を約80度に広げて集合の場所を指示する。子どもたち、この扇形の範囲内に自由に集まる。

《解説》土谷は、笛ではなくタンバリンを使う。二つ叩いて集合、一つ叩けばその場に座って注目。鼻とおへそを先生に向けるという約束である。タンバリンの裏には紙が貼ってあり、巡回指導中に気づいたことがメモされる。80度の扇形の中に集まるのは、この角度が教師の視野の範囲だという土谷の経験則によるものである。

　T「さあ、お待ちかねの木の葉っぱになって踊りましょう！」

　子どもたち、サッと散開して運動開始。

(2) 木の葉の身体表現──1回目

　肋木（ろくぼく）に取り付く子どもと、フロアで表現する子どもが半々。教師は巡回して、一人ひとりに声をかけてやっている。

　T「さあ、葉っぱの踊りですよ（説明）。葉っぱは、どんなに踊るかな（発問）」。二人で手をつないでグルグル回った後、手を放して床に倒れる表現をしている子どもに、「これはどんなところですか（発問）。転んでいくところか（確認）。おもしろいねー（賞賛）」

　うずくまっている子どもの脇で中腰になり、その子どもの口元に耳をやって「これは何してるとこ？（発問）」。子ども、「あのね……あの……」と、切れ切れに何かつぶやく。「うん、溝にはまったところ？（確認）。そういうところもいいね（承認）」

　肋木に片手片足でつかまり、落ちそうな格好になっている子どもに、「あっ、葉っぱはすぐ外れるぞ（助言）。さあ、外れて、外れますよ（助言）」

《解説》巡回指導中の土谷の発言は、何をしているところか発問し、子どもの答を反復して確認し、「おもしろいねー」とか「そういうのもいいね」とか評価するパターンがほとんどである。もちろん学習課題からはずれている子どもがいれば助言を与えるのであろうが、この場面ではそういう子どもはいない。

(3) **集合、子どもによる示範**
　〈以下、カテゴリーの記載は省略〉
　タンバリン、ポンポン。集合。
　T「松田君、いいですか。あの子は早く来れた」
《解説》集合の場所は一定ではない。この時は、集まるのが遅い子どもの前で集合の合図がされている。当然この子どもは、いちばん早く教師の目の前に座った。そこで教師は「早く来れた」とほめてやっているのである。
　T「原田さん」。この子、前へ出る。「この子のは、ここ（右腕）で木から葉っぱが落ちていったね。この子、うなずく。「そこをやってみようかな。見とりなさいよ」。この子、両腕を伸ばして頭上で組み、グルグルと回る。「あれ、木かなー。そう、それから？」。この子、床に倒れ、パタンパタンと仰向けになったりうつ伏せになったり。T「葉っぱが落ちたところらしい。葉っぱが落ちてパタパタやってるよ……ああ、おもしろかった。肋木にくっついている葉っぱはまだ固いのかな。さあ、葉っぱになってどんどん踊りましょう」
《解説》木についている葉っぱから落ち葉の表現に進ませたい。そこで、風に吹かれて舞う落ち葉を巧みに表現している子どもに、教師が解説しながら演技をさせている。しかし、これをマネせよとは言わず、「（もっと）どんどん踊りましょう」と励まして、運動を再開させるのである。

(4) **木の葉の身体表現── 2回目**
　ほとんどの子どもが肋木を離れ、床で落ち葉を表現している。個人での表現が多いが、中に少し、組表現をしている子どもたちがいる。そのようなところでの教師の発言──両手を上げて組み合わせ、グルグル回っている四人組に「これはどうした？」。「葉っぱの固まり」という答えに「葉っぱが固まった！　そういう時もあるね」。二人が折り重なってゴロゴロ回っている表現に、「こりゃどんなところ？……二つ葉っぱがくっついているところ」

(5) **集合、示範── 2回目**
　タンバリンの合図で集合。
　T「一人ひとりで、おもしろい葉っぱになってるのが、ああ楽しかった。

けどな、そこで四人でやっていた子がいたが、ちょっとここへ出てやってみ。これはな、四人が手をつないでクルクル回るだけと違って、分かれたね。そこを見ようか。はい」

　四人組の男子、手をつないで回った後、二人ずつに分かれて回る。「二つに分かれたぞ」。手を放し、床に寝て交互に仰向けうつ伏せ。「葉っぱが落ちたところだ」。再び四人で手を組んで回る。「そうして今度は、四人が一緒になった葉っぱだな」。手を離して四人とも仰向け。「ほらほら、葉っぱが散ってしまった。さあよし、おもしろかった」

　大勢の子どもが、発表したくて「はいはい」と言いながら挙手。
　Ｔ「二人か三人でやったのあった？　組になってもいいよ。もっとやってみましょう」

(6) 木の葉の身体表現 —— 3回目

　ほとんどの子どもが、組になって活動している。なかに一人だけ、一人でやっている子。Ｔ「これは一人でやってるのか？　一人でやりたいの？　一人でもいいよ。思いきりやりなさい」

《解説》この子どもは、没我の表情で風に舞う落ち葉の表現をしている。学級
　　全体の学習の流れは組表現に進んだが、まだ個別学習に熱中している子どもを、教師は容認している。

(7) 集合

　集合するや否や、子どもたちはみんな発表したくて、「はいはい」と一斉に

挙手し、立ち上がって教師のほうに身を乗り出す。

　T「おもしろい葉っぱが、たくさん出てきた。はい、お座りしなさい。いま見てるとね、水に浮かんでるというのが出てきたりね、坂道をコロコロと転ぶのが出たりしてた。今度は、ひょっとすると木の葉がどんどんと旅をしていくような、そんなことができるかな？　（すぐに動き出そうとする子、多数）あっ、待って。それをこの次の時間に考えようよ。さあ、それではボールを順序よく取りましょう」

　この後、「ボールをついて遊ぶ」の学習に移る。これも、子どもたち一人ひとりがボールのいろいろなつき方を「新式発明」する学習である。

4 ◆「木の葉」の授業分析

4—1　「木の葉」の授業過程

　新学習指導要領では、小学校第3学年から「子どもたち自らが工夫する学習」が示されているが、上記の土谷の授業の記録から、1年生でも「自ら工夫する学習」を成立させることができるということがわかる。上掲の授業記録から授業過程をまとめると、次のようになる。

---

① 集合した後、すぐに運動開始。子どもたち一人ひとりが、工夫して自分の「木の葉」を表現。教師は巡回して、「これは何をしているところ？」と発問し、子どもの答えを反復して確認し、「おもしろいねー」（賞賛）、「そういうのもいいね」（承認）などと評価してやる。

② 集合。一歩先を行く工夫をしている子どもに、教師が解説しながら演技をさせる。そのうえで、「さあ、どんどん踊りましょう」と子どもたちを励まして運動再開。

③ 運動2回目。ほとんどの子どもが、一つ進んだ段階の運動（落ち葉の表現）に移行。教師行動は①に同じ。

④ 集合。アイデアに富んだ組表現を工夫している子どもたちに演技させる。その上で運動再開。

⑤ 運動3回目。ほとんどの子どもたちの運動が組表現となる。しかし、個人での表現活動も教師は容認。

⑥ 集合。教師が、ストーリーを持った組表現の課題を提示。これを次時に行うことにして、ボールのつき方を「新式発明」する学習に移る。

　これは、子どもたちに運動を工夫させる授業の基本的な進め方として、応用して使うことができる。例えば、「ぼくのわたしの、なわとび遊び」という単元計画として。高学年の授業でも、例えばリレーの授業でバトンパスに焦点を絞り、チーム単位で上記の手順を踏襲する授業計画を立てることができるであろう。

　なお、「木の葉」の授業は低学年なので集合の場面が何度もあるが、高学年になると、次項に紹介する「わたしの運動」の授業記録に見るとおり、授業の折り返し点に1回集合するだけで、したがって子どもたちの運動は、途切れずに流れを持って続いている。

4－2　体育授業のタイプ

(1) 教師の発言のカテゴリー分析

　「木の葉」の授業での土谷の発言を、カテゴリー分析してみた結果が表6である。

　すでに見たとおり、巡回指導の場面では、発問－確認－評価（賞賛、承認）が多く、指示はほとんどない。集合の場面では指示が1/3を占めるが、それは学習内容の指示ではなく、指名したり、「さあ、どんどん踊りましょう」というように、子どもたちの行動の開始を促す指示である。説明もまた、「葉っぱがパタパタやってるよ」というような、学習を一つ上の段階へ展開させるための助言的説明が大部分である。

表6／「木の葉」の授業での教師の発言（単位：センテンス）

カテゴリー	巡回指導の場面	集合場面
指　示	2（ 6.1）	11（34.4）
説　明	2（ 6.1）	10（31.3）
助　言	2（ 6.1）	1（ 3.1）
発　問	11（33.3）	5（15.6）
確　認	7（21.2）	
賞　賛	4（12.1）	4（12.5）
承　認	5（15.1）	1（ 3.1）
計	33（100）	32（100）

(2) 教示型と育成型

　表7は、小学校の体育授業での教師の発言をカテゴリー分析した結果であ

る[1]。なおこの表では、発言量はセンテンスではなく発音量で数えた。計のカッコ内の値が実数で、単位は100である。

＊これは、センテンスを単位に数えると、長いセンテンスも短いセンテンスも共に単位1で、発言量を正確に反映しないのではないかと考えた

表7／小学校の体育授業における教師の発言のカテゴリー分析（1976, 小林）

教師	学年	単元	指示	教示	助言	発問	計（発音数）
A	4	マット運動	64	20	8	8	100(32)
		短距離・走幅	57	15	11	17	〃(40)
		体操・マット	45	21	16	18	〃(36)
		跳び箱	51	10	31	8	〃(30)
		ハンドベース	62	13	8	17	〃(46)
B	5 6	障害走	41	17	6	36	〃(27)
		〃	46	16	17	21	〃(36)
		鉄棒・短距離	39	22	3	36	〃(35)
		ソフトボール	49	6	16	29	〃(43)
C	3	エンドボール	44	9	21	26	〃(33)
D	5	跳び箱	27	33	19	21	〃(22)

からである。しかし後の分析では、両者の間にはかなり高い相関があることがわかった。そうであるなら、センテンスを単位に数えるほうがずっと簡便だということになる。

この表から、教師Aの授業は「～しなさい」という指示が、大体いつも教師発言の半分以上を占め、これに「こういうようにするのですよ」という教示を加えると、少ない時でも教師発言の6割、多い時は8割を越えていることがわかる。教師が主役で、指示し教えまくっている、わが国伝統の体育授業の典型である。これを「教示型」と名付けておくことにしよう。

土谷の授業は、これとは全く対照的で、子どもの自立的学習を育てる授業である。そこでこれを、PTA用語的ではあるが「育成型」と名付けることにしよう。子どもの側から見れば「工夫型」である。

(3) 発問型と育成型

一方、教師Bの授業は、相対的に見て指示の比率が低く、発問の比率が高い。こういう授業は「発問型」である。これは、「どんな方法があるか。……どの方法がよいか。……なぜか」と正しい（または最も効果的な）方法とその原理を子どもたちに発見させることを意図した授業で、子どもの側から見れ

ば「発見型」である。「できる」「わかる」の統一、つまり認識と実践の統一的発展をめざす授業がこれである。

なお土谷の「育成型」も、指示が少なく発問の比率が比較的高いから、数字の上では「発問型」によく似ている。しかし「発問型」の発問は、主として既成の運動の方法とその原理を問うものであるのに対して[2]、「育成型」の発問は、子どもたちに運動を工夫させ、その工夫の内容を問うものであるから、確認のニュアンスが濃い。

だから、分類すれば、「発問型」は高学年向き、「育成型」は低学年向きということになるが、集合の回数を減らした「育成型」が高学年で十分使えるということは、土谷の「わたしの運動」の授業で実証されていることである。

(4) **支援する授業**

最近、子どもの自立的学習を育てる授業として、「支援する授業」という言葉がよく使われるようになった。子どもの自発性を促す学習の場づくりを工夫し、教師行動は指示・教示をできるだけ抑え、示唆・助言・発問等を主とするというのがその内容であろう。その具体的な姿はかなり多様であるが、分類すれば発問型も育成型も、「支援する授業」の一形態であると考えることができる。

そこで、以上の考察を表8のようにまとめてみた。

表8／体育授業のタイプ

タイプ		学習活動	教師の言葉	特色
教示型		覚える	〜しなさい	一斉画一
支援型	発問型（発見型）	考える	どうすればよい？ なぜ？	「できる」「わかる」の統一
	育成型（工夫型）	つくる	さあ、もっと工夫しよう	新学力観先取り

5・高学年の「わたしの運動」

土谷の授業では、総合的な学習の一環として、子どもたちが自分で自分の運動をつくって行う学習が、高学年でも「わたしの運動」という名で展開された。この実践については、すでに拙著『体育の授業分析』で紹介しているので、ここでは要点だけを記しておくことにしたい。

これも、朝の会での子どもの発表が端緒になって、「増健（健康増進）の生活をしよう」という大単元が成立したもので、健康診断、保健所見学などの一環として、自分の体力の現状を把握し、自分は体力の何を特に高める必要があるかということを調べ、そのための運動の方法を考え、それを「わたしの運動」として体育館で実践するものである。

　子どもたちは汗びっしょりになって「わたしの運動」に取り組んだ。新学期、学習は1カ月以上続いたので、教師は「わたしの運動」は今週で終わり、来週はボール運動、そして再来週からプル水泳という予定を立てた。ところが、「『わたしの運動』をもっと続けたい」と希望する子どもが多く、結局ボール運動を取りやめて「わたしの運動」の学習を1週間延長することになってしまった。

　ふつう、体力づくりの運動などはすぐに飽きられてしまうものであり、一方ボール運動は、子どもたちに圧倒的に人気のある運動である。ところが、子どもが自分で自分の運動を考案して実践する学習では、体力づくりの運動の楽しさが、ボール運動の楽しさを上回ったのである。

■引用文献
1）小林篤『体育の授業分析』1983年、大修館書店
2）具体的な授業例は、小林篤『体育の授業研究』（1978年、大修館書店）参照

（『体育科教育』1995年4月号）

第2節 子どもが自ら修業に励む忍者体育の授業

1 ◆忍者体育の歴史

1—1　忍者体育の誕生

　土谷体育を「忍者体育」というテーマで継承しているのが、奈良女子大附属小学校教諭の岩井邦夫（1949年生まれ）である。

　1983年、1年生の担任になった氏は、基本の運動の授業を子どもにとって魅力のあるものにしたいと考え、当時子どもたちに人気のあったテレビ・アニメ「忍者ハットリ君」に触発されて、「忍者ごっこ」という単元を組んだ。体育館内の器械・器具を通り抜けの形で並べ、忍者になって野原（マット）を転がり、橋（平均台）を渡り、崖（肋木）を登り、岩（跳び箱）を跳び越え、忍者とび（縄とび）で走り……という学習（遊び）である。

　当時、「忍者ごっこ」は岩井の専売特許ではなく、基本の運動の授業の人気テーマであった。しかしその多くは、模倣の運動としての扱いで、教師が忍法を考案して子どもたちに模倣させるものであったのに対し、岩井の忍者体育は、器械・器具を使う運動を中心に基本の運動の全領域にわたり、しかもその内容は、子どもたち一人ひとりが自分の忍法を発明して修業に励むというものであった。子どもたちは、大喜びで学習した。

　この授業が数回行われたところで、プール水泳が始まったが、1年生の水遊びは「プールで忍者ごっこしよう」という単元が組まれた。この授業では、幼稚園の頃は怖くて水に顔をつけられなかった子どもが、教師の「忍法水遁の術！」という声で、パッと頭まで水に潜ったというエピソードが生まれた。

1—2　忍者体育の継続

　はじめ岩井は、忍者ごっこの授業は1学期で終わりにするつもりだったというが、子どもたちが「もっとやりたい」と希望し、また教師も乗ってしま

い、2学期以後も続けられることになった。

2年生になると、通り抜けの忍法修業が三人一組の忍者リレーに発展した。目印のために、子どもたちはスカーフを縫い合わせた青と赤の忍者頭巾をかぶった。3年生になると、体育館の縦いっぱいに長々とマットを並べて「ぼくのマット忍法・わたしのマット忍法」の学習が展開された。4年生からは器械運動の領域の授業になるが、引き続き「ぼくのわたしの器械忍法」（4年）、「私たちのわくわく器械忍法ランド」（5年）、「私の器械忍法修業」「私の床忍法修業の道」（6年）という具合いに忍者体育の授業が続けられた。

この小学校は1学年2クラスで、当時は担任は6年間持ち上がりだったので、忍者体育も持ち上がりで続けられた（ただし、3年生になるとき子どもが半分ずつ入れ替わり、5年生になるとき教師が入れ替わった）。その後、岩井の担任は学年を上下したが、忍者体育の授業は相変わらず続けられ、1999年度で17年目に入っている。

1-3　忍者体育の研究

多年にわたる忍者体育の授業実践の内容は、岩井自身によって詳細に記録され、写真も豊富に添えられて、全3巻の『子どもが生きる"忍者の体育"』という著書として出版されている[1]。筆者も、拙著で発足時の忍者体育を紹介し[2]、また筆者の研究室に所属した学生が、何人も忍者体育の単元を記録・分析して修士論文や卒業論文を書いている[3]-[6]。

2・低学年の基本の運動としての忍者体育の授業

2-1　授業過程

岩井の忍者体育の授業は、低学年では基本の運動として、また高学年では器械運動として行われている。低学年の忍者体育の授業過程は次のとおりであるが、これは基本的には高学年でも同じである。前節で紹介した土谷正規の方法を踏襲しながら、そこに岩井独自の方法が取り入れられている。

岩井邦夫の忍者体育の授業過程

1. 跳び箱、マット、平均台、ポール、鉄棒、肋木等々の器具・用具を通り抜

けの形に並べ、これらを岩、野原、橋、林等々に見立て、岩を越え、野原で転がり、橋を渡り……という「忍法」を子どもたち各自が発明して修業に励む学習。
2．教師は巡回し、子どもに寄り添って、「これは何してるの？」「○○ちゃんのは、どんな忍法かな？」と発問して一人ひとりの工夫を確認し、「うまい」「できた、いけた！」「これはすごい」「これはおもしろい」と賞讃し、また〝忍者らしい動き〟を判断基準にして、「忍者は、もっと素速く走るぞ」などと助言してやる。
3．そして、アイデアに富んだ工夫をしている子どもがいると、「忍法金縛り！」と言いながらタンバリンをバンと叩いて子どもたちに運動を中断させ、その子どもの演技を教師が説明しながら見せる。そのうえで、「さあ、みんなもっと工夫しよう」と励まして運動を再開させる。このパターンが、巡回指導中に何回も繰り返される。

　これは最初から連続技の学習であるが、上記の学習がスムーズに展開するようになると、三人一組での対抗戦の形で「忍者リレー」が始まる。忍法（運動の仕方）は話し合って決めるが、みんな自分の発明した忍法に愛着があるので、忍法が統一されるとは限らない。リレーなら、例えば橋（平均台）は走って渡るのがいちばん速いが、ある子どもは、「忍者だから敵に見つからないように」ということで橋の下をぶら下がって渡る技を「発明」していてこれに固執し、またある子どもは、やはり目立たぬように橋の上を仰向けになって渡っていたりした。こんなことをしていたのでは、リレーには勝てないが、勝敗よりも自分が発明した忍法で修業に励むほうが、子どもたちには魅力的だったのである。なお子どもたちは、目印のために、スカーフを縫い合わせてつくった色とりどりの「忍者頭巾」をかぶった。

2−2　教師行動──不断の巡回指導

　教師による上記2の巡回指導は不断に行われ、2年生の「ぼくの・わたしの忍者ごっこ」14時間分を記録した河野によれば、万歩計で数えた1時間平均の岩井の歩数は1,335歩（最少829〜最多2,040歩）。また全部の子どもに声をかけ、その回数は延べ70回（最少48〜最多120回）であった。星川保らによれ

ば、小学校の体育の授業での子どもたちの歩数は約3,000歩であるから[7]、岩井は子どもの半分近い歩数を歩き、次々に子どもたちに声をかけてやっていることがわかる。

「子どもの自立的学習を育てるためには、教師は教えてはいけない」と言われ、それが短絡的に解釈されて、教師は立って見ているだけの授業があったなどという話を聞くことがある。しかし「教えてはいけない」というのは、教師からの一方的な指示・教示は抑えるようにということで、助言・発問・評価（確認・賞賛）など「支援」としてまとめることのできる教師行動まで否定してしまったら、子どもの自立的学習が育つはずがない。そのことを、土谷や岩井の不断の巡回指導の記録は示唆している。

2—3 「忍法金縛り！」

上記授業過程3の子どもによる示範は、土谷の授業では、子どもたちを集合させて行われていたが、岩井の授業では、「忍法金縛り！」という合図で子どもたちにその場で運動を中断させ、巡回指導中に何度も行われた。次は、2年生の授業での教師の合図の具体例である。

T「あっ、あら、忍法金縛り！（タンバリン、バン！　子どもたち、運動中断）今まで（はしごを渡るのに）手を使っていた大西さんが、これ見てみ。手を腰の所に持っていってね、手を使わないで足だけで進む。ほれ、ほれ、足だけで進んでる。すごいなー。こんなんもできる。はい、もうちょっといこう。（タンバリン、バン。子どもたち運動再開）おもしろいなー」

教師が、感動してこの子どもの演技を説明していることが、「すごいなー、おもしろいなー」という感嘆詞からわかる。子どもたちが自ら考え、自ら工夫する授業を成立させる前提条件は、土谷の場合もそうであったが、教師が子どもたちの工夫に心から感動する純な心を持つことだということを思わせられる。

このように友達の示範を見た後、また各自の忍法づくりの運動が再開される。示範された技をマネせよというのではなく、これを刺激にして、「さあ、もっと工夫しよう」と言うのである。「そろえる」のが日本の教育の伝統であるが、土谷体育を継承する岩井の体育では、それとは逆に、個性的な工夫、個性的な表現が奨励されるのである。

2—4　自ら考える子どもたち

次は、忍者体育が始められた最初の年、授業後に子どもたちが書いた自由記述の感想文の中から、創造的思考に関する記述の一部を抜粋したものである[3]。なお、原文はほとんどかな書きであるが、読みにくいので漢字を交えて転記する。

「忍法がだんだんなくなってきたから、一生懸命考えました。そしたら、いっぱい思って、どれからやろうか迷いました」（永扇）
「私は、肋木を登るのが、どうしようかどうしようかと、一生懸命考えています」（夏紀）
「棒の所で、かえるになって行けました」（信吾）
「平均台で考えたのは、下でぶら下がって早く走るのでした」（真一）

信吾君のは、棒（ポール）のところをかえる跳びで進んだということで、また最後のは、橋の下をぶら下がって早く渡るという発想である。記録をとった楊井の分析によると、このように創造的思考がうかがえる内容の文章を書いている子どもが、38人中30人で79％であった。この作文からだけでも、創造的思考と実践の背後に、学習への子どもたちの積極的な関心・意欲が存在していることがうかがえる。

なお、2年生の「ぼくたちの忍法・わたしたちの忍法」の授業の後での子どもたちの感想文は、すでに筆者が分析して報告済みであるが[2]、そこでは子どもたちの感想文は、学習の「楽しさ」「がんばり」「創意工夫」という三つにきれいに分類することができた。

2—5　子どもたちの意識の構造

これらの感想文から、図11のような子どもの自律的体育学習の構図を描くことができる。

「子どもをやる気にさせる学習の場づくり」という教師行動に支援されて、子どもたちの中に、学ぶ楽しさ・がんばり・創意工夫が三位一体となって生まれ、その学習成果として運動技能が向上する。そしてそれがまたフィードバックして上記三つの要素を高めるという構図である。

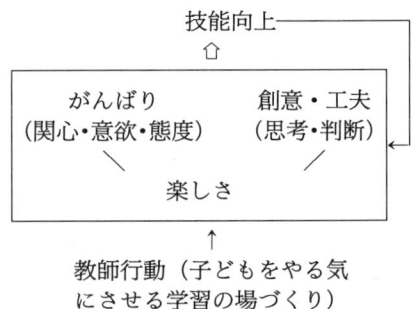

図11／子どもの自律的体育学習の構図

3・高学年の器械運動としての忍者体育の授業

3—1 授業過程

高学年の忍者体育の授業過程は、低学年の場合と基本的には同じであるが、低学年では例えば「ぼくの・わたしの忍法修業」であったのが、第4学年以上では領域が器械運動になるので、単元の題目も4年生では「ぼくの・わたしの器械忍法」となり、また卒業間近の6年2学期には、マット運動に焦点を絞った「私の床忍法修業の道」の授業が行われた。いずれも14時間扱いである。

上記4年生の授業では、三人組が二つ合併した六人組が単位になり、体育館の横一列に低鉄棒が立てられ、その反対側の壁の肋木まで、各種の用具が組ごとの話し合いで通り抜けの形で並べられた。例えば、D組の用具の配置は次のとおりであった。

低鉄棒－マット－半円形に丸めて立てた一人用マット－マット（これと並べて平均台）－一人用マット－細長マット－跳び箱－細長マット－肋木

3—2 子どもたちの学習内容

この学習の場で子どもたちは、自己の連続技を発明して修業に励んだ。ここではリレーではなく、お互いに助言し合いながら各自の技を磨くことが主眼である。例えば、牧之内さんという女児の学習ノートに記録された第12時間目の学習内容は次のとおりであった。

【今日のめあて】
　とまらないで、がんばってしよう。
【こんなことをしました】
　〈鉄棒〉逆上がり－腕立て後ろ回り前回り－〈マット〉側転－倒立前転－〈一人マット〉跳び込み前転－〈マット〉倒立前転２回－〈一人マット〉跳び込み前転－〈細長マット〉倒立前転－〈跳び箱〉開脚跳び越し－〈細長マット〉前転－〈肋木〉登り下り－〈帰途、床で〉－側転５回－〈平均台〉くぐる－〈床〉側転－〈鉄棒〉足かけ飛行とび

　数多くの技が組み合わされているが、これらの技は、それぞれ単技として練習してきたものではなく、「忍法を発明して修業に励もう」という自律的な学習の中で、自ら習得されてきたものである。

　それにしても、４年生でこれだけの数の技を連続させる集中力と持久力には感嘆させられる。忍者体育としての連続技の学習の積み重ねと、自分で自分の学習をつくっていくことから生まれる、学習への高い関心・意欲の相乗効果によるものであろう。

３－３　教師の指導

　教師の指導の焦点は、次のように、動き（技）をなめらかにつなぐことにあった。

　「つながりのよい忍法をつくろう」（３、４時間目）
　「一つの忍法の終わりが、次の忍法の始めとなるようにしよう」（６時間目）
　「つながりのよい、リズムのよい忍法とは、を考えてやろう」（９時間目）
　「つなぎめがわからない忍法をつくろう」（10時間目）

　こういう指導は、すでに３年生の時から、「つながりのよいマット忍法をつくろう」ということで続いてきているものである。

　岩井の忍者体育は、いわゆる「めあて学習」ではない。しかし、子どもたち一人ひとりがその能力に適しためあて（課題）を持って主体的に学習を進め、それを教師が支援してやるという形は同じである。そうであるなら、教師がしっかりした教材観を持ち、不断に子どもたちの間を巡回し、一人ひとりに声をかけてやる岩井の教師行動は、「めあて学習」における教師行動の在り方に貴重な示唆を与えるはずである。土谷正規の教師行動もまた同様であ

る。

4 ・「私の床忍法修業の道」の授業（6年生）

4—1　授業の場

　卒業を間近にした6年生の2学期には、「私の床忍法修業の道」(12時間)の授業が行われた。

　この授業では、体育館内のありったけのマットが動員され、3カ所に柔道場の畳のように2枚×5列に敷き詰められた。三人組が4組ずつ合併して、一つの学習の場を共用する。狭い体育館なので、縦いっぱいにマットを並べても、子どもたちの力からすればもう短かすぎるが、マットを上記のように何列にも敷く工夫によって演技の道の長さはマット約10枚分、45mもの長さになった。マット1枚で大体二つの技が行われるから、マット10枚で20の技が連続されることになる。

4—2　すばらしい技術認識

　この授業での子どもたちの学習内容を、7時間目の西山学君の学習後の感想文を通じて見てみることにしよう。

　　「今日のぼくのめあては、〝動きの途中に変化をつける〟です。前転でも足を開いて変化をつけたり、飛び込み前転やさか立ち前転を入れて、速さに変化をつけたり、そして（各列で）必ず1回や2回は転回を入れるようにしました。」

　ここには、前転系の運動だけでも、前転、開脚前転、跳び込み前転、倒立前転が取り入れられているが、それらは「動きに変化をつける」という目的に基づいて配列されていることがわかる。また、この子どもが書いている転回というのは、前方倒立回転跳びのことで、これは指導書では中学校の技として例示されているが、継続的な忍者体育の学習の成果としてこの授業では、自らこのレベルに達したのである。この子どもの感想文は、次のように続く。

　　「1回目は、体が固かったせいか、あまり調子に乗らなかったけれど、2回目からは、だんだんリズムに乗ってきました。スピードも少しついたように感じられました。でもここで思ったのは、あまりスピードの変化がつけられていないということです。本当ならば、倒立前転は地上転回とは違って、ゆっくりしなければ

ならないのに、急ぎすぎて、ひどい時は背中を打ったりしてしまったのです。また地上転回は、ゆっくりしすぎて、最初は尻もちばっかりだったのです。何回かやった後で、このことを考えながらやっていきました。そしてだんだん良くなってきたところで、前半は終わり。E1班の発表です。」

運動技術の特性をよく理解したうえでの演技であり、回転系の技も危ない感じがなく、たとえうまくいかなかった場合も落ち着いてやり直し、2回目にはたいてい成功するので、安心して見ていることができた。ここで1回目の練習が終わり、集合して当番の班の三人の演技を見た。続いて2回目の練習。

「後半は、いい調子でした。大体の忍法がきれいにできたし、転回も成功する時がありました。しかし細かく見てみると、まだまだだめなところがあります。(中略。一つは、演技中に声を出すこと)もう一つは、最後のほうでしんどくなってくると、うさぎ跳びでごまかすことです。最初に転回や飛び込み前転など、つかれる忍法を入れていると、最後はだれだってつかれるので、力の配分をよく考えてやろうと思いました。そして後半が終わると、E2班の発表です。菰渕さんは、一つひとつの動きに勢いがあって、大変スピードがついていました。土井君は、飛び込み前転などのジャンプが大変高くて、バネのある運動でした。城さんは、一つひとつをていねいにしていて、形がきれいでした。

それぞれの人の良い点をとって、いい修業をしたいです。」

みごとな技術認識であり、岩井も、この子どもの感想文に赤ペンで「とてもいい修業です。意欲も態度も姿勢も、とてもすばらしいです」と賛辞を書き込んだ。そしてこの子どもだけでなく、ほとんどの子どもが、これと同じ賛辞を岩井からもらったのであった。

4—3 「できる」と「わかる」が表裏一体となった学習

当時、「体育における学力」とは何かということが議論の対象になっていたが、「知識・理解(つまり認識)に裏打ちされた技能」が体育における学力だというのが、筆者の主張であった[8]。これとほとんど軌を一にして、学校体育研究同志会の人たちを中心に「できる」「わかる」の統一ということが言われるようになったが、いま事例としてあげた子どもは、見事にこの目標を達成している。

現行の学習指導要領の観点別評価で言えば、「関心・意欲・態度」「思考・

判断」「技能」、そして健康・安全だけでなく、運動についての「知識・理解」も、すべて文句なしにAなのである。

4－4　静かな授業

　低学年の授業では、先に見たとおり、教師はしばしば子どもたちに運動を中断させ、アイデアに富んだ工夫をしている子どもの演技を見せていた。しかし、高学年になって子どもたちの認識も技能も上記のような高いレベルに達した今は、もうその必要はない。中間点で一度集合するだけで、それ以外は中断することなしに流れを持った学習が続けられた。

　教師の巡回も、ときどきつまずいている子どもに助言をしてやるほかは、マットの安全を確認するのが主な仕事になっている。子どもたちもまた黙々と学習に没頭しているので、授業の場は、後でビデオを見ると音声を消しているのではないかと錯覚するほど静かであった。筆者はこの静かさに感銘を受け、このビデオを体育科教材研究の授業の時に映し、「私は、このような授業が好きです」と学生に語ったものであった[9]。

5・連続技の学習で体得する動きのリズム

5－1　動きのつなぎのリズムの体得

　岩井の忍者体育は、低学年から高学年まで一貫して連続技の学習であるが、2年生で忍者リレーが始まった頃は、先を急いで跳び箱を一見いいかげんにまたぎ越していく子どもがいて、授業後の研究会では、「一つひとつの技の正確性はどうなっているのか」という疑問や質問が出されたりした。

　しかし、指導書では小学校1・2年ではまたぎ乗り・またぎおり、3年生でまたぎ越しが学習内容になっているから、2年生でまたぎ越しができれば上出来で、参観者からは「いいかげん」と見えたことが、実は子どもにとっては精一杯の努力だったのであろう。

　だが3年生になると、先に見たとおり、「一つひとつの動きを、よい動きに」ということを基礎にして、「つながりのよい動き」が学習のめあてになった。そしてこのめあてが6年生まで持続され、その結果子どもたちの「でき」かつ「わかる」レベルが刮目すべき高さに達したのである。

このような成果を上げることができたのは、低学年の時から連続技の学習を行うことによって、動きのつなぎのリズムが体得できたからであり、低学年のうちは単技を一つひとつ別個に練習し、中学年や高学年になってからこれらを組み合わせるというやり方をしたのでは、これほどの成果は得られなかったのではないかと思われる。このように考える根拠は、動きのつなぎのリズムの体得は、小学校低学年の時期に大いに発達する調整力に負うところが多いので、この時期を過ぎてから学習を始めたのでは、成果を生むのに時間がかかるのではないかということである。

　山本貞美は、障害走の練習にはハードルが最低4台必要で、1台を切り離して練習したのではリズムが生まれないと言う[11]。また跳び箱は、1台だけを跳び越す「一発跳び」が常識であるが、まず三人1組で3台を開脚跳びで連続して跳び、次に2組が合併して六人での6台連続跳び、そして男子はさらに18台連続跳びという奈良教育大学附属小学校の実践を高橋健夫が紹介している[12]。これらは、同じ動作を連続して繰り返すサイクリック・ムーブメントと言われるものであるが、単技を繰り返して練習するよりも連続させたほうが動きのリズムを体得することができ、上達が早いという点で、原理は岩井の忍者体育における連続技と同じことであろう。

5—2　連続技と技の繰り返し・組み合わせ

　昭和52年版学習指導要領の第4学年の器械運動の箇所には、「鉄棒運動及びマット運動について、連続わざができるようにする」と書かれていた。この「連続わざ」という言葉は、5年生では「新しいわざを加えた連続わざ」となり、6年生ではさらに、これが「調子よくできるようにする」となっていた。

　ところが平成元年の改訂版では、「技を繰り返したり、組み合わせたりすること」という言い方がされ、連続技という言葉が消えた。このように変わった理由を、学習指導要領の改訂に携わった梅本二郎は、「個々のわざの習得が不十分にもかかわらず無理に連続しようとする傾向もみられたので、（上記のような）表現に改め、一つひとつのわざを確実に身に付けた上で、同じわざを繰り返したり、それらを組み合わせたりすることを目指すようにしている」と解説している[12]。平成10年の改訂版では、この趣旨がさらに明確にされ、「技

に取り組んだり、できる技を繰り返したり、組み合わせたりすること」（第4学年）という表現で、「まず（単）技への取り組み」が課題であるとされた。

　このように、学習指導要領では連続技という言葉が消え、代わって「技の繰り返し、組み合わせ」という言葉が使われるようになったが、連続技というのは私たちが長年にわたって馴れ親しんできた熟語であって、これを「技の繰り返し、組み合わせ」という説明的な言い方に改めてしまうのは、ちょうど由緒ある町名を無味乾燥な町名に変更するようなもので残念な気がする。しかし、教材という言葉が学習指導要領から消えても、教育現場では相変わらず広く使われているのと同じように、連続技という言葉も今後なお生き続けていくものと考えられる。

■引用文献
1) 岩井邦夫『子どもが生きる"忍者の体育"』（第1巻「みんなで楽しい忍者ごっこ」、第2巻「心と体をつくる忍法学習」、第3巻「運動能力を高める忍者修業」）1993年、明治図書
2) 小林篤『体育授業の原理と実践』1986年、杏林書院、10-13頁
3) 楊井昌美「子どもの創造性を伸ばす体育授業の分析－附小・岩井教諭における『基本の運動』を対象として」1983年度奈良女子大学卒業論文
4) 河野一則「土谷式体育における自律的学習の形成過程に関する研究－奈良女子大附小・岩井邦夫教諭の「ぼくの・わたしの忍者ごっこ」の授業分析を通して」1991年度兵庫教育大学修士論文
5) 大上輝明「忍者体育における学習過程と学習成果に関する研究－奈良女子大附属小・岩井邦夫教諭の授業分析を通して」1992年度兵庫教育大学修士論文
6) 大国浩志「土谷体育における自律的学習を導く教師行動に関する研究－岩井邦夫教諭の授業分析を通して」1996年度兵庫教育大学修士論文
7) 星川保ほか「運動量と心拍数からみた小学校正課体育授業の運動量と生理的負荷について」『日本体育学会第31回大会号』1980年、769頁
8) 初出は、小林篤「学力問題をめぐって」『体育の科学』1981年12月号
9) 小林篤「体育授業の美学」『体育科教育』1991年1月号
10) 梅本二郎『小学校体育科新旧学習指導要領の対比と考察』1989年、明治図書、51頁
11) 山本貞美『体育科扱いにくい単元の教え方2－陸上運動編』1984年、明治図書、82頁
12) 高橋健夫『体育の新しい授業研究』1989年、大修館書店、44-53頁

（原題「基本の運動としての忍者体育」「連続技としての忍者体育」『体育科教育』1995年5、6月号）

第3節 子どもがつくるボールゲームの授業

1 ◆ 土谷体育との出会い

　前章の第1節5で、身体障害児をみんなで支え合って「共生」した仲島正教教諭（1957年生まれ）の「ゴールパスゲーム」の授業を紹介した。ここではこの授業の過程を分析してみることにしたい。

　学生時代バスケットボールの選手だった仲島は、教師になって、もっぱら子どもたちに運動技術を教え込む授業を行っていた。ところが、奈良女子大附小の学習研究発表会で岩井邦夫の忍者体育の授業を見て衝撃を受け、以来、土谷体育に〝帰依〟して、子どもたちに運動をつくらせる授業を実践してきている。

2 ◆ 4年生の「ゴールパスゲーム」

2—1　3年生の「仲よし忍者ボール」

　1990年度に仲島が担任した3年生の「ゲーム」の授業は、一人でボールの扱い方を工夫する学習、2対2でボールを取り合う学習を経て、2学期には3対3での同様の学習へと進んだ（18時間扱い）。パスの回数で勝敗を決するというもので、ルールはゲームの中で子どもたちに決めさせていった。「仲よし忍者ボール」というゲーム名も、子どもたちによる命名である。

2—2　「ゴールパスゲーム」の授業の概要

　上記3年時のゲームが進む中で、仲島が予想していたとおり、「ゴールにシュートしたい」という希望が子どもたちから出てきた。そこで4年生になると、縦1m、横1.5mの教師自作のネットが体育館両側の壁の1m余りの高さのところに吊るされてゴールとされた。

　授業は全18時間。毎時間3分間のゲームが4セットから6セット行われた。

チームは五人編成で、三人が交代で出場する。

2―3　ルールづくりの過程

この授業でも、ルールは子どもたちによってつくられていった。

〈1時間目〉

ゲームの進め方は、コートやチームによってまちまち。サイドラインもないので、隣のコートのゲームと入り乱れたりする。教師にルールを尋ねにくる子どもがいるが、教師は「さあ、知らないなあ」。

〈2時間目〉

サイドラインを決め、ボールがライン外に出たらスローインとするチームが生まれた。

〈3時間目〉

パスの回数が得点になる3年時のゲームの〝後遺症〟で、子どもたちはパスを回すばかりでなかなかシュートしない。そこで教師から「今日は10点くらい入れてほしいと思います」という注文が出された。

4時間目の後の反省文で、「ルールがみんなバラバラなので、ルールをつくる時間を下さい」と書いた子がいた。教師は、こういう要望が出るのを待っていたのである。そこで5時間目の前に、教室でこの要望が紹介されて話し合いの時間が持たれ、次のルールが決まった。

・ゲームの開始はジャンプボール。ボールが取り合いになった時もジャンプボール。
・線を決め、線を越えたら相手ボール。
・3回以上パスを回さないとシュートできない。
・シュートが入ったら、相手チームがそばから投げ入れてゲーム再開。

この時の話し合いで不採用になった案は、次のようなものであった。

・同じ人が連続して点を入れると点にならない。
・一人でずっと持っていると点が減る。
・ゴールの後ろから入っても1点。

ところがその後、9時間目になっても依然として10点入らないので、なぜ入らないかという話し合いの結果、ワンマンプレイを防ぐための「3回以上

パスを回さないとシュートできない」というルールが削除され、代わりに次のルールが付け加えられることになった。
- 一人で走ってシュートを入れるのはだめ。
- ゴールの前にシュートラインを引き、それより後ろからシュートしなければならない。

10時間目には、さらに次のルールが付加された。
- キーパーはつけない（みんなが攻められるようにするため）。
- 審判はする人がいないので置かないが、もめている時間が多いとゲーム時間が少なくなるので、自分たちで判断してもめないようにする。

これ以後、ルールの改変はなかった。

2―4　ゲームの命名

　ルールが大体でき上がってきた頃から、このゲームに名前を付けようという話が出ていたが、5時間目の後の反省文で何人かの子どもたちが、「名前は支えバスケットボールがいいと思います」「ぼくはボールゲームの名前を決めました。支え忍者ボール」というような案を書いた。学級目標が「支え合う仲間」なので、「支え」という言葉が出てきているのである。

　そこで、次の時間の前に教室で話し合いの機会が持たれたが、上記の「支え」派と、ゲーム内容に即した名を付けようという派との間でもめた末に、後者が提案する「ゴールパスゲーム」という名称に決まった。

　　「わたしは、ゴールパスゲームなんてかっこいいなあと思いました。新しい名前がついて、どんなゲームになるのかなあとワクワクしていました」
　　「1回目の〝ゴールパスゲーム〟。なんかうきうきしました」

「名前がついて試合をすると、気持ちがいいです」

2―5　教師の技術指導

　仲島の授業は土谷体育だから、「このようにせよ」と運動の仕方を直接指示することはしない。子どもたちのプレイを、タンバリンの裏に貼った紙にメモしながら観察し、見るべきプレイを集合の際に紹介するのが主要な教師行動である。「見るべきプレイ」とは、次のようなプレイである。

　「今、10点入ったとこ。入ってませんね。これではあかんな。なんで10点入らんか、一つ理由を言いましょう。例えばこの班ね。宮崎君がシュートしようとして、西口君がじゃまして横に行ったボールを古川さんがパッと取って、またシュート打ってん。みんなはね、誰かがシュート打った時、「入るかなあ」って見てるねん。古川さんは違う。宮崎君と一緒に前に走って、もしシュートが入らなかったら、自分が拾おうとしてるねん。そういう協力があったところがよかったと思います。一人に任せてしまわないで、みんなが協力し合うのが10点入れるコツやな。はい、もう１回。（子どもたち、分かれてゲーム再開。教師、巡回しながら、ゲームに出ていない子どもに）さっき先生が言ったことな、ああいうの見といたって、また言うたって」

2―6　子どもたちの感想

　単元終了後の「ゴールパスゲームで学んだこと」という感想文では、半分以上の子どもが、友達同士で教え合い、支え合うことができたということを書いていた。次は、その一例。

　「私は、ゴールパスゲームから学んだことがいっぱいあります。まず１つは、支え合う仲間です。わからない子、にがてな子を教えてあげたりすることから６班のチームワークが出てきました。そして、この教え合い助け合いは、勉強にも出てきました。」

3 ◆ 態度測定による授業診断

3―1　調査の方法と結果

　調査結果は表９のようになった。これは、筆者が25年前に作った方法で、「1．体育の学習の後は、気持がすっとする」、「2．体育は、はりつめた心や体をほぐすことができる」など、30個の意見に対する賛否を問い、好意的回答

第3節　子どもがつくるボールゲームの授業　129

を1点、非好意的回答を-1点として計算し、その値を一定の基準で診断する方法である[1)2)]。ここでは、体育の授業に対する子どもたちの態度を、「(授業の場での)よろこび」「(授業内容に対する)評価」「(授業に対する)価値観」という三つの要素に分けて診断している。

「今まで受けてきた体育の授業を思い出して答えてください」という設問で行った学期始めの調査結果は、男子は「よろこび」「評価」「価値」の診断がすべてA、女子は「価値」はBであるが、「よろこび」と「評価」はAである。3年生の時の授業に、子どもたちが満足していたことがわかる。

次に単元終了後に、「このゴールパスゲームの授業を思い出して答えてください」と言って調査した結果が「学期末」の欄のデータであり、また学

表9／4年生「ゴールパスゲーム」の授業診断

			男子			女子		
			学期始	変化	学期末	学期始	変化	学期末
よろこび	1	こころよい興奮	○		○	○		○
	2	心身の緊張ほぐす	○		○	○		○
	3	授業ある日楽しい	○	↗	○	○	↗	○
	4	苦しさより楽しさ	×	↗	○	×	↗	○
	5	集団活動の楽しみ	○	↗	○	○	↗	○
	6	友だちをつくる場	○		○	○		○
	7	積極的活動意欲		↗	○		↗	○
	8	自主的活動と思考	○	↗	○	○	↗	○
	9	体育授業の価値	○	↗	○	○	↗	○
	10	もっと授業時間を	○		○	○		○
	態度スコア		A	4	A	A	5	A
評価	11	キビキビした動き	○	↗	○	×	↗	○
	12	体力づくり		↗	○		↗	○
	13	明朗活発な性格	○		○	○		○
	14	ねばり、がんばり	○		○	○		○
	15	堂々がんばる習慣	○		○	○		○
	16	協力の習慣	○		○	○		○
	17	運動の原理の学習		↗	○		↗	○
	18	深い感動	○		○	○		○
	19	まとまりある学習	○	↗	○	×	↗	○
	20	思い出に残る授業	○	↗	○	○	↗	○
	態度スコア		A	5	A	A	5	A
評価	21	チームワーク発展	○	↗	○	○	↗	○
	22	みんなの活動	○		○	○		○
	23	みんなの喜び	○		○	○		○
	24	利己主義の抑制	○	↗	○	○	↗	○
	25	永続的な仲間	○		○	○		○
	26	自ら考える学習	○		○	○		○
	27	理論と実践の統一	×	↗	○	×	↗	○
	28	授業のねらい明確		↗	○		↗	○
	29	教師の存在価値	×	↘	×	×	↘	×
	30	体育授業の必要性	○	↗	○	○	↗	○
	態度スコア		A	5	A	B	5	A
総合診断	態度スコア	学期始め、学期末男女共に高いレベル				今学期の授業		成功

期始めの値との差を診断した結果が「変化」の欄のデータである。初めから高かった態度スコアは、「ゴールパスゲーム」の授業で標準を越えて（5段階評定で5または4）さらに高まり、女子の「価値」の診断もAとなった。これは、文句なしに成功した授業である。

質問項目別に見ると、〇が付いているのは標準以上に高い値、×は標準以下。また↗は標準以上に高まったもの、逆に↘は変化が標準以下のものである。最初から〇が付いている項目が多いが、「ゴールパスゲーム」の授業で軒並み↗の矢印が付き、単元終了後の調査では、ほとんどすべての項目に〇が付いた。

3—2 教師の存在価値

ただ、一つ奇妙なのは、「29．教師の存在価値」だけ、初めも終わりも診断は×で、この単元の授業でむしろ値が下がってしまったことである。この項目の質問は「体育は、ほかの勉強にくらべ、先生がいなくても自分たちでできることが多い」というもので、仲島学級の子どもたちの多くが、これに「はい」と答えたのである。これが、子どもの自立性を育てる授業の成果であることは明らかだが、この調査では、「はい」を非好意的回答として処理しているので、こんな診断になってしまった。

いま考えれば、上問に「はい」と答えるのは、自由放任の授業を受けている場合と、これとは逆に、子どもが自ら学ぶ授業を受けている場合とがある。このように、両極端の授業から同じ回答が得られるような質問は、予備調査の段階で削除しなければいけなかったのであるが、この診断基準をつくった当時は、後者の授業についての筆者の認識が乏しく、この問に「はい」と答えるのは、みな自由放任の授業を受けている子どもたちだと判断してしまったのである。

しかし、いまこの問29を不適切であるとして削除すると、診断基準を全面的につくり直さなければならなくなり、それは実際には不可能なことである。だから、さし当たって、子どもの自立性を育てることを目指して精一杯の授業をして、その結果この問29の項目点がマイナスになってしまった場合は、マイナスをプラスと読み変えて診断をしてみていただきたいというしかない。

研究は、結局はその時の研究者の視野の広さや認識のレベルの反映であるという苦い思いを、筆者はいまつくづくと味わっている。

4 ◆ ルールをつくる授業の立場と成果

4—1　貴重な先行実践

すでに第1章で見たとおり、新しい学習指導要領では、すべての運動領域で、ルールも含めた運動の仕方の工夫が言われ、また第3・4学年の「ゲーム」では、従来のポートボール、ラインサッカー、ハンドベースボールが、バスケットボール型、サッカー型、ベースボール型に改められている。この改訂にどう対処すべきかということを考える場合、本節で見た仲島の「ゴールパスゲーム」の授業は、貴重な先行実践であることがわかる。

4—2　「投げ込み型」のゲームをつくる意図

現行の学習指導要領では、上述のとおり、第3・4学年の「ゲーム」の一つとしてポートボールが挙げられている。そうすると、ルールの工夫よりも先に問題となるのは、なぜポートボールではなく、独自のボールゲームを教材にするのかということである。

仲島が題材にしたのも、手でボールを扱い、手でシュートする運動であるから、新しい学習指導要領の分類に従えばバスケットボール型であり、新指導要領を先取りした実践であったという評価をすることができるが、しかし仲島実践には、もっと深い意味があったのである。

バスケットボール型であれば、シュートは頭上に投げ上げる（押し上げる）ことになる。しかし仲島は、そうではなく、ゴールに向かってボールを投げ込むいわばハンドボール型のゲームをつくることを目指した。その理由を彼は、研究授業の要項に「4年生ではポートボールという考えもあったが、この学級の子どもたちの実態から見て投げ込み型のシュートの必要性が高いと考え、あえてバスケットのような押し上げ型のシュートのゴールは採用しなかった」と書いている。

手でシュートするボール運動は、シュートの型によって表10のように分類することができるが、仲島の考えでは、ボールをシュートするゲームは「ま

ず投げ込み型から」であり、仲島学級の子どもたちは、まだこの学習が必要な段階だということである。私は、この教材解釈に賛成である。

しかしこれは、一律に「4年生は投げ込み型」ということではない。仲島が3年生の時から担任したこの学級は、今はまだ投げ込み型の段階だということで、これが1年生から持ち上がりの学級だったら、取り扱いは違っていたかもしれない。

表10／手でシュートするボール運動の分類

シュートの型	運　　動
投げ込み型	ドッジボール ラグハンド ハンドボール
押し上げ型	ポートボール バスケットボール
打ち込み型	ハンドベースボール ソフトボール バレーボール

注）ドッチボールは相手に当てること、野球型はボールを打つことをシュートとしている。

4—3　「つくる」授業の成果

投げ込み型のボールゲームの代表は、ハンドボールであろう。しかしこの運動は、学習指導要領にはあげられていない。そうであるなら、「まず投げ込み型から」という立場に立つ以上は、教材の「自主編成」をせざるをえない。ハンドボールを簡易化し、ボールを持って走ってよいことにした「ラグハンド」は、こういう必要に迫られてつくり出された運動であろう[4)5)6)]。

仲島の授業では、このラグハンドを採用してもよかったのであるが、彼はそうはせず、子どもたちにルールをつくらせた。その結果は、「教える」授業よりずいぶん時間がかかったが、表1に見た授業診断のすばらしい成果は、子どもたちが自分でルールをつくるという行為と無関係ではないだろう。実際、単元終了後の感想文で、一人の子どもは次のように書いている。

「先生が、名前もルールも全部きめていたら、このゲームはそれほど楽しくなかったと思います。もし、ゴールパスゲームのことを先生が考えていたら、きっとうれしくても、とびはねるほどのうれしさもなく、問題だって、先生がかたづけてくれていたら、こんないいルールはできなかったでしょう。」

この感想文が、子どもたち全員の感想を代弁していることを、授業診断の結果が物語っている。

第3節　子どもがつくるボールゲームの授業　133

■引用文献
1）堂薗由記子「子どもから出発する体育授業の研究」平成3年度兵庫教育大学卒業論文
2）小林篤『体育の授業研究』1978年、大修館書店、169－222頁
3）宇土正彦監修『体育授業事典』1995年、大修館書店、717－724頁
4）学校体育研究同志会編『小学校体育の授業3・4年』1980年、民衆社
5）梅野圭史・辻野昭「課題解決学習に応ずる学習課題（教材）の開発（その3）－4年・ラグハンドボール」『体育科教育』1991年8月号
6）黒井信隆「ラグハンドボールの実践」学校体育研究同志会大阪支部編『たのしい体育の実践』1991年、あいわ出版、68－94頁

（『体育科教育』1995年7月号）

第4節 すぐれた授業実践に学ぶということ

1 ・土谷の体育授業の研究

1―1　土谷の「わたしの運動」の授業

　昨年（20年前のことである）、筆者の研究室に所属したＳさんが、「土谷正規の体育授業の研究」というテーマで卒業論文を書いた。研究の対象としたのは、「わたしの運動」という題材の授業である。

　この授業は、筆者が2年前奈良へ転勤してきたときすぐに見せていただいたことがあったが、そのときは筆者はびっくりして呆れ返ってしまったものであった。何しろ、班によって運動の方法も使う道具もみんな違っており、同じ班の者も違う運動をしていたりする。しかも、縄とびなどの伴奏音楽をテープレコーダーのボリュームを上げて鳴らしている班があるので、体育館の中は、まるでミュージックホールのような情景になっていたのである。

　しかし、場の雰囲気に慣れてよく見ると、ここで行われているのは、教師から教え込まれ引き回される「みんなの運動」ではなく、体力づくりのために自分で考え工夫した「わたしの運動」であり、子どもたちは、それを汗だくになって行っていたのである。つまりここには、子どもたちの自律的な学習があったのである。

1―2　学生の卒業論文

　授業分析の仕事は、まず授業を客観的に記録することから始まる。そして、その記録の中から子どもたちの姿を読み取り、次に、そのような子どもを生み出した原因を、やはり授業記録から読み取っていくのである。

　そんなわけでＳさんの作業も、まず土谷の授業の記録をとることから始まった。子どもたちの自律的な学習が、教師のどんな指導によって生み出されるのかということを明らかにするのがねらいだったので、土谷の指導の言葉

第4節　すぐれた授業実践に学ぶということ　135

を録音し、それに子どもたちの様子についての観察メモを合わせて授業記録をつくることにした（注：当時まだビデオは開発されていなかった）。Ｓさんは、テープレコーダーを手に、メモをとりながら土谷に根気よく「密着取材」し、単元全部10時間分の授業記録をとることができた。

　ここからさっきのような読み取りを行う方法は、大きくは、１時間分の授業記録をくわしく検討して、子どもたちの自律的学習の場面とそれに対応する教師の指導の言葉を、一つひとつ丹念に拾い出していく微視的な方法と、収集した10時間分の授業記録に一貫して見られる教師の指導の特徴を読み取る巨視的な方法とに分かれる。本来この二つは表裏一体となるべきものであるが、指導教官である筆者自身が前者の方法についてはハッキリした見取図が持てなかったので、Ｓさんには、ともかく後者の巨視的方法で分析してみるように勧めた。だがそれも結局は時間不足で、授業記録の表層を掘り起こしただけで終わりになったが、Ｓさんの卒業論文は、次のような文章で結ばれている。

　　「土谷の体育授業には、十分に運動させる、絶えず問いかける、できるだけ多くの子どもと接触し会話をもつ、仲間から学びとらせる、というような教師側からの働きかけがある。子どもたちは、そういう教師からの刺激を受けながら、考え、楽しさや苦しさを経験する中で試行錯誤し、そして自らの手で自律的な学習を築いていく。教師は子どもに意欲を起こさせ、考える場を設定してやり、そして待つのである。考えさせ、そして待つということが、土谷の指導の根本原理だと考えられる。」

　「『待つ』というのは、何か説明をつけないと誤解されるおそれがないだろうか」と私は言ったが、Ｓさんは「いえ、これでいいです」と主張を通した。

2・定石の研究ということ

2−1　「名人の足元にも及ばない実践」の悩み

　その後、Ｓさんは大学院に進学した。土谷体育のより一層の分析ということが研究課題であるが、幸いなことに、附属小学校で低学年の表現運動の非常勤講師をしていた人が退職したので、後任としてＳさんを採用してもらえ

ることになった。土谷の授業を研究の対象とする者が、ご本人の下で働けるのは幸せなことである。

　しかし、その割にはSさんの表情は冴えない。卒業論文のための研究で見出した土谷体育の原理を自分の授業に取り入れようと努めても、意余って力足らず、土谷先生の足元にも及ばない授業しかできなくて打ちのめされた気持ちになってしまうというのである。

　これは、名人の実戦棋譜を分析して、このような場合にはこう指すという指し手の基本、つまり碁では定石、将棋では定跡を明らかにしても、実戦の世界に入ったばかりの者が、それを生かして使うことができるはずがないのと同じことである。ただ、経験を積めば定石を使いこなすことができるようになるという見通しがあるなら、そう落ち込むこともないが、そういう見通しが持てないので意気が上がらないのである。そして、そういう気持ちに追い討ちをかけるように、「土谷先生の授業は名人芸であって、余人のマネできるものではない」という声も耳に入ってくる。

2－2　定石を学ぶことの意味

　しかし、このように言ったのでは、授業分析をする意味がなくなってしまう。なぜなら、授業記録（つまり実戦棋譜）を検討して、よい授業を生み出すための原理（定石）を明らかにすることを目指すのが授業分析であり、それは、そういう原理に留意すれば、誰もがよい授業をすることができる可能性が開けるという確信に基づいた行為であるはずだからである。

　碁や将棋を本格的に学ぼうとする者は、まず定石を徹底的に研究するが、これも上と同じ理由によるものであろう。最初のうちは定石を使いこなすことができず、むしろ定石にしばられて、自己流で指す者に敗れることもある。しかし年月が経てば、自己流で指す者は、定石をきちんと学んだ者に歯が立たなくなる。授業も、これと同じではないだろうか。残念ながら、定石を学んでも名人になることができるのは何万人、何十万人の中の一人に過ぎないが、少なくとも「井の中の蛙」で自己流の授業を続けた人よりも、ずっと高みへ達することのできる確率が高いことは、まちがいのないところであろう。

　では、次のような事例はどう解釈したらよいのだろうか。ある高校の体育

教師で、斎藤喜博の体育の授業に深く傾倒し、斎藤校長時代の島小、境小をしばしば訪ねていた人がいた。この人は、斎藤流の体育の授業を行おうとしてひたむきに努力していた。しかし、その授業を見た人の話によると、それは斎藤流とは名ばかりの、見るも無残なものだったという。その後この教師は、ノイローゼになって退職してしまった。

体育学専攻生の授業でこの話をしたら、学生たちはドッと笑った。これは筆者には意外な反応だったが、現場経験のない学生たちには、この教師が哀れで滑稽なピエロに見えたのであろう。

3 ◆ 形の模倣と原理の理解

3—1　すぐれた先人に学ぶことの二つの意味

すぐれた先人の授業実践に学ぶことが、授業者としての自らの力を高めるためにかけがえのない助けになることは先に書いたが、この場合、「学ぶ」とはどういうことであろうか。二つの意味があるように思われる。一つは形をまねることであり、もう一つは原理を理解することである。

「学び」の語源は「まねび」であると言われる。形の模倣から学びが始まるのであるが、しかし、すぐれた先人の一挙手一投足を完全に模倣するのは至難の業であり、そこから、往々にして先ほどの教師のような悲劇が起こるのではないかと思われる。いわばそれは、王選手の打撃フォームをそっくりまねようとするようなもので、どんなにがんばっても、あの一本足打法をそっくりまねして自分のものにすることができるはずがない。しょせんは「鵜の真似をする烏」である。そして、鵜へ変身したいという願望が強ければ強いほど、自分はどうあがいても結局は烏だということを否応なしに思い知らされた時、ショックは大きいと言えよう。

これに対して原理を理解するというのは、一本足という外見的な形に捉われるのでなく、その結果として生み出されているものを的確に見てとるということである。バッティングのために最も必要なものは、重心の移動と腰の回転であると私は思うが、それが一本足打法という極端な形によって最大限に生み出されているはずである。そのことが理解できれば、例えば王と張本

というように外見的には全く違う打撃フォームも、本質は同じだとして重ね合わせて見ることができる。

3—2　原理を理解した実践

このように原理を理解すれば、王の一本足打法をイメージとして頭に描いても、それと二重写しになって動きの本質が見えているので、形に捉われて身動きできなくなるということはなくなる。自分の体格、体力、気質など（ひっくるめて個性と言おう）に応じて、たとえ足の上げ方はごくわずかであっても、見る目を持った人が見れば、王が捉えた本質と全く同じ本質を捉えたバッティングだと評価されることもあるだろう。これとは逆に、足を上げることによって、かえって王から遠ざかってしまうということもあるはずである。それが個性であり、このように個性に応じて原理を生かす時、模倣が創造へと発展するのである。

土谷の授業実践に深く学び（ということは、形を見るだけでなく原理を理解し）、「これこそ土谷流だ」と言える授業を実践している教師も少なくないであろう。それらの中には、一見して土谷流とわかる授業もあるだろうし、また、その人独自の授業展開をしているように見えながら、よく見ると、根底には土谷流の授業原理が脈々と生きて流れている場合もあるのではないかと思われる。

4・体育・保健の基本的な問題として

4—1　体育の授業の場合

形の模倣と原理の理解ということは、先人の授業実践に学ぼうとする場合だけでなく、広く体育や保健の最も基本的な問題として位置づけて考えないといけないことである。

かつて筆者は、多くのソフトボールの授業は、バットの振り方やボールの投げ方の「形」を教えるだけで、なぜそのようにするのかという原理を理解させないので、そこで身に付けた技能がテニス・卓球・バドミントンというようなソフトボールと同類の運動を学習する時、さっぱり応用がきかないということを書いた（『体育の授業研究』）。

例えば、正面を向いたまま腕を前から振り上げてボールを投げていた女の子が、ソフトボールの授業で、脚を前後に開いて体を横に向け、腕は後ろから前へ振り下ろすのだと習い、そのようにできるようになる。ところが、彼女たちが大学の体育の授業などでバドミントンをやると、前を向いたまま羽子板みたいにラケットを前から振り上げ、そのことに何の矛盾も感じない。ものを投げたり打ったりする運動に共通の原理が理解できていないから、こういうことになるのである。

また例えば、クラウチングスタートの授業でも、その原理は簡単であり、またそれを理解すればずいぶん応用範囲は広いのに、それを理解させずに、手をどうしろ足をどうしろと形だけを教え込むので、子どもたちは、スタートするとすぐに体を起こしてしまうというようなナンセンスなことになる。

しかし、ソフトボールもクラウチングスタートも、学習指導要領(昭和52年版)では小学校教材から姿を消してしまった。これらを、運動の基本とその原理を学習させるための代表的な教材——つまり、いわゆる範例学習の貴重な教材と考えていた私は、学習指導要領の改訂にたずさわった人たちの見識を疑い、また、教材の改廃の理由を何も説明しない学習指導要領という官庁文書のごう慢さに腹を立てたのであった。

形だけを教えて原理を理解させなければ、そのような学習の結果として身に付けた知識・技能（ひっくるめて言えば学力）は、応用のきく「生きて働く知識・技能（学力）」にはなりにくい。それはちょうど、すぐれた先人の授業実践の形だけをまねても壁に突き当たるだけのことだというのと同じことであり、結局は、自らが学ぶ場合も子どもたちに学ばせる場合も、原理は同じだということがわかる。

4―2 保健の授業の場合

体育の授業の場合と同じことが、保健の授業の場合にも言える。「食事の後には歯をみがこう」、「外出から帰ったら、うがいをしよう」、「カゼの時はマスクをしよう」という具合に、習慣形成を目指して行動の「形」だけを教え、なぜそうするのかという原理を理解させる努力に乏しかったのが、過去の保健教育の傾向だったのではないか。「保健の科学」の教育には遠く、「しつけ

の教育」「道徳保健」といわれるゆえんである。

その結果、うがいやマスクをすれば「カゼ菌」を排除できると思っている人が少なくないし、また「病気の時は、くすりを飲んで安静に」と行動の「形」だけを教え、病気を治すものは何かということの原理を理解させないので、(それだけが原因ではないにしても)世界に例のないほど大量のくすりが氾濫して、くすり漬けになってしまうことになる。

主体的に健康生活を創造していく力を子どもたちの身に付けさせるためには、やはり子どもたちに健康の原理、つまり健康に関する基本的なことがらの因果関係の体系を理解させることが必須条件となるのである。
(原題「土谷正規先生の体育授業をめぐって」「形の模倣と原理の理解」『体育と保健』247、248号、タイムス)

〈追記〉ソフトボールは、平成元年版の小学校学習指導要領で、高学年に「地域や学校の実態に応じてソフトボールを加えて指導することができる」という随意種目としての扱いではあるが復活した。しかし担当官によれば、その理由は「ソフトボールは生涯スポーツとして世の中で行われているから」ということで、上記のような運動学的な教材価値の認識に基づくものではなかった。

一方、短距離走のスタート法は、第1章第2節で説明したとおり、平成11年発行の『小学校学習指導要領解説』で「いろいろなスタートの形で行う」とされ、クラウチングスタートを含む各種のスタート法を工夫してみることができるようになった。これは、『解説』作成者の識見の表れとして評価することができる。

第5節　子どもから出発する体育指導

1 ・自ら鍛える雰囲気づくりを

❖校内マラソンへの着目

　本稿は、「学級で心身を鍛えるには」という出題に対する筆者なりの答えである。
　「心身の鍛練」の代名詞とも言える学校行事は校内マラソンであろう。だから、学級で子どもたちの心身を鍛えようと思うなら、毎朝業前体育としてマラソンを行うのが手っ取り早いということになる。もっとも、業前体育にとれる時間は多くても10分間ぐらいのものであろうから、「マラソン」は大げさで、「持久走」と言ったほうがよいかもしれない。しかし、せいいっぱい10分間走るのはなかなかシンドイことで、頑張りの心がないと走り続けることはできない。
　では、そのような頑張りの心は、どうすれば育てることができるだろうか。まさか、隊列を組んで「イチニ、イチニ」とかけ声をかけて走らせようとする教師はいないだろう。いや、プロ野球のキャンプでは、こんなふうにして走っているし、学校の運動部でも、こういう走り方をしているところが珍しくないから、このような走らせ方を好む教師もいるかもしれない。これだと、勝手に脱落するわけにいかず、否応なしに頑張らざるをえなくなる。

❖隗より始めよ

　しかし、こういう強制的なやり方は、強制の枠がはずれると実践は中止になってしまうことが多い。強制されなくても、自分から進んで走り続ける子どもを育てるには、まず子どもたちに「自ら学ぶ意欲」（学習指導要領総則）を持たせることが第一条件である。指導要録では、これが「関心・意欲・態度」という表現で評価の観点として示されている。

そのためにまず問われるのは、教師が自ら走ろうという気があるかどうかである。休み時間に、運動場に出て子どもと遊ぶ教師が少なくなったという話を聞くことも多い昨今であるが、子どもだけに走らせておいたのでは長続きしない。学級を担任する教師が自ら毎朝走ってこそ、子どもたちも喜んで走るのである。「忍者体育」で知られる奈良女子大附小の岩井邦夫先生は、毎朝運動場を走っている。先生が走るから学級の子どもたちも走るようになり、つられて他の学級の子どもたちも加わってくる。古い言葉だが、率先垂範、隗(かい)より始めよであり、そうであってこそ、走ることが子どもたちの心身を鍛え、学級の活性化をもたらすと考えたい。

❖各自がめあてをもって

とは言っても、年輩の、特に高学年担任の教師にとっては、子どもたちと一緒に走るのはシンドイことである。しかし、教師が子どもたちの先頭に立って走る必要はないし、子どもたちもまた、隊列を組んで走る必要はない。子どもたち一人ひとりが、それぞれの能力に適した目標（めあて）をもって走ればよいのであり、教師もまた自らの目標をもって走ればよいのである。「トラック何周」ということを目標にする者もいるだろうし、走った距離の累計で「神戸から大阪まで走った」と地図に赤線を引いていく者もいるだろう。各自の目標とそれへの到達状況を一覧表やグラフに表して掲示しておけば、クラスメイトの状況もよくわかって、お互いに励まし合って毎朝走ることができるだろう。励まし合う雰囲気を育てることもまた学級経営のうちである。

マラソン、持久走は典型例であるが、これと限らず、教師も加わって子どもたちみんなが身体活動で汗を流すことは、心身を鍛えるという点でも学級経営という点でも、価値のある行為であるが、一斉画一ではなく「個に応じて」ということが新しい教育の方向であることを心得ていたい。

（『楽しい学級経営』1997年10月号）

2 ◆歩走練習

❖子どものもつ可能性のすばらしさ

1月18日から7日間、恒例の歩走練習（いわゆる寒中マラソン）が行われ

た。本校（奈良女子大附小）の後背地は広大な丘陵地で、今はそれが開発されて閑静な住宅街になっているが、その中を、毎日１時間目を利用してAコース（4～6年）3.8km、Bコース（3年）2.4km、Cコース（1、2年）1.8kmを走り、最終日の納会には距離が大幅に伸びて、Aコースは8.4km、Bコースは6.4km、そしてCコースが平常のAコース3.8kmを走るのである。個人競走ではなく、3年以上は力の似通った者同士の三人組を作り、助け合って走って三人一緒にゴールインするというのが、本校の歩走練習の独特なところである。これは、本校に30余年勤められた元副校長の土谷正規先生が考案された方法だそうである。

　納会でのAコースのトップの三人組（5年生）のタイムは37分10秒であった。これは、分速230mのスピードである。かつて東大の猪飼道夫教授が、実験結果に基づいて、全身持久力を効果的に高めるには毎日分速240mのスピードで5分間走るのがよいという処方を示されたことがあった。そこで筆者はさっそく、当時勤めていた大学で400mトラックを使い、男子学生をこの処方で走らせてみたが、ふだん走っていない学生にとって、5分間でトラックを3周するのは大変シンドイことであった。だから、これとほぼ同じスピードで8.4kmを走り抜いた三人組の児童を見て、筆者は驚嘆した。

　最後の三人組のタイムは1時間50秒で、これは分速約140mである。これでも、大人がゆっくりしたペースで走るジョギングのスピードで、自分がジョギングすることを考えてみると、大人よりずっとコンパスの短い児童が、しかも三人で助け合いながら、このスピードで長い上り坂もある丘陵地を1時間にわたって走ったというのは、やはり大したことであると言わねばならない。子どもの持つ可能性のすばらしさである。

❖木下竹次の歩行練習

　本校の歩走練習の歴史は、第2代主事・木下竹次に発する。当時はもっぱら歩いていたので「歩行練習」と言っていたようで、彼が創刊した児童向け学習雑誌『伸びて行く』の4巻3号（大正13年）の口絵には、「私の学校では毎年寒中に歩行練習をします。朝早く児童も職員も力のある限り、1里余りの道を歩いてきます。その為寒さを忘れて風邪にかかることも少なく、精神

がせいせいして終日愉快に学習することが出来ます」という説明がついて、子どもたちが若草山の頂上に向かって盛んに登っている写真が載っている。そして最終日の10日目は「大和平原十二里強行遠足」であったという。

　木下は大正自由教育の時代、子どもが自ら学ぶ「学習法」の提唱と実践で著名な教育者であった。大正15年の奈良女高師家事科の卒業生で、在学中に木下の教えを受け、卒業後も木下が主事をしていた附属小・実科高女で教鞭をとった溝上泰子が次のように書いている[1]。

　「木下は、算数、国語、理科……のように、主として頭を使う教科と同じに、全心身で学ぶ教科『体育、図工、音楽、家庭』を重視した。とくに、裁縫については、時代を画した人である。その理解だけではなく、自身縫うことができたし、しかも、右手でも左手でも運針が出来た。(中略)針をもつ、チョークで書く、歩く、走る、切る、縫う、声を出す、描く……児童・生徒の体の全部を正しく動かす学習。その中心を『腰を伸ばいて』(腰を伸ばすの意。生地、越前の方言か木下独自の言葉だったかはわからない)においた。校内のいたるところに掲示板があった。それに、『歩くときも、走るときも、腰かけているときも……腰を伸ばせ』と書いてあった。」

　木下が、芦田恵之助らと並んで岡田式静坐法の熱心な実践者であったことは、よく知られていることである。腰を伸ばして静坐し、無心に腹式呼吸を朝晩30分間くらいずつ続けるのが、明治の末から大正にかけて心身の修養法・健康法として大流行した岡田虎二郎による岡田式静坐法であった。岡田は、「学校の先生は1週間や10日講習会に行って、さっそく学校へ帰って生徒に教える癖がありますから、ほんとうの静坐はわかりません」と皮肉なことを言っているが、しかしこの静坐法の実践者は、教師と学生に多かった。悩みや病いを持つ者が禅や静坐に志すのであり、悩みや病いはインテリに多く、そして当時のインテリといえば教師と学生であったから、静坐法の実践者に教師と学生が多かったのは自然の成り行きであった。

　昭和16年、附小の機関誌『学習研究』が休刊になった時は、木下の主事退任の時でもあったが、彼は休刊号の「退会の御挨拶」で、「私は元来余り頑健と云う方では無かったのであります。それで精神と身体との両方面から種々の健康法を実行して心身を鍛練致しました」と書いている。その健康法の中

心に置いたのが「腰を伸ばす」という静坐法であり、そこから次のような歩行の練習を通じた心身鍛練の方法が生まれたのであろう。

「平地では腰に力を入れ肩の力を抜いた端正な姿勢で堂々としかも、全速力で歩む。……全身全霊をあげて歩行になりきる。……人が歩行か、歩行が人か。山地は走ってもよい。全力をあげて山坂をよじ、山腹を横ぎる。呼吸の仕方、脚腰等の使い方、精神統一の方法に至大の工夫を要する。……これによって腰と腹とができる。身体の諸機関が機敏沈着に堪久に活動するようになる。これとともに、精神統一し、無心の境涯に進むことができるようになる。」（木下「歩行練習の意義」）

後年、土谷正規は「ぐんぐん歩け。腰を伸ばして走れ、苦しくても止まってはならん。しんぼうせよ、ゴールまで続けるのだ」と子どもたちを諭した[2]。時代は変わり、歩走練習と言いながら走りに終始することになったが、「腰を伸ばして」ということが、木下に始まる本校のこの行事の伝統であるというべきであろう。

❖日比野寛の「体育訓」

歩走練習は教師も子どもと一緒に走るから、特に高学年担任の教師は大変である。「脚が丈夫でないと、この学校では勤まりませんね」と言ったら、ある先生微笑を浮かべて答えて曰く、「頭も丈夫でないと勤まりません」。

明治から大正にかけて18年間、愛知一中の校長を勤めた日比野寛は、わが国へのマラソンの紹介者で、また自ら生徒たちの先頭に立って走り、「マラソン王」の異名をとった人であるが、彼はやみくもに生徒を走らせたのではなく、「病める者は医者へ行け。弱き者は歩け。強き者は走れ。強壮なる者は競走せよ」という「体育訓」を遺している。

これは、わが国における体力に応じた運動処方の最初のものであるが、筆者はこの処方にしたがって、せいぜい歩くことにしたいと思う。

■引用文献
1）溝上泰子『わたしの教育原理』1979年、未来社、34頁
2）土谷正規『新しい体育学習の育て方』1971年、タイムス、161頁

（奈良女子大附小『学習研究』300号、1986年4月）

3・あるべき体育の教科内容の私案

　奈良女子大附小・岩井邦夫先生の「忍者体育」の授業は示唆に富んでいる。「忍法を発明して修業に励もう」ということで、子どもたちは、一人ひとりが工夫して野原（マット）で転がり、岩（跳び箱）を越え、橋（平均台）を渡り、崖（肋木）を登り、また鉄棒忍法を発明し、忍者とび（なわ）で帰ってくる。汗びっしょりになっての多彩で総合的な全身運動である。教師は開脚跳びや逆上がりという単技は何も教えないが、学年が進めば、学習指導要領や指導書に書いてある程度の技は、みな自らできるようになっていく。

　このように自ら工夫し、運動を総合的に行って、リズミカルな動きのできる体をつくっていくのが、小学校低・中学年の体育の教科内容であろう。学習指導要領にいう基本の運動の授業の趣旨の深化・徹底である。ボール運動も、学習指導要領には、「規則（ルール）を工夫し」と書いてある。学生に聞いてみると、このように自らルールを工夫した学習経験のある者は100人中数人にすぎないが、このことも授業のねらいとして重視したい。

　このような基礎づくりの上に立って、小学校高学年から中学校期前半では、運動文化の総体の学習に進みたい。体操は、その原理を理解し、方法を工夫して実践する。スポーツは、走・投・蹴・打・泳の代表的な種目について、その技術を身に付けるだけでなく、技術を支える原理を知り、ルールの持つ意味を知る。総合してスポーツ文化の習得である。武道やダンスも、これと同じ観点で扱う。これらについては、同志会の人たちの実践が参考になる。そして中学校後期から高校、大学では、さらに広い範囲のスポーツ文化の中から、各自が選択して履修する。

　このような構想であれば、6・3・3制や、いま話題の中高一貫よりも、4・4・4制がふさわしい。批判的検討を期待したい。

（『体育科教育』1997年12月号巻頭言）

4 ◆ 教育技術の学びの領域

　子どもたちを整列させ、まず教師が示範して、後は反復練習させるというのが、教職志望の大方の学生が抱く体育授業像である。そこで、示範に自信のある者は「体育の授業など簡単なものだ」と侮り、そうでない者は、示範ができないことに強い不安や強迫観念を持つことになる。ここでは、示範できるかどうかだけが体育授業の成否を決する重大事であって、教育技術などは意識の中にない。教育技術以前の段階である。しかし、跳び箱が跳べないまま、逆上がりができないままに残され、しかもそれは、本人の運動神経が鈍いからだと決めつけられてきたのは、こういう授業を受けた中の子どもたちではなかっただろうか。

　こんな現実の変革をめざし、たとえ示範ができなくても、教師の教育技術によって、みんなをうまくすることができるということを大々的に主張し、実践で示したのが、教育技術法則化運動であった。特に運動の不得手な教師に希望と自信を持たせ、こういう教育技術を学ぼうという意欲を持たせた点で、この教育運動の果たした意義は大きい。これは、教育技術の学びの第１の領域である。

　しかし、学びの領域はこれだけではない。「教えよう、教えよう」という気張りを捨てたとき、子どもは本当に伸び、また、子どもは子ども同士の学び合いの中で伸びていく。そういう認識が開けたとき、子どもの自律性を育てたり、学習集団を組織化したりする教育技術を身に付けたいという問題意識が芽生える。学びの第２領域である。

　さらに進めば、運動の技術だけでなく、運動文化の総体を子どもたちに伝えたいと思うようになる。そのためには、教師の幅広い教養に支えられた教育技術が必要になる。学びの第３領域である。

　このように、教育技術にはいくつもの領域があり、若い教師に、一挙にこれらすべての領域を踏破することを求めてもむりである。評価され、尊重されるべきものは、こういう広大な教育技術の諸領域があることを知り、学びを求めて探索する教師の志であろう。　（『体育科教育』1994年2月号巻頭言）

5・子どもから出発する「総合的な学習」

　新しい学習指導要領に登場した「総合的な学習」は、教科ではなく教科・道徳・特別活動と並ぶ学校教育の第4の柱である。だから、まず教科の指導をきちんと行った上で「総合的な学習」の内容を考えることが大事である。

　体育を中心にした総合的な学習のテーマとして、まず思い浮かぶのは「キャンプ」や「健康」である。

　前者は野外活動の集中単元で、野営・炊飯等の技術の習得、歌と踊り、登山、写生、自然観察、天体観測、事後の作文等々、教科横断的・総合的な学習である。

　「健康」は、さまざまな構想が考えられるが、子どもたちが「自ら課題を見付け、自ら学び、自ら考え」（学習指導要領）ることが基本である。そのための手順として、まず学級の朝の会で「元気ですか」と、みんなが自分の健康状態を発表して確かめ合うのはどうであろうか。

　その中から、みんなが共通に関心を持ち、発展性のある話題が学習課題として取り上げられる。それは、最初は個人的な健康の問題が多いだろうが、そこから学習はみんなの健康の問題に広がり、地域、社会、国家、さらには地球規模の健康問題の研究にまで発展していくと考えられる。この中に、自分に合った体力づくりの方法を考案し実践する「わたしの運動」の小単元も入れたい。

　この発想は、奈良女子大附小で20年以上も前に総合的学習の先駆的実践を展開した土谷正規氏に負うている。朝の会の発表を「いま思っていること」とすれば、さらに幅広く総合的学習の主題を見出すことができるだろう。

　このような自律的学習を発展させ、しかも一定のまとまりのあるものにするには、教師が子どもの出す多様な問題を適切に整理し、ふくらませ方向づけしていくことが必要である。だから、実のある総合的学習の授業のためには、まず教師が、さまざまな問題を総合的に把握する広い視野を持つことが必須条件だということになる。

（『体育科教育』1999年8月号巻頭言）

第4章

体育授業での指導の言葉

Chapter 4

第1節 体育指導における感覚的な指導の言葉

1 ◆ 問題の所在

　例えば卓球で、威力のあるボールを打とうとして勢いよくラケットを振ると、ボールはホームランになってしまう。そこで今度は力を加減して打つと、相手に打ち返されてたちまち一巻の終わりとなる。初心者は、まずこんなところからスタートする。

　そこで教師は、「ラケットでボールをこすり上げて回転させれば、ボールはカーブして相手コートに落下する。そうすれば、勢いよくラケットを振るほど威力のあるボールが打てる」と説明し、「だから、ラケットを斜めに振り上げて、ボールをこすり上げなさい」と指示する。しかし、これですぐにこの打法ができるようになる生徒はわずかで、大部分の生徒は相変わらずラケットを押し出し、なかには手首をひねってボールを回転させようとする悪いくせを身に付けてしまう者も現れる。筆者の体育実技の授業は、いつもこんな有様だった。「原理も方法もわかっているが、できない」のである。

　そこで筆者が思ったのは、生徒の動きを的確に変えるには、説明的な言葉での指導だけでは不十分で、生徒の感覚に訴える指示の言葉が必要だということであった。筆者が頭をひねって思いついたのは、「振り切った後のラケットは、左の額につけなさい」という指示であった。

　他の種目の授業でも、このように、学習者の感覚に訴える指示の言葉の必要性を常に感じたが、こういう経験を重ねてみると、すぐれた実践家の指導の記録の中にときおり出てくるこの種の言葉のすばらしさがよくわかった。そして、これらを集めて整理・分類すれば、それは筆者だけでなく、広く体育授業を担当する教師の貴重な共有財産になるのではないかと思った。そのような問題意識に基づいて行ったのが、本研究である。

2 ◆ 感覚的な指示の言葉の収集と分類

ここでは、運動の方法を順序だてて説明するのでなく、学習者の感覚に訴えて指示する言葉を、感覚的な指示の言葉と呼ぶことにし表11のようなカテゴリーをつくった。そして、該当する言葉を体育・スポーツの指導書や実践記録から収集し、またさらに、筆者の大学院や学部における体育科教育の授業で、学生から、過去に教わって記憶に残っている言葉を書き出してもらい、分類・分析した。

その結果、全部で190例の指示の言葉を収集することができた。これを分類した数値を表の右欄に記入してあるが、最も多いのは1.(3)―手や足のように動かしやすい体の末端の部位に意識を集中させる指示で、次は3．擬音語による指示であった。

表11／体育指導における感覚的な指示の言葉のカテゴリー

カテゴリー	例数
1．意識を焦点化させる指示〈意識焦点〉	
(1) 初動時の動作	17
(2) 終末時の動作	21
(3) 動かしやすい末端の部位	37
(4) 動かしたい部位のシンボル	6
(5) 随伴現象を生み出す部位	11
(6) 足音	5
(7) 外部の対象	15
2．比喩によってイメージを育てる指示	
(1) 動作のイメージ	19
(2) 変身のイメージ	13
(3) 「もの」を操作するイメージ	14
(4) 「もの」のイメージ	6
3．擬音語による指示	23

以下、カテゴリー別に感覚的な指示の言葉を列挙し、その言葉の持つ合理性や原理を考察してみることにしたい。

3 ◆ 意識を焦点化させる指示

運動をスムーズに行うために、一連の動作を頭の中に正確にイメージに描くことの有効性が言われる。イメージ・トレーニングとかメンタル・リハーサルと言われるものであるが、これは初心者にはむずかしい。しかし、動作のある一点に意識を焦点化させることなら、初心者にもできる。そこで、ポ

イントを限定した指示の言葉が、すぐれた実践家によって数々発せられている。以下、順を追って見てみることにしよう。

なお、指示の言葉には整理番号をつけた。文献から引用したものについては、稿末に文献を記載してある。なお、学生から教えてもらったものについては＊印を付しておいた。

(1) 初動時の動作に意識を集中させる指示

「初めが肝心」というが、これは初動時の動作を正しくセットさせ、それによって、正しい一連の動作を生み出そうとするものである。

〔1・1・1〕うさぎ跳びの指導で小久保昇治、「うさぎには耳があるね。両手を上げて耳につけてみよう。着地の時も耳につけるんだよ」
〔1・1・2〕ボールけり遊びで、「足の裏を空に向けて、それからけってごらん」
〔1・1・3〕リレーで、「手のひらを後ろの人に見せなさい」
〔1・1・4〕ドッジボールで、「耳からボールを投げよう」
〔1・1・5〕サッカーのシュートで、「体をボールの上にかぶせるようにしてけりなさい」
〔1・1・6〕野球のベースランニングで、大リーグ・パイレーツのコーチ、「回る時は、左肩を下げろ」

〔1・1・1〕は、両手を早く突き放して、上体を起こす要領を引き出すための指示であると小久保は説明している。

〔1・1・2〕～〔1・1・5〕は、法則化体育授業研究会（根本正雄代表）が編集した『子どもの動きが変わる指示の言葉・体育○年』（学年別全6巻）に、現場教師によって紹介されているものである。このシリーズからは、これ以後も数多くの指示の言葉を引用する。

〔1・1・6〕は、現阪神監督の野村克也が紹介しているもので、彼は「日本のコーチは、ベースは左足で踏め、ベースを回るときにふくらむなとしか教えない」と言い、それと対比させてこの指示の言葉を高く評価している。

(2) 終末時の動作に意識を集中させる指示

第1節　体育指導における感覚的な指導の言葉　153

> 〔1・2・1〕筆者が観察したかかえ込み跳び（小5）の授業。教師、ただひたすらに「（跳び箱を）強く叩け。叩いて、叩いて」と繰り返す。
> 〔1・2・2〕後ろ回りで、「手のひらをグイッと押しなさい」
> 〔1・2・3〕開脚前転で高橋健夫、「両手と両足を同時につきなさい」
> 〔1・2・4〕走り幅跳びで、「踏み切ったらバンザイをしなさい」「思いっきりバンザイしながら跳びなさい」
> 〔1・2・5〕走り幅跳びの着地で、「腕をお尻の後ろまで振り込みなさい」
> 〔1・2・6〕クロールで、「呼吸で顔を上げた時、肩を見なさい」
> 〔1・2・7〕同上。「親指がももにふれるまでかきなさい」「手のひらで、ももをバンと叩いて通り過ぎなさい」
> 〔1・2・8〕同上。「つかまえた水を、おへそにぶつけるのです」
> 〔1・2・9〕卓球のドライブ打法で筆者、「振り切った後のラケットは左の額のところ」
> 〔1・2・10〕野球のバッティングで王選手、「振り切った後、腰が前を向いていればよい」
> 〔1・2・11〕スランプに悩む怪力の持ち主、大洋ホエールズの田代選手に別当監督、「常に力を抜いて、しかも強く振り抜け」

　〔1・2・1〕は、先の〔1・1・1〕の原理が生かされた事例で、指導者は自分では跳べないという中年の女教師であったが、20分間で、横5段に挑戦した7人中6人、横3段を試みた7人中4人が跳び越した。

　〔1・2・2〕は法則化体育の教師が紹介しているものだが、かつて斎藤喜博も教育行脚で子どもを指導した際にこの指示を発し、それによって子どもがいっぺんにうまく回転できるようになった情景がビデオに映っている（文献〔1・3・1〕参照）。

　〔1・2・3〕も、やはりタイミングよく手でマットを押して腰を上げさせるための指示であるが、これに対しては根本正雄が、「『両手をももの近くにつきなさい』というよりも、起き上がるタイミングをつかませるには有効な指示である」と評価している。

　〔1・2・10〕は、ずいぶん昔、王選手が郷ひろみにバッティングを指導すると

いうテレビ番組でのものである。放映日時を記録しておかなかったため、いつのものであるか不明である。

〔1・2・11〕は、初動から終末までのスイングについての指示であるが、該当するカテゴリーがないのでここに分類した。「今は昔」の話であるが、春のキャンプでこの指示を受けた田代選手は、宿舎の自室で毎晩何百回も素振りを繰り返し、その結果シーズンが始まるとホームランを連発し、たちまちスターになってしまった。

(3) 動かしやすい末端の部位に意識を集中させる指示

〔1・3・1〕土谷正規、集合して座らせ、「鼻とおへそを先生に向けなさい」

〔1・3・2〕前まわりで斎藤喜博、「鼻をおへそにつけなさい」

〔1・3・3〕前転で膝が伸びて起き上がれない子どもに、「かかとをお尻にくっつけなさい」

〔1・3・4〕伸膝前転で、「立ち上がる時、あごを膝にくっつけるようにしなさい」

〔1・3・5〕開脚前転で、「鼻をマットにこするように、体を前に出します」

〔1・3・6〕同上。「かかとをマットの外につくようにしなさい」

〔1・3・7〕短距離走で「ひじを肩の線まで上げるように振りなさい」

〔1・3・8〕同上。「腕を後ろに振った時、ひじをとんがらせなさい」

〔1・3・9〕走り幅跳びで「地面をけったほうの膝を、おなかにくっつけなさい」

〔1・3・10〕福山義則ら小学校教師、ハードルの走路前方に立ち、「(ハードルを)またぐ時に、先生に足の裏を見せなさい」

〔1・3・11〕障害走の抜き足で、「横の友達に足の裏が見えるようにまたぎなさい」

〔1・3・12〕逆上がりで、「膝を鉄棒にくっつけてごらん」

〔1・3・13〕同上。「けった後、膝を見なさい」

〔1・3・14〕鉄棒の前方支持回転で岡秀郎(兵教大)、回転前半は「アーン」とあごを少し出させ、後半は「うん」とうなずかせる。

これは例数が多い。

〔1・3・14〕。兵庫教育大の院生(現職教員)が小学校4年生の体育授業で、この指示で練習する実験群と胸を張ることを指示した対照群を6回指導した結

果、できるようになったのは対照群では22名中5名であったのに対し、実験群では21名中12名であったと報告している。

(4) 動かしたい部位のシンボルに意識を集中させる指示

> 〔1・4・1〕綱引きで、「おへそを空に向けなさい」＊
> 〔1・4・2〕逆上がりで「鉄棒に、おへそがつくようにしなさい」＊
> 〔1・4・3〕テニスのサーブで、「ボールを打つ瞬間は、へそが天を向くように」＊
> 〔1・4・4〕背泳で腰が折れて沈んでしまう初心者に、宮畑虎彦「へそを高く上げなさい」

ここでのキーワードは、へそである。腰や胴体のような大きな筋肉の動かし方を指示されても、これを意のままに動かすことはむずかしいが、へそという"点"なら、意識を集中させて動かすことができそうである。

〔1・4・1〕～〔1・4・3〕は、学生に教えてもらったものである。

(5) 随伴現象を生み出す部位に意識を集中させる指示

> 〔1・5・1〕走り幅跳びの反り跳びの指導で織田幹雄、助走路の後方に立ち、「踏み切ったら、足の裏を私に見せなさい」
> 〔1・5・2〕スキーで腰が後ろに引け、膝が伸びてしまっている初心者に西山実幾、「両手を後ろに引きなさい」
> 〔1・5・3〕出原泰明の短距離走の授業。ゴール近くで走のリズムが乱れてきた生徒に級友の指示、「ウデーッ！」

最初の二つは、指導の名人とうたわれた人の指示の言葉である。前者は体を反らす動作、後者は膝と足首を曲げる動作をさせたいのであるが、初心者にそれを直接指示しても効果がない。そこでここでは、足の裏とか手のような、自分の意思で動かしやすい部位に意識焦点を置き、その部位の動きの随伴現象として、目指す部位の動きを引き出そうとするのである。

この二つの事例は、わが国における運動力学の草分けの一人であった宮畑虎彦が紹介しているもので、彼はこれらの指示の正しさを、「体のある部分が

ある方向に回転運動をすると、他の部分は他の方向に回転運動をする」という力学の原理で説明している。体のバランスをとるための反作用であるわけである。

〔1・5・3〕も同類の指示である。ランニングにおけるこのような指導法とその原理は、今から40年以上も前に、陸上競技をこよなく愛する数学者小野勝次が趣味として研究した成果を公刊した、わが国最初の運動力学の書物『陸上競技の力学』（1957年、同文書院）で指摘したことである。

(6) 足音に意識を集中させる指示

〔1・6・1〕正座から腕の反動で立ち上がる運動で小栗達也、「足音をさせてはいけない」
〔1・6・2〕行進の指導で斎藤喜博、「足音をもっと柔らかに」
〔1・6・3〕小久保昇治、6段の跳び箱からの跳び下りで、「フワーッと音がしないように下りられるかな」
〔1・6・4〕鉄棒の前回りで岩下修、「誰がいちばん音を立てないで下りるか競争です。次にやる子は、マットに耳をあてて、音が出ないか調べてください」

これらの指示の言葉は、いずれも次節の「足音に着目した体育指導」で紹介・解説している。

(7) 外部の対象に意識を集中させる指示

〔1・7・1〕筆者の指示。「指先までいっぱいに伸ばし、あの青い空の彼方に吸い込まれていくような気持ちで腕を振り上げてみよう」
〔1・7・2〕鉄棒の後方支持回転で、「1・2・3－で空を見るのです」
〔1・7・3〕走り幅跳びの踏み切りの指導で織田幹雄、「空に向かってかけ上がりなさい」
〔1・7・4〕東映（現日本ハム）大杉選手に飯島滋弥打撃コーチ、「（レフトスタンド上方の）あの月に向かって打て」
〔1・7・5〕運動場に整列した生徒たちに三橋喜久雄、「気をつけ、礼！　目標、永遠の彼方」

ここでのキーワードは「空」である。準備体操では、学生はお座なりに腕を振り上げているだけなので、〔1・7・1〕は、イメージを育てて精一杯の運動を引き出そうとした私の苦心作である

〔1・7・3〕は、私の研究室で修士論文を書いた堀和弘(現職教員)が、織田から聞き書きしたものである。彼は、この指示を用いて中学2年生を指導したところ、技能下位群(11名)で平均20cmの記録の伸びが認められたと報告している。

〔1・7・4〕。折から初秋の名月が、レフトスタンドの上方25度くらいの角度で上がっていたという。スポーツ記者40年の近藤唯之は、「日本のコーチ(指導者)で一番足りないのは、表現力だと私は本気で思っている。『この野郎、根性だ！』『バカもん、死ぬ気でやれ』。これしかいわない指導者を私は何十人と知っている。プロ野球だけではない。高校野球、高校バレー、ずい分と多い」と言い、月というロマンチックな具体物を実例に持ってきた飯島の指示を「プロ野球史上、永遠に残る名台詞といっていい」と高く評価している。

このように、外部の対象に意識を集中させる指示の極めつけが〔1・7・5〕であろう。これは教育学者の鯵坂二夫が、旧制成城高校の学生だった時に教わった体操教師三橋の指導を伝えるエピソードである。鯵坂は、「それまでの体操の先生は、『目標、前方の電信柱』とか『校舎の右端』とよく言われたのに、この先生は『永遠の彼方』と言う。私の若い魂は、文字どおりとりこにされ、完全に魅せられてしまった。心の底から尊敬の念を覚えたことであった」と書いている。教育にロマンがあった古きよき時代の話である。

(8) 一連の指示がセットになった実験的実践

柳橋宏昭(千葉大研究生)らは、サッカーのインサイドキックで、次のような一連の指示の言葉を与え、事前と事後のフォームを写真で比較分析し、これらの指示の妥当性を実証している。

〔1・8・1〕サッカーのインステップキック。踏み込み「膝を深く沈めるように」→スイング「足の外側を尻につけるように」→インパクト「かかとをくるぶしにすりつけるように」→フォロースルー「そのままの状態で送り出すように」

4・比喩によってイメージを育てる指示

(1) 動作のイメージを描かせる指示

〔2・1・1〕上体回しで、「大空をグルーッと一周、雑巾がけをしましょう」
〔2・1・2〕行進の指導で斎藤喜博、胸を張って学級旗を持つ身振りをしながら、「旗なんか持って」
〔2・1・3〕前回りで腰を打っている子どもに大久保慶子(大阪市立小教諭)、「骨を一つ一つマットにつくように」
〔2・1・4〕後転で、「手のひらは、そば屋の出前のようにしなさい」
〔2・1・5〕かけっこで、「振り子のように腕を振りなさい」

斎藤校長時代の島小では、朝礼の際、子どもたちはそれぞれの学級旗を掲げて行進をしていた。〔2・1・2〕は、彼がその情景を頭に描きながら発している指示である。

なお彼は、台上前転の指導で、「(この運動は)速く回ったら運動にならない。背骨の関節を、一つ一つていねいに跳び箱につけていくことによって運動になるんですよ」と言っている(斎藤『わたしの授業』第2集、67頁)。〔2・1・3〕は、これにヒントを得ているのかもしれない。

(2) 変身のイメージを育てる指示

模倣の運動や表現運動の授業では、子どもを変身させる指示はおなじみのものだが、他の運動でも、いろいろな事例が見られる。

〔2・2・1〕横回りで、「細長いえんぴつになって転がろう」。腕が曲がる子どもには、さらに「芯をとがらせてごらん」
〔2・2・2〕ドル平。「おばけがパーして、ポーンポーン」
〔2・2・3〕だるま浮きで、「膝を抱えて、ピンポン玉になろう」
〔2・2・4〕け伸びで、「水中ミサイル発射！」＊
〔2・2・5〕行進の指導で斎藤喜博、「大きく、世界中へ自分の体が広がっていくように」

〔2・2・2〕のように、伏し浮きで脱力させるための「おばけになろう」という指示の言葉は、他にも複数の実践家から報告されている。

次もまた、変身の指示である。

「お魚になろう」と先生が叫んでる一年生のプール始めに

仙台市　遠州久男（朝日歌壇　1989年7月15日付）

(3)「もの」を操作するイメージを育てる指示

〔2・3・1〕斎藤喜博。卒業式の厳粛な入退場の行進の指導で、「水のいっぱい入った陶器の鉢を持って、水をこぼさないように大事に歩いてください」

〔2・3・2〕同じく斎藤。「花束を抱えるようにしてみよう。そして大事に持って歩くのですよ」

〔2・3・3〕斎藤の跳び箱指導。「助走してきて、ためた力を踏切板にくれていくのではなく、踏切板からもらって財布を一杯にしていくのです」

〔2・3・4〕鉄棒の後方支持回転で、「おなかと鉄棒は磁石です」

〔2・3・5〕バドミントンのオーバーヘッドストロークで筆者、「弓をひくつもりで」

〔2・3・1〕は斎藤自身が記述しているもの、また〔2・3・2〕と〔2・3・3〕は、斎藤校長時代の境小の職員が伝えているものである。

〔2・3・3〕。まだ脚力の弱い小学生に、強く突っ張った踏み切りを求めてもむりである。そこでこのような比喩を用いて、膝の屈伸を使った柔らかな踏み切りを指導するのである。

〔2・3・5〕は筆者の指示であるが、この指示が生まれた由来は本章第3節の1「技術と心」で述べている。

(4)「もの」をイメージさせる指示

〔2・4・1〕直立姿勢。「体の中に、自分の針金をピンと立ててごらんなさい」

〔2・4・2〕クロールで、「伸ばした腕を枕にしなさい」

〔2・4・3〕弓道での離れの言葉。「朝露が落ちるように」（日置弾正）　＊

5 ◆ 擬音語を用いた指示

〔3・0・1〕斎藤喜博。跳び箱の踏み切りへの3歩助走で、「タンタンタンと入る。はい、タンタンタン」
〔3・0・2〕台上前転の踏み切りで、「ポーンとゴムまりを直角に打ちつけるようにするのだ」
〔3・0・3〕斎藤喜博。開脚跳びの手のつきで、「バーンと（台のマットを）つかまえる。（やってみせながら）バーン、バーンとつかまえる」
〔3・0・4〕うさぎ跳びで、「（手を床について）ピョーンピョーンと高くお尻を上げてごらん。ピョンピョンピョンピョンやってごらん」
〔3・0・5〕大谷武一の行進の指導。指導者は、「さっさ、さっさ（颯々）」と連呼。歩行者も心の中で「さっさ、さっさ」
〔3・0・6〕長嶋茂雄。「そうだ、いいぞ！ バッティングは、ガガガーッのカーンなんだよ」

〔3・0・5〕の大谷武一の言葉は、次節「足音に着目した体育指導」で紹介・解説している。

ところで、今まで見てきた感覚的な指示の言葉は、文字で読んでも、みなその意味を理解することができた。ところが、最後のいわゆる「長嶋語」だけは、文字だけでは何のことかわからない。

6 ◆ 全体的な傾向と指導上の問題

(1) 全体的な傾向

以上、感覚的な指示の言葉を例示してきた。先に表11で見たとおり、最も多いのは、「動かしやすい末端の部位に意識を集中させる指示」であったが、運動種目別では、テニス（12例）、クロール（11例）、短距離走（10例）が多い。そのほとんどは、腕の振り方に関する指示である。

また体の部位別では、手(14例)がいちばん多く、続いて膝(12例)、へそ（8例）の順であった。物体・事象別では空が最も多かった（10例）。空を仰ぎ見

させることによって、伸びやかな姿勢を生み出すのである。

(2)「教える」ことと「考えさせる」こと

　本稿では、感覚的指示の言葉を独立のテーマとして取り上げたが、しかしそれは、こういう指示が教師発言の中心的位置を占めるべきだということを主張しているのではない。他教科と同様、体育の授業でも、中心になるべきものは発問であろう。

　しかし、授業過程のすべての局面で発問して子どもたちに考えさせたのでは、肝心の運動をする時間がなくなってしまう。そこで、「ここぞ」という場面に発問して考えさせ、その他の場面は助言や説明でつなぐのが現実的な行き方であろう。そして、この場合の助言や説明の核になるのが感覚的な指示の言葉である。このように考えると、発問と感覚的指示の言葉は相対立するものではなく、互いに補って体育授業を成功に導くものであるということになる。

(3) 文字で読んでもわかるものを

　体育指導の場での教師の発言は、当事者同士は理解することができても、後で文字にしてみると、さっきの「長嶋語」のように意味不明なものが結構多い。しかし、すぐれた指導の言葉を私たちも「共有」するためには、文字で読んでも理解することができるものでありたい。

　しかもそういう指示の言葉は、論理の裏づけを持ったものが多いから、感覚的な指示の言葉によって「できる」ようになっていく過程で子どもたちは、先に斎藤喜博の体育指導で見たとおり、自らその言葉に含まれる論理が「わかり」、結果的に授業が「教えて考えさせる」ものになっていくことも期待できるのである。

(4) 初発の言葉としての感覚的指示

　この感覚的指示の言葉の研究は、日本体育学会の大会で発表したが、フロアーから、例えば後ろ回りで「腕でシュッと押せ」という指示の言葉は、どの方向に押すかが問題で、何でも押せばいいというものではないという意見が出た。

　確かに、専門家から見ればそうであろう。しかし、初めから細かな指示を

しても、初心者は戸惑うだけでできるようにはならないので、まず大づかみな感覚的指示の言葉でポイントをつかませるというのが、本研究の基本的な立場であった。そのうえで、個の状況に応じて細かな指示をしていけばよいのである。

■文献

〔1・1・1〕小久保昇治「器械運動の授業」小林篤編『小学校の体育』1982年、有斐閣
〔1・1・2〕法則化体育授業研究会・根本正雄 長州教育サークル共著『子どもの動きが変わる指示の言葉 体育1年』1994年、明治図書、100頁
　（このシリーズからはしばしば引用するので、以後はサークル名『体育○年』引用ページのみ記し、2度目以後はサークル名も省略する）
〔1・1・3〕法則化万葉ツーウエイ『体育3年』22頁
〔1・1・4〕長州教育サークル『体育1年』96頁
〔1・1・5〕日向教育サークル『体育6年』94頁
〔1・1・6〕野村克也『野球は頭でするもんだ！』1985年、朝日文庫、66頁
〔1・2・1〕小林篤『体育の授業研究』1978年、大修館書店、250－257頁
〔1・2・2〕法則化「鳥海」『体育2年』18頁
〔1・2・3〕根本正雄「子どもが変化する発問・指示事例集」『楽しい体育の授業』11号、1990年、8頁
〔1・2・4〕〔1・2・5〕作州体育授業研究会『体育4年』22、24頁
〔1・2・6〕～〔1・2・8〕秩父教育サークル「祭りばやし」『体育5年』68、66、65頁
〔1・3・1〕土谷正規『新しい体育学習の育て方』1976年、タイムス、54頁
〔1・3・2〕NHKテレビ、1978年3月14日放映「教える――斎藤喜博の教育行脚」で
〔1・3・3〕『体育1年』56頁
〔1・3・4〕～〔1・3・6〕いずれも『体育5年』24、22、20頁
〔1・3・7〕～〔1・3・9〕『体育2年』52、30、56頁
〔1・3・10〕福山義則「ハードルはまたぐのです」、原田功一「3歩のリズムはこの発問・指示で」『楽しい体育の授業』21号、1990年10・11月
〔1・3・11〕『体育6年』54頁
〔1・3・12〕『体育5年』10頁
〔1・3・13〕『体育3年』16頁
〔1・3・14〕岡田保「鉄棒運動の学習指導法に関する動作的研究」1990年度兵庫教育大学修士論文
〔1・4・4〕宮畑虎彦『水泳教室』1968年、杏林新書、162頁
〔1・5・1〕〔1・5・2〕宮畑虎彦「学習指導とキネシオロジー」『体育の科学』1967年5月号
〔1・5・3〕出原泰明「高校短距離走の実践から考える」『体育科教育』1981年8月号

〔1・6・1〕小林篤「足音の指示をめぐって」『楽しい体育の授業』41号（1993年臨時増刊）
〔1・6・2〕この指示は、斎藤喜博『わたしの授業』第2集(1978年、一莖書房)の中に頻出する。
〔1・6・3〕小久保昇治、前掲〔1・1・1〕
〔1・6・4〕岩下修『AさせたいならBと言え』1989年、明治図書教育新書、197頁
〔1・7・1〕小林篤『授業分析法入門』1975年、明治図書現代授業論双書、162頁
〔1・7・2〕『体育5年』12頁
〔1・7・3〕堀和弘「織田幹雄における陸上競技の指導に関する研究」1991年度兵庫教育大学修士論文
〔1・7・4〕近藤唯之『勝負師語録』1992年、新潮文庫、34頁
〔1・7・5〕鯵坂「文学少年の心をゆさぶった体操の先生」『中学教育』1975年9月号
〔1・8・1〕柳橋・広橋義敬・金原勇「体育科の学習指導に関する基礎的研究──球技（サッカー）の指導に着目して」『体育科教育学研究』11号、1994年、27-32頁
〔2・1・1〕岩下修、前掲〔1・7・4〕96頁
〔2・1・2〕『体育5年』3頁
〔2・1・3〕斎藤喜博『わたしの授業』第2集、1978年、215頁
〔2・1・4〕大久保慶子「子どもとともに　体育の好きな先生に」『体育と保健』1990年度2学期、タイムス、17頁
〔2・1・5〕『体育4年』46頁
〔2・2・1〕『体育1年』58頁
〔2・2・2〕岡田和雄『たのしくできる体育1・2年の授業』1981年、あゆみ出版、163頁
〔2・2・3〕〔2・2・4〕『体育2年』42、48頁
〔2・2・5〕斎藤喜博、前掲〔2・1・3〕215頁
〔2・3・1〕斎藤「示範の悪さ」『体育科教育』1974年11月号巻頭言
〔2・3・2〕荒井幸子「境小での2年間」斎藤喜博編『教師が教師となるとき』1972年、国土社、21頁
〔2・3・3〕高橋元彦「子どもを変えるという仕事」斎藤編、上掲書、73頁
〔2・3・4〕斎藤、前掲〔2・1・3〕59頁
〔2・4・1〕岩下、前掲〔1・6・4〕97頁
〔2・4・2〕『体育5年』70頁
〔3・0・1〕斎藤、前掲〔2・1・3〕31頁
〔3・0・2〕斎藤喜博『授業入門』1966年、国土社、93頁
〔3・0・3〕〔3・0・4〕斎藤、前掲〔2・1・3〕68、59頁
〔3・0・5〕大谷武一『正常歩』1941年、目黒書店
〔3・0・6〕田丸美寿々「長嶋語は意味不明でもミスターの魅力は不滅」『ダカーポ』274号、1993年

（『兵庫教育大学研究紀要』第14巻、1994年）

第2節 足音に着目した体育指導

◆はじめに

　すぐれた実践家の体育指導の中には、歩行、ランニングなどで足音について指示している事例を少なからず見出すことができる。手や脚の動かし方を事細かに指示するよりも、「足音を柔らかに」とか「足音をさせないで」という指示の言葉のほうが、てきめんに学習者の体の動きを変えることができ、しかも足音によって運動の成否が判別できるということを、すぐれた実践家は経験的に知っているのである。

　本稿では、このように足音に着目した指導の言葉を拾い出して分析してみることにしたい。

1 ◆ 足音をさせないことを求める体育指導

1—1　小栗達也の体操の授業

(1) 拙劣な指導技術から生まれる混乱

　平和な時には目立たないが、非常時に直面すると、人間の力量の差が歴然と表れる。体育の授業もまた同様である。

　筆者が名古屋大学に勤めていた1970年当時の話である。一般体育の授業は、ふだんはいろいろなコースに分かれて授業を行っているが、雨が降ると、仕方がないので全員を体育館に入れて合同体操ということになる。(もっとも、この数年後には小体育館がいくつもできて、雨天時にも種目別の授業を行うことができるようになった)

　体育館での合同体操は、当番の教師が指揮台の上からマイクを使って指示するのであるが、何しろ大して広くもない体育館に、「ああ、また体操か」と最初からやる気のない250人からの学生を押し込み、体操をさせようというの

であるから、ちょっとやり方をまちがえると館内は混乱・騒乱の状態になり、収拾がつかなくなってしまう。ある教師は、隊列ごとに折り返し式のランニングをさせたが、狭い館内を多人数がドタドタと走るので騒然となってしまい、教師はあわててマイクで「静かに！」と指示するが収まらず、「秩序回復」に苦労していた。またある教師は、たくさんのグループをつくって組体操を行わせたが、グループが乱立した形になり、教師の指示が全体に通らなくなってしまった。筆者が当番になった時も似たようなもので、それをベテラン教師が後ろのほうで腕組みをしながら皮肉な顔をして見ているので、授業時間が終わると、本当に「疲れた」という気分になった。

　そんなわけで、こういう時に水を得た魚のように張り切って指導をするのは、指揮台の上から号令をかけて、大勢の生徒に一斉に体操をさせる指導法に慣れた年輩の教師であった。しかしそれは、問答無用で生徒たちを一定の型にはめ込む指導で、当時まだ若かった筆者らには違和感があってなじめなかった。とは言っても、筆者らの指導もまた上記のようなありさまだったから、筆者らは、当番になっても、何とかしてその任から逃れようとしたものであった。

(2) 指導技術を超える卓越した運動技能

　幸い筆者らの時間には、陸連の1級トレーナーで、後にストレッチ体操で名を成した豊田高専の小栗達也が非常勤講師として来ていたので[1]、筆者らはこれ幸いと、しばしば小栗に合同体操の指導の代役を依頼し、彼はまたいつも快く引き受けてくれた。

　小栗の指導はすばらしかった。スッキリしていて、泥くさいところがないのである。彼は、例えば正座の姿勢から、全く足音をさせずに腕の反動だけでヒョイと立ち上がってみせて、「さあ、どうぞ」と学生を促す。学生は各自試みるが、なかなかできない。やっと立ち上がれても、足音がしてダメということが多い。これで学生は参ってしまい、後は小栗先生の指示のままに運動に精を出すということになる。しかも、どの運動も努力しないとできないし、それに足音をさせるといけないから、体育館の中は、とても数百人がいるとは思えないほど静かになる。

これは、教師自身が卓越した運動技能を持っていれば、ことさら指導技術を云々しなくても体育の授業は成立するということの、またとない例証であろう。オリンピックの体操の選手が器械運動の授業を行えば、きっと、やってみせるだけで、後は子どもたちが目を輝かせて自主的に学習に励むのではないかと思われる。

　多種多様な運動の全般にわたって高度な技能を身に付けるのは、特に体育専科ではなく全教科を担当しなければならない小学校教師にとっては、一般にムリなことである。しかし、一つでも二つでもよい、子どもが憧れを持ってくれるような技を自分のものにしたいと願って実技研修に励むのは、志を持つ教師の心意気であろうか。そんな努力を怠って、安易に代役を頼んできた筆者なので、なおさら強くそのことを思うのである。

(3) 運動の本質を踏まえた指導技術の強さ

　だが、小栗の体育授業は、彼の卓越した運動技能による示範だけに支えられていたのではなかった。そこには、TPO（時・所・場合）に実によく適合した指示があった。「足音をさせてはいけない」という指示がそれである。この指示によって、ともすれば喧噪のるつぼと化してしまいがちな体育館の中に、感動を呼ぶほどの静寂が保たれたのである。つまり「足音をさせてはいけない」という指示が、体育館における多人数教育を授業として成立させる指導技術として働いたのである。

　しかし実は、この指示は、狭い体育館での多人数教育という場だから特別に発せられたものではなかった。正座の姿勢から腕の反動だけで滑らかに立ち上がるのが、この運動のねらいであるが、このねらいが達せられた時足音はしない。足音がする時は、動作のどこかにムリがあるのである。だからここでは、足音によってこの運動の成否が判断されているのであり、したがって「足音をさせてはいけない」という指示は、この運動の本質にのっとった指示であり、たとえ数人の生徒を相手にした授業でも発せられる指示なのである。

　そういう意味では、ここでは、運動の本質にのっとった指示が、狭い体育館での多人数教育という困難な条件の中でも、授業を授業として成立させる

極めて効果的な指導技術として働いたということになる。「本質にのっとった指示は強い」というべきであろう。

1－2　小久保昇治の跳び箱の指導
(1) 小久保式跳ばせ方

足音をさせない指導で関連して思い出されるのは、小久保昇治の跳び箱指導である。

高校の体育教師から大阪府教育委員会の小学校担当の指導主事になった小久保は、現場を回ってみて、どこの小学校にも跳び箱が跳べない子どもがいることを知り、「みんなが跳び越せる跳び箱の指導法」の開発に志したが、それは次のような「小久保式跳ばせ方」として結実した[2)3)]。

〈小久保式跳ばせ方〉
①逆さ感覚と腕の力の養成…犬や馬になって四本足歩行、尻けり（足打ち）逆立ち、手押し車。続いて、うさぎとび。強く床を叩いて上体を切り返し、マットを横に跳び越す。
②台上からの安全な跳び下り…手叩き、向き変え、二人で手をつないで音がしないようにフワーッと。
③前のめり姿勢に慣れる…台上に四つんばいになった姿勢から、切り返して跳び下りる。
④段差をつけて並べた2台の跳び箱の低いほうに乗り、弾みをつけて高いほうを跳び越す。段差を大きくしていく。
⑤踏切板を付け、助走して上記の跳び越しを行う。
⑥3段の跳び箱で開脚跳び。全員が跳び越せたら4段、5段と上げていく。踏み切りを強くし、できるだけ遠くへ着地するようにする。

逆さ感覚、腕で支える力、台上からの安全な跳び下りなどから始めて、跳び箱を跳ぶための練習の順序がスモールステップで示されている。彼は、跳び箱が跳べない小学校4、5年生30人に対してこの跳ばせ方で指導を行い、1時間半で全員を跳ばせたという実践の成果を発表している[2)]。

(2) 足音をさせない着地

　上記小久保式跳ばせ方の手順の第2番目に、「台上からの安全な跳び下り」が位置づけられている。高い跳び箱の、見えない向こうへ跳び下りるという恐怖感が、初心者にとっての跳び箱を跳ぶ怖さの大きな部分を占めている。小久保式では、まず安全な着地の技能を身に付けさせることによって、この怖さを除去するのである。その指導の記録を、小久保は次のように綴っている[2]。

　　「6段のとび箱からとびおりをさせたら、ドン、ドスンと着地のときに高い音をだしておりている子どもが多い。そこで、子どもを集めて『ふわァーと音がしないようにおりられるかな？』というと、子どもはすぐに膝を深く屈伸してやわらかくおりるようになった。膝を深くまげて着地すると音も低くなってくる。」

　足音をさせないことを求め、それによって運動の成否を判定している。これは、小栗の場合と全く同じである。

1－3　高田典衛の鉄棒の指導

　長年にわたって東京教育大学（後に筑波大学）附属小学校に勤め、体育における実践的授業研究の第一人者であった高田典衛（1915-93）にも、足音に着目した指導法の記述がある。彼は、鉄棒運動を安全に楽しく行うには、まず下り方を指導すべきであるとし、下り方の要領を次のように説明している[4]。

　　「着地寸前に腕をぐっと曲げて体重を支え、腰を折って足先からスーッと静かに着地する方法がよい。それには、一旦鉄棒上に止まり、そこから前回り下りで下りることにしておけばよい。この方法によって鉄棒からは落ちるのではなく、下りるのだ、という感覚を認識させることになる。やがて無謀な下り方が減っていき、ケガが防げる。」

　小久保式跳ばせ方では、膝を柔らかに屈伸させた下り方の指導が眼目であったが、ここでは腕をぐっと曲げて体重を支えることが眼目で、その結果として足音のしない着地をすることができるのであるが、指導としては、「スーッと静かに着地しなさい」と指示することによって腕をぐっと曲げる動作が生まれるのであろう。

　なお、名古屋市の小学校教師・岩下修も、鉄棒の前回りで、「誰がいちばん音を立てないで下りるか競争です。次にやる子は、マットに耳をあてて、音

が出ないか調べてください」という指示を発している[5]。高田と同様の問題意識に立っての指示であると見ることができる。

2 ・柔らかな足音を求める体育指導

2 — 1　斎藤喜博の行進の指導
(1) 行進と跳び箱運動での足音の指導

　島小教育の名で教育史に残る実践を展開した斎藤喜博（1911－81）には、足音に着目した体育指導の記録が非常に多い。

　表現力を育てることが斎藤の教育のテーマであり、そのための教科として彼は国語、音楽、体育を重視したが、晩年の教育行脚で彼が好んで取り上げた体育教材は、跳び箱運動とマット運動、それに行進であった。これらの教材は、教師がきちんとした指導をすればすぐに結果を出すことができるので、子どもたちに自信を持たせ、また参観している教師たちに指導法を学んでもらうのに都合がよいというのが、その理由であった。

　これらの体育指導の中で、特に行進の指導の際には、「足音を柔らかに」という指示がしばしば発せられ、また跳び箱運動の助走や踏み切りの場面でも、同様の指導がなされた。ここでは、まず行進の指導について、その実際を見てみることにしたい。

(2) 斎藤の行進の指導の手順

　行進の指導で斎藤が目指したのは、手の振り方、足の上げ方をそろえて一斉画一の型はめをするのではなく、一人ひとりの個性を大事にしながら、しかも全体として調和のとれた行進を生み出すことであった。彼の行進の指導は、次のような手順で行われた[6]。

〈斎藤喜博の行進の指導〉
①子どもたちを縦４列に並べ、教師はその前に立ち、「はい、足ぶみ」と指示。教師も足ぶみをしながら、右手を額の前にかざし、手のひらを上下に振りながら、「タンタンタンタン……」と口伴奏でリズムをとってやる。
②たいてい子どもたちは、手を大きく振り、足を高く上げ、ドシンドシン、ド

タドタという足音をさせて足ぶみをする。そこで、「足も手も、むりに振らなくていい」「足音を、もっと柔らかに」と指示する。とたんに足音は柔らかになる。
③「はい、前進」と指示。教師は、手のひらでリズムをとりながら、しばらく後退しながら先導した後、横に出て、「そのまま行ってください」と指示。
④子どもたちの行進が続く。教師は、足音を中心にした指示（具体的には後述）を発し、「おお、よくなってきた」「いい足音ですね、とってもきれいな足音」と、ほめ言葉を発する。
⑤「タンホイザー」など、美しくリズムのある行進曲をピアノ伴奏してもらってBGMとする。教師は適宜指示を出し、またほめ言葉を発しながら、体育館の中を何周もさせる。
⑥ときによっては、最後のほうでは隊列を崩して自由に歩かせ、教師も子どもと手をつないで楽しそうに歩いてみせたりする。3拍子の曲をBGMにして、行進をダンスに発展させたこともあった。最後に、再び隊列を組ませて退場させる。「今の足音、きれいですねー」というほめ言葉。

(3) 足音に関する指示の言葉

　行進では、足音に関する指示が指導の言葉のベースになっている。斎藤喜博『わたしの授業』第2集（1978年、一莖書房）から具体例を引用してみよう。これは、斎藤の晩年の教育行脚に同行して筆者がつくった授業記録集である。

　〈1年生〉「足音をさせないように。足音をさせたらだめ。タンタンタンタン、タンタンタンタン……。足音聞いてごらん。みんなの足音、いい音がしてるかな？……おお、今の音」

　〈4年生〉「足を上げている時にリズムをとっている。足だけでなく、腰も一緒に持ってくる。腰でリズムをとる。……おお、今きれいだ。腰で自分の体を前へ流していくように。流していくように持っていく」

　〈6年生〉「足にむりに力を入れない。前の人と後ろの人と足音が違うでしょ。友達の足音を聞いてください。少し足音が強いね。……そう、今のが気持ちのよい音。……ああ、いい音だねえ。とってもいいじゃないの。ここすごいね。……いい足音だ。きれいだ」

　〈定時制高校1・2年〉「足をむりに踏みつけなくていいの。もっと柔らかいきれ

いな音を出してごらん。……歩くときには腰で歩くんです。手や足で歩くんじゃない。だから、足は床についたら、自然にすぐに離れる。ポーンと（強く床を踏んでみせながら）こちらへリズムをつけるんではなくて、（弾むように足を床から上げてみせながら）引き上げるほうへリズムをつけます。……今度足音いいね。……ああ、いい音ですね。とってもきれいになってきた。……腰を中心にして、前へ前へと」

(4) 柔らかできれいな足音を求める指導

　行進の指導が始められた当座は、斎藤の言う「荒く汚い足音」が体育館の中に充満して、大変騒々しい。それが、「足音を柔らかに」という指示で、一転して「きれいな足音」に変わり、館内は静かで落ち着いた雰囲気になる。

　ドシンドシン、ドタドタという大きな足音は、膝や腰の関節を固くして、足のかかとを強く床に踏みつけるときに生まれる。音楽に例えて言えばダウンビートで、軍隊式の行進や甲子園の高校野球の入場行進の多くがこれである。しかし、小さな子どもにこんな行進をさせても、動きを型にはめ、また関節に負担をかけるだけで体育にはならない。斎藤は、こういう行進ではなく、足腰を柔らかに屈伸させ、ゴムまりが弾む感じの、足を引き上げるほうにリズムをとるアフタービートの行進を求めた。このとき、足音はサッサッサッという柔らかなものになる。こういう行進が、筋肉のしなやかな動きとリズム感を育てる行進である。

　斎藤は、こういう２種類の行進を足音によって判別し、「柔らかできれいな足音」を求めることによって、子ども一人ひとりの個性を生かし、しかも全体の調和がとれた行進を生み出したのである。つまりここでは、荒く汚い足音を嫌い、柔らかできれいな足音を求めた教師の美意識が、「足音を柔らかに」という指示の言葉となって具現化し、それが有効な指導技術となって、しっとりと落ち着いた雰囲気の体育授業を成立させたのである。

(5) アフタービートの伴奏曲

　ある小学校で１年生に行進の指導が行われた時は、音楽専科の若い女教師が、伴奏曲として「お馬の親子」を弾いた。すると、「ポックリポックリ歩く」という歌詞に合わせて、子どもたちの足音はバッタンバッタンという大きな

ものになった。斎藤は「もっといい曲を」と求め、伴奏曲は「春の小川」に変わったが、これも彼の気に入らない。「ソナチネなんかにいろいろあるでしょう。やはり音楽でないと」と言うのだが、音楽の教師には彼の意図が通じなくて、結局それ以後はピアノ伴奏は中止にして、「タンタンタンタン……」という彼の口伴奏だけで指導が続けられた[7]。

　わが国の昔ながらの歌は、民謡、演歌、童謡など圧倒的にダウンビートの4拍子の曲が多い。これは、日本人が農耕民族だったからだという説もあるが[8]、こういう4拍子の曲の伴奏で歩くと、必然的に足は床を踏みつけ、大きな足音が生まれる。しかも「お馬の親子は……いつでも一緒にポックリポックリ歩く」というような歌詞がついていると　これに引きずられて、ことさらポの音で強く床を踏みつけることになってしまう。

　これに対して西洋の音楽は、リズムのある弾むような3拍子の曲が多い。これは西洋の人間は騎馬民族だったからだという説もあるが[9]、斎藤が求めたのは、そういうリズミカルなアフタービートの曲であり、それを助けにして柔らかな足音の行進を生み出そうとしたのだと考えることができる。その意味では、わが国の多くの（特に「演歌をこよなく愛する」世代の）教師が文字どおり日本的で、子どもたちが準備運動で体育館の中をドタドタ足音をさせて走ってもいっこうに意に介さず、また行進も、強く地面を踏みしめ、「力強い」足音を響かせるものを愛するのに対し、斎藤の行進の指導はすぐれて西洋的なものであったという評価をすることもできるであろう。

　もっとも、こういうことを大学の教材研究の授業で学生に話したところ、ある学生が感想文で「小学校1年生だったら、私が教師なら、やはり『お馬の親子』で元気よく行進させたい」と反論してきた。ちょっと私は当惑したが、次の時間にこの感想文を紹介し、続けて次のように答えた。

　　「日本の踊りである『ソーラン節』（わらび座振付）などは、綱を引く動作の表現で足腰の深い屈伸が連続し、まさにダウンビートである。『大地を踏みしめるダウンビートには、生命というものを感じる』と書いた学生がいたが、ソーラン節の踊りからは、まざまざとそのことを感じさせられ、これは日本民族の貴重な文化遺産であると思わせられる。

しかし、ビデオで見るソーラン節の踊りは、足腰を柔らかに屈伸させているので足音がしない。教材解釈のポイントは、ここにあるのではないか。ダウンビートでも、このような動作なら、見た目にも美しいし運動にもなる。これに対して、膝や腰の関節を固くしたままで地面を強く踏みつければ、大きな足音がし、またそれは、関節に負担をかけるだけで大した運動にはならない。入学早々の小学校１年生なら、それでも『元気があってよい』と評価できるかもしれないが、それ以後、膝と腰のバネを柔らかに使った歩き方、走り方を指導していくのが教育というものではないかと私は思うのである。」

2−2　斎藤喜博の跳び箱運動の指導

(1) 跳び箱運動の指導の手順

　斎藤は、「体育は自分を調節し、自分を守れるようにすることに一つの目的がある。そのためには、自分の体を自分の意志によって自由にできるようにしなければならない」と書いている[10]。

　この目的に適う跳び箱運動の技は、スピードをコントロールして、リズミカルに柔らかに跳び越したり回転したりすることである。そのためには、まず、台上で逆さになった体を腕でしっかり支えることが必要であるが、まだ腕の力の弱い子どもが勢いよく助走してきて踏み切ったのでは、腕で体を支えることができない。だから、助走は柔らかでリズミカルなものでなければならない。そこで、この助走の指導の場面で、足音についての指示が発せられる。

(2) 擬音語による足音の指示

　斎藤の助走の指導の具体例を、『わたしの授業』第２集から引用してみよう。

　〈２年生・腕立て跳び上がり下り〉「こういうふうに腰で走ります。足や手で走るんじゃないよ。腰をもっていけば、足はついてくる。（走ってみせながら）ポンポーンポーンポーン……」

　〈５年生・台上前まわり〉「助走する時に、ここ（かかと）に力を入れてちゃだめ。（走ってみせながら）ポンポンポンポン、ポンポンポンポン……。かかとを離す。そうじゃないと、リズムが出てこない」

　〈６年生・開脚跳び〉リズミカルな助走をやってみせながら「ポンポンポンポン

……。どこにも力を入れない。体が一体になって、手も足も全部一つになる」
〈中学2年生・台上前まわり〉「助走が非常に強いんです。足に力を入れて走っている。だから、音楽と同じでリズムがない。もうちょっと楽に。(軽く走ってみせながら) ポンポンポンポン、こんなふうに柔らかくいって」
〈中学3年生・開脚跳び〉走ってみせながら「足が床を踏みつけたら、ポンと引き上げる。ゴムまりがポンと弾むようにしなければだめだね」

(3) 踏み切りの指導

　助走の次は、踏み切りの仕方の指導。教育行脚ではこの指導は少なかったが、斎藤は著書の中で、台上前回りの踏み切りは「踏切板の上で両足の爪先をそろえ、ポンとかスッとか気持ちのよい音がするようにするのだ。足の裏全部が踏切板について、ドタンとかバタンとか音のするのはいけないのだ」という指導をし、その結果は、「どの子どもも、柔らかく回転し、柔らかく着地するようになった。したがって、見ている者に与える危険感もなくなっていた」と書いている[11]。やはりここでも足音に着目したアフタービートの指導が行われ、その結果、ポーンと体が高く上がり、リズミカルで柔らかな回転と着地が生まれたのである。なお体操の跳躍 (ジャンプ) でも、彼は「床から離れるとき、ポーンポンとゴムまりが弾むようになるでしょ。全身が一つになる」という指導をしている[12]。走ったり跳んだりする運動の指導の観点は一つなのである。

2—3　大谷武一の正常歩の指導

　サッサッサッサッという斎藤の行進の授業での子どもたちの足音を聞きながら思い出されるのは、大谷武一 (1887–1966) の指導の言葉である。
　大谷は、東京高師教授、東京教育大体育学部長等を歴任し、この間、文部省視学委員、学校体操科要目制定委員、日本体育学会会長等々の要職も務め、戦前・戦後を通じて、わが国学校体育の代表的指導者であった人である。彼は、一斉画一の型はめの教育が支配的な時代の中にあって、形ではなく動きを指導した人としても知られている。歩行の指導もその一つである。自然体での歩行が、大谷が指導する歩行法で、彼はこれを大股歩きや脚を高く上げて歩く特殊歩と対比させて、正常歩と名づけた。彼は、次のように説く[13]。

「歩かせる前に歩行技術に就いて、決して細部に亘る注意を与えてはいけない。ただ『力を抜いて、さっさと歩け』を命ずる。『さっさ』『さっさ』と歩くことのみを強調する。指導者は『1・2』とか『左・右』とかを呼ぶ代わりに『さっさ』『さっさ』と連呼する。(中略)また歩行者に対しても、めいめい心の裡で『さっさ』『さっさ』と称えつつ歩かせるようにするとよい。」

　「さっさ」の語感は「颯々」で、こういう「さっさの気分」さえできれば、歩幅が伸び、歩数も増し、それと調和して肘も振られるようになり、正しい歩く動作が表現されるようになるというのである。これは、手の振り方、足の上げ方を事細かに指示することを行進の指導技術としてきた人から見れば、何とも頼りない指導法であるかもしれない。しかしこれは、斎藤喜博の行進の指導と根は一つであることがわかる。「さっさ、さっさ」という足音は、柔らかで、きれいで、気持ちのよい足音に他ならないのである。

　大谷の『正常歩』が出版されたのは、斎藤が青年教師だった時代であり、大谷は著書を出すだけでなく、文部省委員として全国を指導して回っていたから、斎藤は、著書や講習会を通じて大谷から学び、共鳴していたということがあったかもしれない。しかし、このへんのことは斎藤が何も書いていないのでブラックボックスである。

2—4　佐々木賢太郎の「体のための走り」の授業

　和歌山県の中学校教師だった佐々木賢太郎 (1923-94) が作文教育に基づいて著した実践記録『体育の子』(1956年、新評論) の「第6話　仲間と仲間で学びあう陸上競技――2　体のための走り」の中には、生徒たちの足音に着目した大股走りの授業の記録が報告されている。

　この授業では、まず、「みんな大股で走ってみよう」という佐々木の指示で、生徒たちは思い思いに走った。走った後、感想を出し合ったところ、「大股で走ったら、足のとも (かかと) が一番よく土につくので、ドドドと音がして、足がひこずる (ひきずる) ように重たかった」というのがあったが、これに対しては、「私ら、ドタンとかドスンとか、ドドドとも聞こえなかった」とか、「ぼくの走ったときは聞こえなかったが、女子の肥っている大きい人は、ドタドタ音が聞こえたよ」というような感想も出された。

そこで、佐々木が「こんなドタドタ走りは、体のためにゆれたり振動してよくないな」と発言。生徒たちは、「ほんとだ」と同意した。

では、こういう足音がしないようにするにはどうすればよいだろうか。生徒たちは、実際にいろいろな走り方をしてみて、かかとをつけずに爪先で軽快に走る方法を見出し、これを「バネ走り」と名づけた。ある生徒は、「やっぱりバネ走りは、バネのようにとび上がって軽々走れる。運動場をこれで回ったら、気持よう走れた」と感想を述べた。

学習はさらに効果的な走り方の追求へと進み、「バネ走りが、地面へ叩きつけ、股を引きまげて、腕を強力に振動すると早く走れる」、「バネ走りで、胸をぐっと張って、重心が脚のバネを強く引くことによって、高くなる。こうすると、さらに走りよい」という感想が出された。

これは、教師の誘導で生徒たちが足音に着目して、軽快な足音での走法を見出し、さらにその走法を高めていった実践である。

2-5 擬音語を用いた助走-踏み切りの指導

これはすでに前節で見たとおり、走り幅跳びや跳び箱の助走で、「タ、タ、ターン」とか、「トーン、トン、トーン」などの擬音語による指導の言葉がよく用いられている。加藤敬三による走り幅跳びの実践記録には、踏み切り前の3歩は足裏で叩くために「トン、トン、トン、ターン」という感じが大事であるが、生徒にとっては一瞬のうちに跳ぶので、とにかく「トト……ターン」をリズミカルによくももをあげてやるように指導したということが書かれている[14]。

◆まとめ

本節では、足音に着目した体育指導を事例的に考察してきた。「美しいリズムのある動き」という観点に立つ時、足を使う運動の成否は足音によって判別できる。だから、文中でも触れたが、体育授業の準備運動で体育館の中を子どもたちがドタドタという足音をさせて走っても、それをいっこうに意に介さない教師が多いのは残念なことである。そこで一言、「足音を柔らかに」と言えば子どもたちの動きが一変し、「リズムのある動き」が育っていくの

に、その絶好の指導のチャンスを逸しているのである。

　斎藤喜博は、晩年の教育行脚で訪れた小学校で、荒い大きな足音をさせて助走をし踏み切りをする子どもたちを前にして、同校の教師や参観者に、「わかるでしょう、汚いということが。汚いと思わないと……。流れがないんです。体育の指導も教師の美意識と深く結びついています」と語っている[15]。彼の心は、索漠とした思いに満たされていたのではないかと思われる。教育の本質に迫る教師の指導技術は、基本的には教師の教養とか人間性などを母体にして生まれるものだということを思わせられる。

■引用文献

1）安田矩明・小栗達也・勝亦紘一『ストレッチ体操』1981年、大修館書店（なお、小栗は不慮の事故のため、1993年、55歳で急逝した）
2）小久保昇治「みんながとびこせるとび箱の指導」『ひと』1975年1月号
3）小久保昇治「器械運動の授業」小林篤編『小学校の体育』1982年、有斐閣、143−50頁
4）高田典衛『よい体育授業の技法』（授業研究シリーズ4）、1973年、大修館書店、79頁
5）岩下修『AさせたいならBと言え』1989年、明治図書教育新書、197頁
6）斎藤喜博『わたしの授業』第2集、1978年、一莖書房、214−217頁
7）上掲書、19頁
8）別宮貞徳『日本語のリズム』1977年、講談社、189−90頁
9）上掲書、195頁
10）斎藤喜博『授業の可能性』1976年、一莖書房、188頁
11）『斎藤喜博全集8（一つの教師論）』1970年、国土社、96頁
12）斎藤喜博『わたしの授業』第2集、199頁
13）大谷武一『正常歩』1941年、目黒書店
14）中森孜郎・加藤敬三「陸上競技『走り幅跳び』の授業」『体育科教育』1975年7、8月号（後に、中森編著『保健体育の授業』1979年、大修館書店、に収録）
15）斎藤喜博『わたしの授業』第2集、79頁

（兵庫教育大学『実技教育研究』12、1998年）

第3節 指導の言葉をめぐって

1 ・ 技術と心と

　1982年3月、テレビ大阪開局記念番組として、「アイザック・スターン中国を行く」というドキュメンタリーが放映された。バイオリニストのスターンが中国で行った若い音楽家に対する公開レッスンを記録したものだが、彼の指導の言葉は大変示唆に富んでいた。次にいくつか例示する。
①ジェスチャーを交えながら、「中国は卓球が盛んだろう。ラケットを握る手は、球を打つ前に後ろに力をためる動きがある。バイオリンの弦を弾く手の動きも同じだよ」
②「音を次々に鳴らすことより、音の流れが大切です」、「(音を)広げる！」、「情熱をみなぎらせて、個性的な表現を」、「音楽は大事です。音楽なしには生きられない。そう感じないなら、音楽家にならないことです」
　私は、例えばバドミントンを学生に指導する時、ラケットを前から振り上げて「後ろに力をためる動き」のない者が多いので、「ラケットを後ろに引きなさい」と言う。しかしサッパリ効果がないので、頭をひねった末に「反対側の腕を前に上げなさい」という指導言を思いつく。反作用の原理である。しかし、これもあまり効果がない。考えあぐねた末に、「弓をひくつもりで」という比喩がひらめく。これでやっと、上のスターンの指導の言葉の①の段階にたどりつく。私(たち)は、こういうように、実践の中で試行錯誤しながら指導の技術を身に付けていく。だから、もしすぐれた先人の技能が、社会的な技術として誰もが学べる形になっていれば、どんなにありがたいことか。その意味で私は、「教育技術の法則化運動」を原則的に支持する。
　一方、スターンの言葉には「バイオリンは、技巧ではなく心で弾くんだよ」というのもあった。もちろんこれは、ある程度以上の技術を身に付けた者に

発せられている言葉である。私も、体育教師の端くれとして、上の①とともに②の段階の指導の言葉を次々に発することができるようになりたいと願う。それが、技術と「心」が表裏一体となった段階である。

（『体育科教育』1987年3月号巻頭言）

2 ◆ 言葉による指導の修業を

　ある県の高校体育教師の研修会で話をしたことがあったが、終わって真っ先に出た質問は、「体育の教師が年をとって体が利かなくなったらどうすればよいか」というものであった。一瞬私はとまどったが、とっさに「そのためにも、若いうちから言葉で指導する修業を積むことが必要でしょう」と答えた。

　運動の指導は、自分で体を動かしながら行うのが手っ取り早く、言葉での指導は従になることが多いので、後で録音を聞いてみると、何を言っているのかわからないことが少なくない。「そうだ、いいぞ！　バッティングはガガガーッのカーンなんだよ」（長嶋監督の言だとされている）などはその典型であろう。

　指導者は身振りを交えて話しているので、これでも指導を受ける選手には意味が通じるのであるが、これを第三者が文字だけで読むと何のことかわからず、これではせっかくの指導の技術が他に伝わらない。それだけでなく、その指導者自身も、体が衰えて示範ができなくなったら指導の術をなくしてしまう。だから、指導者の「老後」のためにも、また指導技術の「共有化」のためにも、文字に直しても理解できる言葉で指導する修練を積むことが大事なのである。斎藤喜博は、「体育の教師は、手足を縛って授業をするとよい」と言っていたが、これはそのことを言っているのである。

　言葉で運動をする子どもの動きを変えるには、体の動かし方を説明的に指示しても効果がないことが多い。例えばスキーの初心者は、腰が引けて膝が伸びているので、すぐに尻餅をついてしまう。しかし「膝を曲げろ」と指示しても、初心者にはムリである。そんなとき、スキー指導の名人・西山実幾氏は「両手を後ろに引きなさい」と言う。そうすれば、その反作用で膝が前へ出るのである。

　このように、理に適い、しかも動きを的確に変える指導の言葉を豊富に身

に付けることが修業の第一歩である。　　（『楽しい体育の授業』1998年4月号）

3・かけがえのない励ましの言葉

　斎藤喜博は、晩年の教育行脚で、小さな女の子が台上前転に失敗して横に落ちたのに対し、「フワフワと落ち方がきれいだった」とほめ、「ああいう落ち方のできる人はえらいんです」と子どもたちや同校の教師たちに説明した。どこか遠くからやってきた「大先生」に、思いがけずほめられてこの子どもの顔を輝き、「もう一度やってごらん」と促されて再度試みた時は、きれいに回転した。

　また、子どもたちが自分で忍法（運動）を発明して修業に励む奈良女子大附小の岩井邦夫の「忍者体育」の授業で、やはり台上前転に失敗して横に落ちた子どもに、岩井は「すごい！　忍法ドシンだ」と声をかけてやっていた。子どもはうれしそうに顔をほころばせ、意欲的に次の運動に挑戦していった。

　これらの場合、教師の称賛や評価の言葉が、同時に子どもを励ます言葉になっているのであるが、斎藤も岩井も、無定見にこういう言葉を発しているのではない。運動をリズムと捉え、これらの子どもの動きはまだ幼く、結果もまた失敗であったが、動きに柔らかなリズムがあったので、教師は心の底からのほめ言葉を発したのである。

　つまり、教材の本質を把握し、子どもの学習がその本質に沿うものであるなら、教師は即座にそれをほめてやる。それが、子どもにとって何にも勝る励ましになるのである。

　私事で恐縮だが、私ははるか昔、教育実習のとき一生懸命に授業の展開を考え、「教える」のでなく「理解」させることを目指した保健の研究授業を行ったところ、事後の研究会で指導教官が「教師としての天分がある」とほめて下さった。稚拙な授業であったが、方向性が評価されたのであろう。

　以来、これは私にとってかけがえのない励ましの言葉となり、40年以上たった今でも、思い出すたびに喜びがこみ上げてくる。そして、こんな励ましの言葉を、私も学生にかけてやりたいと思うのである。

　　　　　　　　　　　　　　（『心を育てる学級経営』1998年9月号）

第5章

授業評価と生徒評価

Chapter 5

第1節 体育実技に対する学生の態度の構造と変容

　本稿は1970年に発表した論文で、筆者の「態度測定による体育の授業診断」に関する研究の端緒となったものである。体育実技の授業に対する学生の評価を態度測定によって捉えようとするものであったが、はるか後年、大学の自己評価・自己点検が求められ、その一環として「学生による授業評価」の必要性が声高に言われるようになってみると、結果的に30年前の筆者の研究は、時代を先取りしたものだったということになってしまった。

　またこの論文は、筆者自身が「大学における教養としての体育実技の授業」を行う力を身に付けることを志して、実践即研究・研究即実践の立場で、少なくとも主観的には精一杯努力したことの証である。ところが、1991年に大学審議会の答申に基づいて大学設置基準が改正され、教養科目が「自由化」されて体育実技も必修からはずれたため、以後大学の体育実技はジリ貧の状況である。

　このようなわけなので、この論文は古いものではあるが、多少とも歴史的な意味合いを持つかもしれないと思い、ここに掲載することにした。

◆はじめに

　本研究は、態度測定によって大学の体育実技の授業研究を試みたものである。片岡[14]が指摘するように、教育の目標は、つまるところ態度形成という言葉で要約することができる。体育においても、定本・小野・中本[30]が体育に対する態度と学習意欲との間に、Carr[5]およびVincent[41)42]が態度と学業成績との間に、またSmithとBozymouski[35]はウォーミング・アップに対する態度と競技成績との間に、それぞれ高い相関を見出している。体育における態度形成の重要性をここに見るのである。

　したがって、体育実技の理想の授業とは、体育実技に対する学生の態度を

最も好意的な方向へ変容させる授業であると定義することができる。この定義を授業研究の立場から捉えれば、学生の態度変容を生み出すために、体育実技の授業が備えるべき条件を具体的に明らかにしていくことが、当面の課題だということになる。

本稿では、次の順序でこの課題の解明に迫ろうとする。まずIにおいて、体育実技の理想の授業の具体的なイメージを明らかにし、それをふまえてIIで、体育実技に対する態度を測定する尺度を作成する。そしてIIIでは、この尺度を用いた結果を因子分析することによって、学生の態度の構造を明らかにする。続いてIVにおいては、1学期間の授業による学生の態度の変容を分析し、態度変容を規定する要因が何であるかを探る。そして最後のまとめで研究結果を総括し、体育実技の授業が備えるべき条件をできるだけ体系的に示したいと思う。

I・体育実技の目的

本研究でさし当たり必要なのは、体育実技に対する学生の態度を測定する尺度であるが、そのような尺度は、すでにWear[43)44)]を始めとして、Kappes[13)]、Drinkwater[6)]、Adams[1)]、Kenyon[5)]、岡野[29)]などによって作成されている。いたずらに新たな尺度をつくって屋上屋を架するよりも、これら既成の尺度を用いるほうが、研究の集積のために好都合である。特にWearの尺度は、数多くの研究者によって利用されているすぐれた尺度である[注1)]。しかし本研究では、以下に述べる理由によって、新たな尺度を作成することにした。

Wear[43)]は、体育の目的を持久力の発達、運動技術の習得、社会性の発達など八つの領域に区分し、それぞれの領域の内容を質問項目（アイテム）とする尺度を作成している。その他の研究者の尺度も大同小異である。体育の目的をこのように身体的・精神的・社会的な領域に分けて列挙することは、従来の体育目的論に一致して見られる傾向である。このような平面的な分類は、小学校から大学までの体育を貫く最大公約数的な目的を説明してはいるが、しかしそこからは、体育実技がなぜ大学教養課程の必修科目として存在する

のかという疑問に対する明確な回答を読み取ることはできない。この疑問に答えるには、教養との関連の中で体育実技の目的が捉えられなければならないというのが筆者の考え方である。体育目的に関する発想法が異なる以上、体育目的に基づいて構成される態度尺度も異なったものとならざるをえないのである。

　教養の語義の追求はひとまずおくとして[注2]、ここでは「考え、創り、信じ、また行動することができる人間を育てることこそ、教養が求める高い理想である」という永井[28]の定義をあげておこう。このような意味での教養は、教育現場でよく言われる「生きて働く学力」、あるいは「生きて働く知識・技能」に他ならない。教養をこのように理解する時、体育の目的は「スポーツをはじめとする身体文化を楽しみ、そのための条件を築いていくようなすぐれた実践力と行動性を培うことである」という三辺[26]の定義は、まさしく教養に志向する体育の目的を表現していることがわかる。

　では、この目的を達成するための基本的条件は何であろうか。それは体育活動に対する喜びの感情であるという仮説を提示しておきたい。喜びが高次なものとなって極まる時、感動が生まれる。「授業から子どもの感動を取り去ったらネウチがない。授業の本命は、いかにして子どもにいい感動を湧き立たせるかということにかかっている。（中略）感動を受ければ子どもは黙っていてもやるのである。ここでの成否が運動生活のすべてを決する」という高田[36]の言葉は、真摯な実践から生まれた現場教師の卓見と言うべきであろう。このような立場に立てば、体育の目的は、端的には「体育する喜びを知った人間をつくる」（京口）[24]ことであると表現することができる。それは「そもそも体育は、科学や文学や音楽や美術と同じように、独自、独立の、それらと肩を並べる文化領域教養領域であるだろうか。もしそうであるなら、なぜ、体育科の目的は体育を愛し、体育を理解し、感得することだとずばりと言わないのか」という梅根[40]の問いかけの正当性を裏づけるものであろう。

　なおここで、学習集団が「体育する喜び」の重要な要素であり、かつまた重要な規定要因であるという仮説を提示しておかなければならない。これは、学習過程がほんらい集団過程である以上、当然のことである[注3]。

ところで、教養に志向する体育の授業では、健康・体力・運動能力などの「身体の教育」の目的は、どのように位置づけられるであろうか。梅根[40]は、このような目的を体育の実用目的であるとし、この教養のための手段価値としての体育目的は、大学段階になると後退して、「教養としての体育だけが、一般教養の一部としてとり上げられるということになるはずである」とする。

梅根の主張は論理的には正しいが、現実問題としてはかなりの無理がある。「教養としての体育だけ」という授業の具体的なイメージは明確ではないが、これを、「その科目の歴史を知り、ルールを周知し、技術の力学や生理学、心理学を知り、また、人生への意味づけを知る」(飯塚)[25]というプロセスの中で主体的・創造的な学習態度を培い、身体活動の喜びを深める授業と解した場合、そのような高度の教養としての体育授業が成立するためには、学生が初等中等教育レベルの体育の教育内容を十分に習得していることが不可欠の前提条件となる。

しかし、体育が大学入試の科目に加えられていない現在、この前提条件は必ずしも満たされていない。体育に対する認識が感性的レベルにとどまる者、体力や運動能力の著しく劣る者、水に浮きもしない者等々。このような学生に対しては、梅根のいう「大学教育以前」の教育が先行しなければ、高度の教養としての大学体育は成立し得ない。したがって現状では、そのような教育も大学教育の一部として取り上げざるをえないのである。

以上の論議をふまえて、大学における体育実技の理想の授業の構造モデルを図12のように描いてみた。この理論図式は、学生の意識にインパクトする授業

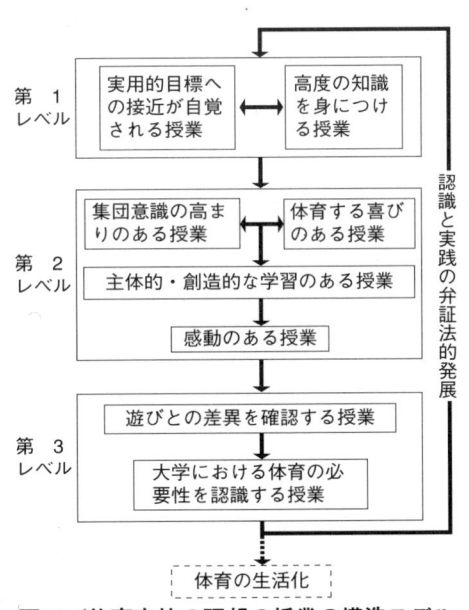

図12／体育実技の理想の授業の構造モデル

の具体的な姿を構造的に示している。

II・体育実技に対する態度尺度の作成

　本章では、前章で設定した理想の授業の具体的な姿を質問項目(以下、項目)とする態度尺度を作成することが課題となる。ほんらい体育実技に対する態度は多次元的なものであるから、その構造の分析のためには各次元に対応する数個の尺度が必要になる。そのような尺度の作成法には、二つの行き方がある。

　一つは、一定の理論的背景のうえに設定された a priori (頭で考えた) な数個の体育目的それぞれについて、一次元的な態度尺度を作成する行き方である。体育目的を六つに区分し、それに対応する六つの尺度を作成したKenyon[15]の研究がその例である。これに対してもう一つの行き方は、体育実技に関する多数の項目に対する学生の反応を多変量解析することによって、項目を分類する a posteriori (実証的) な行き方である。

　本研究では、図12の a priori な構造モデルが学生の態度構造とどう対応するかを検証することが重要な視点であるので、後者の行き方をとることにした。しかし、もし図12が十分に論理的なものであるなら、学生の態度も第1、第2、第3レベルにそれぞれ対応する三つの次元によって構成されていることが実証されるであろうし、そうだとすれば、後者の行き方をとりながら、それは結果的には同時に前者の行き方をとったことにもなるであろう。

　そこでまず、図12に掲げた八つの要因それぞれについて、その具体的内容を記述した項目を用意する必要がある。ただし「体育する喜びのある授業」と「感動のある授業」を厳密に区分して項目をつくることは困難であるので、便宜的に両者を合併させた。したがって要因の数は七つになるが、それぞれ9個、計63個の項目を創案した。

　多変量解析の方法として本研究では因子分析法を用いるが、それに先立って、63個の項目のうち尺度を構成する項目として不適当なもの——例えば、体育の授業に好意的な者と非好意的な者との間の回答に違いがみられない項目——をサーストン法およびリッカート法によって削除することにした。そ

表12／体育実技に対する態度尺度

項　　目	賛成	?	反対
11．体育実技の授業で、私はしばしば心の底からの喜びを味わう。	28	33	39
12．体育授業の時の仲間は、その場かぎりの仲間にすぎない。	30	33	37
14．健康の保持増進という点では、体育実技の授業はあってもなくてもよい。	17	11	72
16．体育実技の授業は、教室での勉強の合間のレクリェーションというくらいの意味しかもたない。	27	21	51
20．大学の体育は、理論と実践が遊離している。	32	43	25
21．体育実技は、きびきびした身のこなしができる体をつくるのに役立っている。	41	37	22
25．創造性の開発ということが教育の目標であるとしても、それは体育実技とは関係のない目標である。	20	37	43
28．大学の体育実技の授業では、運動技術の向上は期待できない。	48	18	34
29．体育は趣味の問題であり、必修科目としてすべての学生に強要すべきではない。	20	12	68
30．体育実技は、単なる遊びとは本質的に違う。	79	16	5
31．体育実技の授業では、私は、喜びよりも苦しみが多い。	13	21	66
36．体育実技は、大学4年間にわたって科目として置くべきだ。	56	18	26
37．課外で自由にスポーツができる条件が保障されるなら、体育実技は科目からはずれてもよい。	46	12	42
38．体育実技の授業の後、快い興奮が私を包む。	31	29	40
39．体育実技とは、思考停止の状態で体だけを動かす授業である。	8	10	82
40．体育実技で、いろいろな人と一緒に活動することがとても楽しい。	51	33	16
43．大学生の年代では、体の発育はほとんど完了しているから、体育実技を科目として置く必要はない。	7	9	84
44．大学の体育実技の授業は、何をねらっているのかわからない。	31	18	51
47．体育実技は、人間のエゴイズムがむきだしになる場である。	7	21	72
48．体育実技の授業では教官は何のために存在しているのかわからない。	14	20	66
51．体育実技の授業は、のんべんだらりんとしていて、しまりがない。	29	27	44
52．体育実技の授業で、体育をする喜びを味わうことができるのは、ほんの一部の人にすぎない。	44	31	25
54．体育実技の授業で、チームワークやチームプレイの発展を期待するのは無理だ。	37	25	38
56．体育実技で得た運動についての知識や技術は、将来社会人になった時にも役立つと思う。	44	34	26
58．体育実技の授業は、いいかげんだ。	21	28	51
59．体育実技の授業には、自分から積極的に汗を流し、体をきたえようという意欲を起こさせる雰囲気がある。	28	36	36

こで1968年10月、名古屋工業大学2年生70人に63個の項目を7段階に評定させて、四分偏差Qを求めた。次にQのメディアンを算出し、Qがメディアンより大きい31個の項目を削除した。

次に、残った32個の項目にそれぞれ「賛成・なんともいえない・反対」の3選択肢をつけ、同年後期の体育実技第1週に名古屋大1年生162人、名工大1年生159人、計321人（すべて男子）に対して態度測定を行った。そして、好意的反応、「なんともいえない」、非好意的反応の順に2、1、0の点数を付与して各人のスコアを算出し、スコアの上位25％、下位25％（各80人）を抽出して項目分析を行ったところ、6個の項目が削除され、26個の項目が残った[注4]。その内容は表12のとおりである。これは、すなわちリッカート尺度（信頼性係数0.87）であり、いうまでもなく、この尺度そのものが体育実技に対する学生の態度を測定するための用具として使用することができるが、本研究では、すでに述べたように、次章でこれをさらに因子分析する。なお、この表の右欄の数字は反応の％である。？は「どちらともいえない」を意味する。

III・体育実技に対する態度の構造

前節で作成した態度尺度を因子分析することによって、体育実技に対する学生の態度の構造を明らかにすることが本節の課題である。すでに前節で仮説として提示したように、もし図12の構造モデルが論理的に整序されているなら、態度因子もこの図に対応した形で抽出されるであろう。特に図の第2レベルは、第Ⅰ項において体育授業の成否を決するカギとして位置づけたものであり、したがって、もしこれが独立の因子として抽出されなければ、第Ⅰ項で論じたことは全く無意味なものとなり、本稿は全面的に書き改めなければならないことになるであろう。

さて、Ⅱでの態度尺度作成に際してリッカート法の手続きをとった時の被調査者321人の回答に基づいて、態度尺度を構成する26個のアイテム間の相関係数を計算した。次に、この相関行列をサーストンの重心法で因子分析し、軸の回転を行った結果が表13（191頁）の左欄、「全体群」の回転後因子行列表である。因子負荷量はかなり低く、第Ⅲ因子までで全体の1/4を抽出したにす

ぎないが、一応0.4以上の因子負荷量をもつ項目を中心に考察を進めたい。

ここに抽出した三つの因子のうち、最も解釈が容易なのは第Ⅲ因子で、これは明らかに図12の第2レベルに対応している。項目番号10、38は「歓び」、40、54は「集団意識」に関するものである。そしてこれに59（自主的活動意欲の発生）、56（将来の社会生活への寄与）が結び付いていることは、「歓び」を育てることが、教養に志向する体育の最終目標である「体育の生活化」のための不可欠の要件であることを示している。その点で、第Ⅰ項において引用した高田や京口の言葉は、問題の本質を見事に見抜いている。斎藤[31]は「すぐれた実践には、かならず理論や法則が裏うちされている」と述べているが、現場の教師のすぐれた実践に学び、そこに潜む理論や法則を引き出し拡大していくことが、研究者の責務であるというべきであろう。ともあれ、この第Ⅲ因子は「喜び因子」と名づけることができよう。

第Ⅱ因子は、体育に対する価値態度に関するアイテムの因子負荷量が高く、図12の第3レベルを説明しているものと思われる。そうすると、残った第Ⅰ因子は、図12の第1レベルに仮説としては対応しているはずである。第1レベルは、すぐれた教師の指導能力あるいは授業運営技術に関わるものであるが、それは項目58、51、44に対する高い因子負荷量となって表れている。この高い負荷量は、授業方法の評価が体育実技に対する態度の規定要因の一つであるという筆者の過去の研究結果[19][20]から見てもうなずけることである。そしてこれらの項目に、動きづくり、運動技術の発達など実用目的に関する項目が結び付き、また教官の存在意義、理論と実践の統合など、第1レベルの二つの要因にともに関わる項目も関連を持っている。したがって、この第Ⅰ因子が図12（185頁）の第1レベルに対応することは明らかである。そこで、この第Ⅰ因子を、教師の授業方法に対する評価にダイレクトに関わるという意味で「評価因子」と名づけておこう。

以上の分析によって、体育実技に対する学生の態度の因子構造は、「評価」「喜び」「価値」の3因子から成ることが明らかになった。

ところで、この結果はサンプル全体の平均的傾向として得られたものである。そこから、次のような疑念が生まれる。すなわち、体育実技に対して好

意的な学生群と非好意的な学生群の態度構造は、実は異質であって、上述の結果は全く異質なサブ・モデルの単なる算術平均にすぎないのではないかという疑念である。そこで全体群321人から、表12の尺度による態度スコアの上位25％、下位25％（各80人）を抽出し、これをそれぞれ好意群、非好意群と名づけ、各群の回答を因子分析したところ、表13の中央の欄および右欄のような因子行列表が得られた。注5)

態度の構造は全体群、好意群、非好意群相互の間に基本的な点に関する限り大きな差異はないが、個々の因子の性格には若干の差異が発見できる。全体群の第Ⅰ因子（評価）に対応するのは非好意群、好意群ともに第Ⅱ因子であるが、非好意群では授業の運営に関する項目に28（運営技術の向上）、20（理論と実践の遊離）、48（教官の存在意義）など教師の指導に関する項目が強く結び付いている。この結果は、体育実技に非好意的な者は教師に対する不満、特に運動技術の指導に対する不満・恨みが、授業方法に対する評価と強く結び付いていることを意味しているものと思われ、これは筆者の過去の研究結果[17]と一致する。

全体群の第Ⅱ因子（価値）に対応するのは、非好意群、好意群ともに第Ⅰ因子であるが、非好意群で25（体育は創造性の開発とは無縁）、31（体育の授業では苦しみが多い）などにも高い因子負荷量があり、価値態度の一方の極である偏見が、授業の場での精神的抑圧の体験を通して生まれることを暗示している。これに対して好意群では36（体育を4年間科目に）が関連しており、価値態度の連続線上で好意群は非好意群の対極に位置していることを示している。

「喜び」はどの群でも第Ⅲ因子であるが、ここで注目されるのは、好意群において56（将来の社会生活への寄与）がほとんど負荷量を持たないことである。これは、「喜び」の欠如が体育の授業の無益感に簡単に直結するのに対して、ポジティブな方向で、体育の授業の経験が将来の社会生活に役立つという認識に達するためには、「楽しみ」が「感動」にまで高まることが必要だということ、そして現在の体育授業の多くは、感動を湧き立たせるほどには質の高いものにはなっていないことを意味しているのではないだろうか。このことは、次章においても明らかにされるはずである。

表13／回転後因子行列表（小数点省略）

項　　目	全体群			好意群			非好意群		
	Ⅰ	Ⅱ	Ⅲ	Ⅰ	Ⅱ	Ⅲ	Ⅰ	Ⅱ	Ⅲ
58. 授業いい加減	67	29	09	06	47	19	13	46	-03
51. 授業ダラダラ	62	17	01	-05	53	20	01	56	-07
44. 授業のねらい	49	01	27	03	28	-10	17	47	-16
21. 動きづくり	42	-05	27	01	27	18	-05	39	43
28. 運動技能	40	-01	20	07	29	20	01	62	00
48. 教官の存在	40	29	16	01	27	18	33	44	00
30. 遊びとの差異	39	25	09	19	34	06	20	45	-05
20. 理論と実践	36	07	12	08	38	18	05	49	12
43. 発育完了	07	68	24	63	07	11	58	00	01
39. 思考停止	06	49	13	19	14	-20	45	01	-15
16. 勉強の息抜き	21	44	17	38	01	03	36	08	-03
29. 個人的趣味	07	41	28	41	-27	01	35	01	21
14. 健康増進	23	36	28	13	23	-17	29	02	20
47. エゴイズム	19	32	09	01	30	31	49	07	-10
37. 課外で代替え	08	28	27	30	01	09	-05	26	25
10. 心底の喜び	09	03	55	27	03	04	10	-04	40
38. 快い興奮	15	10	54	19	06	45	14	02	53
40. 集団活動	12	05	53	26	-06	40	13	16	41
59. 自主的活動	36	-01	44	00	21	39	-04	28	51
56. 将来への寄与	17	14	43	24	24	-16	03	25	54
54. チームワーク	33	15	40	13	03	44	-03	30	36
52. 喜びは一部	30	06	36	17	34	-03	35	19	07
36. 4年間科目に	-10	18	36	49	-13	09	12	-14	46
25. 創造性の開発	09	14	35	09	-10	28	65	-14	-04
31. 苦しみのみ	-05	20	34	26	21	-20	59	-21	-08
12. 仲間づくり	18	01	32	18	-01	27	19	-02	21
ΣF^2	2.3	1.8	2.7	2.3	2.4	2.0	1.5	1.6	1.3
%	9.0	6.9	10.5	9.0	9.2	7.5	5.9	6.1	5.2

Ⅳ・体育実技に対する態度の変容

　教師が1学期間、全力投球の授業をする時、学生の態度はどう変容し、その変容を規定するものは何であろうか。本節では、先に作成した態度尺度(表

12)を、学期の最初の体育実技の時間と最後の時間に適用することによって、この課題にアプローチしたいと思う。

　学期当初の測定は、第Ⅱ項でリッカート尺度を作成した際の321人の対象の中から、筆者が授業を担当するクラスの学生の調査票を抽出してこれに代えた。これらの学生は、すべて筆者が初めて担当する学生であった。なお、これに加えて中部工業大学の学生に対して調査を依頼した。

　前項で態度の因子構造が明らかになったので、ここでは因子ごとのスコアを算出することにした。先の表13に見るとおり、全体群において、評価因子に最も高い負荷量を持つ項目の数は8個である。これらのうち若干は、好意群では負荷量が低いが、非好意群ではすべて高い負荷量を持つので、この8個の項目の得点を算術平均して評価次元の合成得点とすることにした。なお得点の方向性を表すために、「なんともいえない」を0点とし、好意的回答を＋1、非好意的回答を－1とした。したがって合成得点の幅も＋1〜－1となる。

　価値因子は全体群で高い負荷量を持つ七つの項目のうち、下段の14、47、37は非好意群または好意群では他の因子により強く関連しているので削除し、残りの4個の項目によって価値次元の合成得点を求めることにした。歓び次元も、同様にして10から54までの6個の項目によって合成得点を計算することにした。

　この方式によって計算した1年生後期の学習開始時と学習終了後の合成得点は、表14のとおりである。学習開始前の得点は、学期半年間の大学の体育授業の経験に基づいている。前期の担当教官はさまざまであるので、この学習開始前の得点は、大学の体育授業を半年間経験した時点での学生の態度の一般的傾向を示しているものと考えてよい。ここでは、価値次元の得点が高く、喜び次元の得点が低いことが目立つ。

　さてそこで、学習開始前と学習終了後の合成得点を比較した場合、第1に目につくのは名大バレーボールの得点の急降下である。表14の注）に記したように、この授業は最悪の施設の条件のもとに行われたものであった。かつて筆者らは、過密授業を分析した研究において、学習効果を高めるための基

第1節　体育実技に対する学生の態度の構造と変容　193

表14／態度スコアの変容と授業の条件

クラス		種目	学生数	評価		価値		喜び		施設	学級規模	技術指導	学習形態	種目選択
				前	後	前	後	前	後					
名大	理1	体力開発	40	.34	.39	.59	.67	-.09	.22	○	○	◎	G	強制
	理1	サッカー	55	.23	.11	.61	.63	07	.24	△	△	×	G	自由
	文1	体力開発	46	.11	.03	.36	.28	-.10	.09	○	○	△	G	強制
	文1	バレー	30	.09	-.53	.35	.03	-.03	-.31	×	○	○	G	自由
名工大	理1	テニス	34	.27	.16	.68	.54	.06	.18	×	×	△	G	自由
中部大	理1	複合	44	.18	.30	.49	.49	.08	.14	○	○	○	A	強制

注）◎良い，○普通，△貧弱，×劣悪　／　Gグループ学習，A一斉指導

底は施設の条件を整備することであるという結論を提示した[11]。今回の研究においてもまた、筆者の授業技術の拙劣さに対する深刻な自己批判をふまえながら、なおかつ、学生の態度変容を規定する基本的要因は、施設の条件であるということを指摘しておく必要があろう。

次に目立つのは、理1・体力開発の得点の上昇である。この授業はグループ学習がスムーズに展開した授業で、その効果は表15に見るように、喜び次元の項目への回答が1学期間の学習によって有意に好意的な方向へ変容したことによって実証される。しかし、上昇したとはいっても学習終了後の合成得点は0.22にとどまり、最高点1.00との間にはかなりの距離がある。週1回という限られた授業回数で、喜びを感動にまで高めることがどの程度まで可能かということは、今後に残された研究課題である。

一方、ともにグループ学習で

表15／1学期間の学習による反応の変容
（マクネマー検定、5％レベル）

次元	項目	S体力開発	Sサッカー	L体力開発	Lバレー	Sテニス	S複合
評価	58. 授業いい加減	+			−		+
	44. 授業のねらい		−				
	21. 動きづくり				−		
	48. 教官の存在		−				
	20. 理論と実践				−		
喜び	10. 心底の喜び	+	+				
	38. 快い興奮		+				
	40. 集団活動	+					
	59. 自主的活動				−		+
	54. チームワーク	+	+				

ありながら、理1・サッカー、文1・体力開発の得点は理1・体力開発ほどには上昇せず、むしろ評価次元の得点は逆に低下したのはなぜであろうか。その直接的な原因はグループ学習のつまずきということであろう。グループ学習が中途半端に終わった場合、理1・サッカーに見るように、楽しさはあってもそれは感動にはほど遠く、授業のねらいも不徹底で教師の存在意義に疑問を抱かせる結末となる（表14、15参照）。このグループ学習のつまずきは、教師の技術指導の能力の貧しさに起因していると思われる。それは、ともに体力づくりを主眼としたコースでありながら、一方は筆者の比較的得意なバドミントンを教材とした理1・体力開発と、他方は筆者の不得手なサッカーを教材とした文1・体力開発の評価次元の得点の変容の差から明らかである。どのような指導形態をとるにせよ、教師の指導の中核は技術指導であり、それが教師の強い自信に裏うちされているか否かは、授業の成否を決する重要なカギであると言えよう。

種目選択の条件は、態度変容にほとんど関係していない。強制的にトレーニング・クラスに編入させられた者でも、授業内容の如何によって態度は著しく好意的方向へ変容する。これは、Broer[3]の研究結果と一致する。

ところで、評価・喜び・価値の3次元の合成得点の相関係数図は図13のとおりである。学習開始前も終了後も「喜び」と「価値」の関連は弱く、「喜び」を跳び越えて「評価」と「価値」の関連が若干強い。この点で、図12の構造モデルは修正を要するように思えるが、「喜び」と「価値」の偏相関係数も統計的には有意であり、また理論的には評価→喜び→価値と整序するのが合理的であるので、「喜び」を経由しなければ「評価」と「価値」が結び付かないというのではないという但し書きをつけたうえで、図12の構造モデルは修正せずにおくことにしたい。

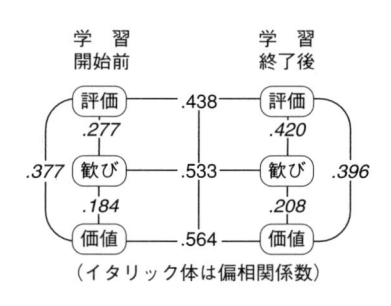

```
           学 習                     学 習
          開始前                    終了後
         ┌評価┐ .438           ┌評価┐
         │ .277              │ .420
    .377 │歓び├ .533 ─┤歓び│ .396
         │ .184              │ .208
         └価値┘ .564           └価値┘
         （イタリック体は偏相関係数）
```

図13／合成得点の相関係数

学習開始前と終了後の合成得点の間には、0.5前後の相関がある。これは1

年生後期の授業での資料であるが、この関係が一般的なものであるとすれば、学習開始前の得点には高校時代の体育授業に対する態度がかなり影響しているものと推測される。この推測の正しさは、高校での体育授業の経験、より一般的には過去の被教育経験が体育実技に対する態度を強く規定することを明らかにした Bell・Walters[2]、Keogh[16]、Brunbach・Cross[4]、小林[19]、Kobayashi[20]などの研究によって実証される。また、運動欲求の強さもまた重要な構成要素であるということも、すでに過去の研究で明らかにした[19]。

相関係数0.5前後という数字は、準拠枠（判断の枠組み）の固さを表しているという見方もできるが、それが0.5前後にとどまるということは、すぐれた授業によって学生の態度を大幅に変容させ得る可能性を示していると言えよう。

◆まとめ

以上の分析の結果をまとめて図式化すれば、図14のようになる。図の授業外の部分は、まだ仮説である。

この図は、大学の体育実技の授業の構造を示すものであるが、「大学における」とか「高度の」という語句を修正すれば、初等中等教育段階の体育の授業でも通用するのではないかと思われる。けだし初等中等教育段階の体育と大学の体育とは、ともに教養目的に志向しながら、そこに低次・高次の差が見られるにすぎな

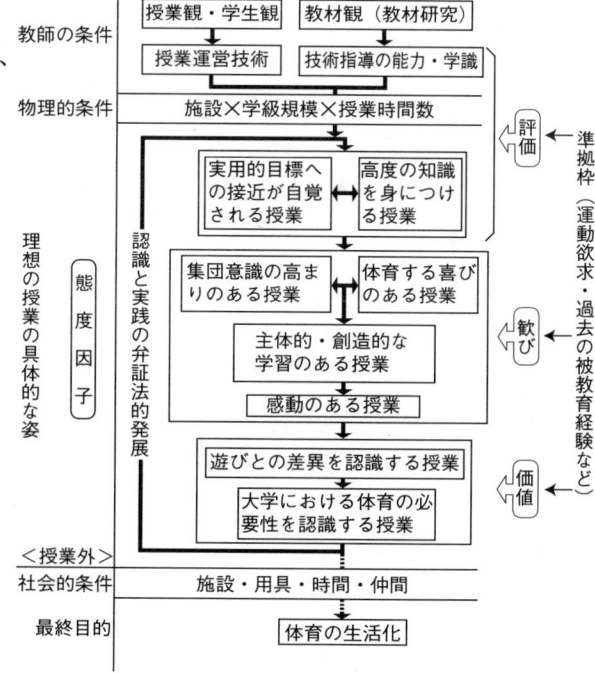

図14／体育実技の授業の構造モデル

いのである。

　図14の構造モデルの基底は、教師の条件と物理的条件である。しかし本研究では、これらの条件がどのような授業の姿として具現化されるかということについては、大まかなスケッチの域を出なかった。学生の態度の変容に授業の諸条件がどう影響するかを厳密に分析しようとするなら、条件を統制した実験的な授業が必要である。しかし今回の研究では、このような統制実験は不可能であった。なぜなら、今回の研究は、みずからの授業をみずから分析する現場研究としての授業研究であったため、筆者はまず何よりも教師であり、それ故に、みずからの教育観、授業観に照らして最善と思われる以外の授業方法をとることは、筆者の良心が許さなかった。細谷ほか[10]の表現を借りれば、筆者は授業を《見る》立場ではなく、《創る》立場にあったのである。得られた結果を的確に分析することが困難であるのは、この種の現場研究の限界として仕方のないことであったとも言えよう。

　しかし、この限界を打破して実践的な授業研究を科学化していく手がかりが、今回の研究を通じて得られたように思われる。科学化のための条件は二つある。一つは、授業そして調査・測定に入るに先立っての綿密な理論的考察の作業である。今回の研究では、この作業の段階で、施設・学級規模・授業時間数などの物理的要因についての考察が欠落していた。もしこれらの要因を十分に考察し、それらを調査票に組み込んでいたとすれば、これらの要因が実際の授業の姿をどう規定するかということを、もう少しはっきりと明らかにすることができたと思われる。

　もう一つの条件は、より良い授業を創造するために教師が自覚的に精一杯の努力をするということである。もし理想の授業、つまり1.0に近い合成得点を生み出すような授業を実現させることができるなら、その結果をできるだけ客観的に分析する作業を通じて、おそらく、理想の授業を成立させる条件を、たとえかなりあいまいな形ではあっても明らかにすることができるであろう。その程度のことでさえ、現在では大切なことだと思われるのである。筆者が全力投球の授業を目指したのも、そのような発想によったからであるが、結果的にはそれははなはだ拙劣な授業であり、このような事例をいくら

積み重ねても授業研究にはなりえないものであった。授業研究のためには、まず何よりも質の高い授業を創造することが必要である。

　恵まれた物理的条件を十分に活用して理論と実践の統合した体育授業の創造をめざすトレド大学[12]。一方では、貧弱な条件の下で主体的学習の展開される授業の創造に進む徳島大学[32][33][34][39]。そこにはともに、「教養の香り高い体育の授業」（梅根）[40]に志向して懸命に努力する教師の姿がある。そのような意味で、筆者自身もまた、研究と実践の統一的発展という課題を背負い込んだと言うべきであろう。

■注
1) Wear 尺度を用いた諸研究については小林（文献23）参照。
2) 教養の現代的意義については、堀尾（文献9）参照。
3) このことについては、日本体育学会第18回大会の体育社会学専門分科会シンポジウムでくわしく論じた（文献21）。その内容は、橋本（文献8）によっても紹介されている。
4) ここまでの手続きは、尺度分析の煩雑さを軽減する方法として、Edwards と Kilpatrick（文献7）の提案する尺度弁別法によっている。
5) このような分類の構想は、三宅・木下・間場（文献27）に負っている。

■引用文献
1) Adams, R. S. Two scales for measuring attitude toward physical education, Res. quart., 1963, 91-94.
2) Bell, M. & Walters, C. E. Attitude of women at the University of Michigan toward physical education, Res. quart., 24, 1953, 379-391.
3) Broer, M. R. Evaluation of a basic skills curriculum for women students of low motor ability at the University Washington, Res. quart., 26, 1955, 15-27.
4) Brunbach, W. B. & Cross, J. A. Attitude toward physical education of male students entering the University of Oregon, Res. quart., 36, 1965, 10-16.
5) Carr, M. G. The relationship between success in physical education and selected attitudes expressed by high school freshmen girls, Res. quart., 31, 1945, 575-580.
6) Drinkwater, B. L. Development of an attitude inventory to measure the attitude of high school girls toward physical education as a career for women, Res. quart., 31, 1960, 575-580.
7) Edwards, A. L. & Kilpatrick, E. P. A technique for the construction of attitude scales, J. of applied psychology, 32, 1948, 374-384.
8) 橋本正一「学習活動の主役－学習者とその仲間」『学校体育』21-5、1968、18-22。

9) 堀尾輝久「国民教育における教養をめぐる問題」『思想』1967、12月号、1-18.
10) 細谷純・永野重史・新田倫義「理科ノート方式による授業の創造と研究」『学習心理』、1963、7月号、74-83.
11) 生田清衛門・小林篤・中原和夫「体育実技授業内容の分析」、九州地区体育社会学研究会「大学における体育・スポーツの社会学的研究」1967、87-102.
12) Johnson, P. B. An academic approach to college health and physical education, JOHPER, March, 1966, 23-25.
13) Kappes, E. E. Inventory to determine attitudes of college women toward physical education and student services of the physical education department, Res. quart., 25, 1954, 429-438.
14) 片岡徳雄『授業の人間関係』1963、黎明書房、p.317.
15) Kenyon, G. S. Six scales for assesing attitude toward physical education, Res. quart., 39, 1968, 566-574.
16) Keogh, J. Extreme attitudes toward physical education, Res. quart., 34, 1963, 27-33.
17) 小林篤「体育教師と生徒の親しみ」『体育の科学』8、1958、p.150-153.
18) 小林篤・徳永幹雄・粂野豊「大学の保健体育科目に対する学生の態度構造に関する研究 I」九州大学体育学研究3-5、1967、69-77.
19) 小林篤「同上 II」名古屋大学教養部紀要12、1968、p.87-105.
20) Kobayashi, A. Structure of factors determining the attitudes of college students toward required health and physical education, Res. J. of phy. educ., 12-3, 1968, 147-156.
21) 小林篤「体育社会学専門分科会シンポジウム発表要旨」『体育学研究』12-5、1968、p.357-8.
22) 小林篤「保健体育科目に対する学生の価値態度」名古屋大学教養部紀要13、1969、41-49.
23) 小林篤「体育における社会的態度の研究史」日本体育学会東海支部会第16回大会発表資料、1969.
24) 京口和雄『体育科の主体的学習』1967、明治図書、p.20.
25) 飯塚鉄雄「大学正課体育のビジョン」『学校体育』18-1、1965、p.27.
26) 三辺光夫『日本のスポーツ』1963、三一新書、p.105.
27) 三宅一郎・木下富雄・間場寿一「政治意識構造論の試み」『年報政治学』1965、岩波書店、1-104.
28) 永井道雄『日本の大学』1965、中公新書、116.
29) 岡野崇彦「大学生の体育に対する態度について」『体育学研究』12-5、1968、p.38.
30) 定末誠治・小野文子・中本薩雄「水泳に対する態度について」『体育学研究』7-1、1962、p.258.
31) 斎藤喜博『授業入門』1960、国土社、p.215.

32) 四宮馨・今田良一「保健体育の実践に関する研究」徳島大学教養部紀要Ⅰ・Ⅱ、1966・1967
33) 四宮馨「自主性と社会性の発達を期した大学の一般体育実施報告」『体育の科学』17、1967、463-5.
34) 四宮馨「自主性と社会性の発達を期した体育指導」徳島大学教養部紀要Ⅲ、1968.
35) Smith, J. L. & Bozymouski, M. F. Effect of attitude toward warm-ups on mortor performance, Res. quart., 22, 1965, 78-85.
36) 高田典衛『子どものための体育科教育法』1967年、大修館書店、P.31.
37) 田中靖政『コミュニケーションの科学』1969年、日本評論社、P.301.
38) 徳永幹雄「九州大学学生の体育実技に対する態度測定」『体育学研究』10-1、1965、P.228.
39) 徳島大学保健体育研究室「保健体育の実践に関する研究」徳島大学教養部紀要（保健体育）Ⅲ、1969.
40) 梅根悟「体育科の目的は何か」『体育の科学』17、1967、185-189.
41) Vincent, M. F. Attitudes of college women toward physical education and their relationship to success in physical education, Res. quart., 38, 1967, 126-131.
42) Vincent, M. F. Prediction of success in physical education activities from attitudes, strngth, and efficiency measurements, Res. quart., 38, 1967, 502-506.
43) Wear, C. L. The evaluation of attitude toward physical education as an activity course, Res. quart., 22, 1951, 114-126.
44) Wear, C. L. Construction of equivalent form of an attitude scale, Res. quart. 26, 1955, 113-119.

（浅井浅一編『体育学論叢（Ⅱ）』1970年、日本辞書）

第2節 評価についての考え方

1 ・「関心・意欲・態度」の評価

❖私の授業の思い出
(1) 態度重視の評価

　私が大学で初めて体育実技の授業を持った時、気の毒になるほど運動が下手なのに、本当に一生懸命がんばる学生がいた。私は感動し、この学生に優をつけた。ところが、成績発表があった日、その学生が目に涙をためて私を訪ねてきた。そして、こう言うのである。

　「小学校以来、どんなにがんばっても、体育でよい点をもらったことがありませんでした。先生の授業で、初めて優をもらいました。ありがとうございました。」

　私は、虚を衝かれたような気持ちになった。大学の評価は絶対評価だから、この学生に優をつけることができたのであり、もしこれが相対評価だったら、私もあれやこれや悩みながら、結局のところ、この学生に優をつけることはできなかったであろう。しかし、大学に入ったばかりの学生は、そんな裏の事情は知らないから、生まれて初めて体育でよい点をもらい、感極まって私を訪ねてきたのである。

　この経験は、私には忘れられないものになった。限られた授業時間の中で、運動の不得手な学生の技能を見違えるほどに伸ばしてやる自信は私にはない。しかしそういう学生にも、運動の楽しさを味わわせ、大学を卒業してからも、なつかしく振り返ってもらえる授業をすることはできるかもしれないと思った。以来私は、授業の中で、こういう学生の表情を注意して見るようになった。そして、学生の顔が生き生きと輝いている時、私の授業は多少なりとも彼らの心情にアピールしていると思って安心し、また逆に彼らの表情が冴えない時は、私の授業のどこに問題があったか自己評価して、授業計画を手直

ししたものであった。

(2) 授業の意義の後追い解釈

　これはもう40年近く前の、私の駆け出し時代の授業実践であったが、その後に現れたいろいろな授業理論に基づいて、この授業の現代的意義を解釈することはできる。

　運動が下手でも、並はずれて「関心・意欲・態度」にすぐれる学生に高い評価を与えたのは、「新学力観」に即した評価である。運動の楽しさを味わわせ、将来、なつかしく振り返ってもらえる授業をしたいというのは、「楽しい体育」が「生涯スポーツ」につながるという発想である。

　そういう楽しい体育を目指しながら、授業では私は、学生の運動技能を伸ばすことを第一に考え、そのために全力を傾けた。これは、「楽しい授業や新学力観は、技能や知識・理解を軽視した授業論だ」という批判に対する反批判である。

　さらにまた、授業の中で学生の表情を観察し、それに基づいてそのつど授業計画を修正していったのは、いわば授業の形成的評価（Formative Evaluation）である。

　「時代を先取りした授業実践でしたね」と持ち上げてくださる方がいるかもしれない。私が純粋な実践者なら、こういう賛辞は光栄なことである。しかし研究者の端くれに名を連ねる身としては、自分の実践をその時に理論化することができず、後になって、他の研究者が構築した理論を援用して自分の実践を後追い解釈するのは情けないことである。

❖技能と態度の比率をめぐる悩み

(1) 態度評価の系譜

　社会心理学でいう態度（Attitude）は行動（Behaviour）への構えであるが、学習指導要領や指導要録でいう態度はマナーの意味で用いられ、体育の場合は運動の行い方のことを指している。

　これは、技能と並んで運動の大事な学習内容であるし、また目にもハッキリ見えることが多い。そこで態度は、1947（昭和22）年に最初の学習指導要領（体育だけは、準備が整わないということで「学校体育指導要綱」）がつくられ、こ

れに準拠して指導要録が作成された時から、技能と並んで体育における評価の柱であった。大学の体育実技の授業もまた、例えば技能60点、態度40点というような配点をしてきたところが多かった。私の授業も同様である。

　私の場合、態度の基礎点を30点とし、欠席1回につき－5点、遅刻3回で欠席1回。逆に毎時間早くから来て用具の準備をしたり、自主的に後片付けをしたり、またゲームの中でチームリーダーの役を果たしたり、下手な者にパスを出してシュートのチャンスをつくってやったりというような、感心させられる行為が目にとまったら、そのつど＋2点として出席簿に記入していったものであった。

　こういうふうに観察結果を点数化していくと、先ほどの学生などは態度点がどんどん加算されて上限の40点をはるかに越え、頭打ちにせずにそのまま技能点と合計すれば、技能点が最低であっても、合計点は「優」を与える80点を越えたのであった。

　そういうわけで、結果的に態度重視の評価になったが、私の意識としては、それは情に流された衝動的な行為ではなく、日常の観察を主体とした評価活動の積み重ねによる結果であったのである。

(3) 相対評価と絶対評価の併記を

　ただ、大学では絶対評価だけですむから、態度――現在の指導要録の用語で言えば「関心・意欲・態度」が際立ってすぐれる学生には、これだけですばらしい点数になるから5や4を与えることができるのである。しかし、内申書のために相対評価をしなければならない中学校や高校の先生方は、こんな「極楽トンボ」的なことはできにくいわけで、どんなに態度点がよくても、それはある一定の点数で頭打ちにせざるをえないことが大部分であろう。そこから、下手だけど本当に一生懸命にがんばる生徒への評定に関わる悩みが生まれるわけで、「ご苦労なことであるなあ」と心からお察しする次第である。

　今まで、評価（Evaluation）と評定（Rating）という用語を特に区別せずに使ってきたが、評価のうち、5と1が全体の各7％、4と2が各24％、3が38％というように5段階に相対評価をするのが評定である。このうち評価は、

子どもの学習活動を認め、励まし、支援する手だてとして欠かすことのできない教師行動である。問題となるのは評定であって、そもそも技能、知識・理解、態度というような多様な観点からの評価の結果を、「評定」として1個の相対評価の数値で表そうとするところにムリがあるのである。

　もっとも最近は、指導要録では、評定の欄はあるが、観点別評価の欄は絶対評価の考え方が取り入れられ、目標を十分達成していればA、おおむね達成していればB、達成が不十分であればCの記号を比率にとらわれずに記入することになっている。このように相対評価と絶対評価を併記し、前者よりも後者を重視するようにしていくことが、評価を学習活動に生かす道であろう。

　こういう夢の実現に立ちはだかる壁は高校入試の内申書であるが、これも、日常の学習活動の状況が併せて評価の対象にされる傾向にあるから、今後の教育改革の中で学校制度や進学制度も改善され、相対評価と絶対評価がバランスよく考慮されるようになっていくことが期待される。

❖「関心・意欲・態度」の評価技法
(1) 文部省担当官の見解

　平成元年版の学習指導要領に対応して、指導要録の観点別学習状況の欄の筆頭項目に「関心・意欲・態度」があげられて以来、こういうものが目に見えにくい教室での座学の場合、どうやって評価の資料を得るかということが、教育雑誌の特集題になったりしている。資料は客観的なものであることが望ましいが、それはなかなか得にくいことから、文部省の教育課程企画官は、「(関心・意欲・態度は) 教師の専門職としての主観以外では評価はできない」と語っている[1]。

　ただしそれに続けて担当官は、「これからは関心・意欲・態度や思考・判断に関わる面や、子どもの内面を見ていくようなものが開発され」ることが望ましいとし[2]、また、「(内面が) 教師に見えないところでは、子どもがどう考えているかということが自己評価によって出てきたら、それをまた教師が支援してプラスにしていく必要がある。そういう意味の自己評価はこれから大事だろうと思うし、また子ども自身も自己評価することによって、自己認識

ができる面があると思う」とも語っている[3]。

(2) 「先進県」としての体育科

　しかし体育科では、前述のとおり、マナー（態度）は運動の大事な学習内容であるので、最初の指導要録がつくられた時から「関心・態度」が評価の対象にされてきており、その意味で体育科は、この項目の評価に関しては「先進県」であった。実際、特に自己評価のための方法としての学習カードやグループノートの工夫、また自由記述の感想文を日記形式で継続的に書かせる実践など、体育科には「先進県」としての面目躍如たるすぐれた教育研究の積み重ねが多々あると私は思う。

　例えば、出原泰明氏が高校に勤務していた時に発表した実践記録の中の生徒のグループノート[4]、山本貞美氏が小学校教師だった頃の子どもの体育日記[5]、奈良女子大附小・浜田東起夫学級の、運動が不得手な子どもの1学期間にわたる授業後の感想文[6]などは、他教科の人たちにも知ってほしい実践研究である。

　しかし先ほど引用した文部省担当官の言葉からは、そういう認識がうかがえないのは残念なことである。教育学者の言説も、これと五十歩百歩であるものが多い。もっと体育における実践研究の成果にも目を向けてほしいものである。

❖生徒の自己評価と授業評価

(1) 生徒による授業評価

　25年ほど前、私は、いわゆる高田四原則に基づいて、次のような「よい体育授業への到達度調査」をつくった[7][8]。

1　せいいっぱい、全力をつくして運動をすることができましたか。
2　わざや力を伸ばすことができましたか。
3　「アッ、ワカッタ！」とか「アア、ソウカ」と思ったことがありましたか。
4　班（またはクラス）の人たちと、力を合わせて仲よく学習することができましたか。

それぞれ「はい、いいえ」という選択肢を付け、「はい」には「どんなことですか」、「いいえ」には「なぜですか」という設問をつけて、内容を自由に書いてもらう。そして、「はい」と答えた者の％を計算して四角形のプロフィールを描く。この値が、みな100％に近く、プロフィールが大きな正方形に近づくほど、それは子どもにとってよい体育の授業だったということになる。

これは、学生の表情から彼らの思いを読み取りながら授業をする経験を何年も重ねるうちに、心情をもっと客観的・分析的に知りたいと思うようになり、考案した方法であった。だからこれは、子ども(学生)の目を通して自分の授業を評価する方法——つまり子どもによる授業評価の方法であった。

後年高橋健夫氏は、これを改定増補して、次のような「形成的授業評価票」をつくられた[9][10]。

1　たのしかったですか。
2　せいいっぱいぜんりょくをつくして運動することができましたか。
3　ふかく心にのこったことやかんどうすることがありましたか。
4　今までできなかったこと（運動や作戦）ができるようになりましたか。
5　「あっ、わかった！」とか「あっ、そうか」と思ったことがありましたか。
6　自分から進んで学習することができましたか。
7　自分のめあてにむかって何回も練習できましたか。
8　友だちとおたがいに教えたり、助けたりしましたか。
9　友だちと協力してなかよく練習できましたか。

選択肢と配点は「はい（3点）、いいえ（1点）、どちらでもない（2点）」で、各問と総合点の学級平均値を5段階に評価する基準表が作成されている。これによる調査と評価の実際例は、1995年度の『体育科教育』に口絵と解説で連載されている。

この高橋氏の方法も、調査結果をふまえて自己の授業の計画を修正していくものであり、「形成的授業評価」という名称が、その意図を明確に表現している。

(2) 自己評価の用具としての活用

　ところが、子どもの自己評価の資料を得ることの必要性が言われるようになって以来、私や高橋氏の方法が有用であるという発言をときどき聞くようになった。「子どもによる授業評価」という観点からしか考えていなかった私は、いささか戸惑いながら、しかし調査表の質問文を見れば、なるほどこれは「関心・意欲・態度」や「思考・判断」、さらには「技能」を自己評価する道具としても使えそうである。

　このような使い方をするには、授業評価の資料として調査結果を統計的に処理するだけでなく、一人ひとりの子どもの回答に目を通し、その内容に応じて子どもを支援していくことが必要である。そのためには、調査は記名式でないといけない。「名前を書かせると、子どもは本当のことを書かない」と言う人もいるが、調査の意図をよく説明しても、なお子どもが正直に答えてくれないようなら、無記名で調査するしかないだろう。そのようにして自分の授業を改善する努力を重ねる中で、子どもたちは、記名式でもありのままを答えてくれるようになるのではないか。

(3) 安易な流用の戒め

　一方、こういう調査結果を、教師が子どもの評価・評定をするための資料として利用すればよいということを、しごく簡単に指摘する言説に出会うこともある。しかし、自分に引き寄せて考えてみると、謙虚に自己評価した資料が、そのまま勤務評定にはね返ったらたまったものではないし、かりにプラスの内容でも、自分の書いたことが教師の言葉としておうむ返しに戻ってきたら、教師の評価活動への不信感を増幅させるだけのことである。

　子どもの自己評価資料は、あくまでも子ども自身の学習活動のための資料であり、それを、教師が子どもを評価する際の一応の参考資料にするのはよいとしても、この場合の基礎資料は、あくまでも教師自身の地道で継続的な観察行動から得られるべきものであるということを強調しておきたい。

■引用文献
1）奥田真丈・高岡浩二ほか『絶対評価の考え方』1992年、小学館、120頁

2）3）上掲書、135、137頁
4）出原泰明「ハンドボールの実践から」学校体育研究同志会『体育の授業記録』 1975年、ベースボール・マガジン社、220-240頁
5）山本貞美『子どもの可能性を引き出す体育』1982年、明治図書
6）小林篤『体育授業の原理と実践』1986年、杏林書院、15-18頁
7）小林篤『体育の授業研究』1978年、大修館書店
8）宇土正彦監修『学校体育授業事典』1995年、大修館書店、725-728頁
9）上掲書、727-728頁
10）高橋健夫『体育の授業を創る』1994年、235-237頁

(『体育科教育』1995年11月号)

2 ◆ 体育が抱える評価の今日的課題

❖評価の本道

　授業のなかで、教師が子どもたちの学習状況に承認、賞賛、叱責、批判などの言葉かけをするのは、みな子どもに対する教師の評価活動である。授業で、こういう教師行動が必要であることは言うまでもない。

　一斉指導の体育授業では、「～しなさい」「こういうふうにやりなさい」という指示・教示が圧倒的に多いが、子どもが自ら運動を工夫して実践する土谷正規の授業（小学校1年生の身体表現）では、教師は絶えず巡回し、「これは何をしているところ？」と発問し、子どもの答えを反復して確認し、「うん、そういうのもいいね」と承認したり、「よく考えてるね」と賞賛したりする確認─評価が教師発言の1/3を占めていた。

　また岩井邦夫の忍者体育の授業では、やはり教師は不断に巡回して子どもたちに声をかけてやっている。器械・器具を使った忍法を発明して修業に励む3年生の授業では、実に154回の声かけ！　その大部分が、子どもの創意工夫を賞賛する評価の言葉である。跳び箱上での前回りに失敗して横に落ちた子どもに対しても、「すごい！　忍法ドスンだ！」という評価。ただし、むやみやたらに褒めているのではなく、授業の目標に照らして、目標に向かう学習活動であるなら、たとえ失敗してもプラスの評価をしてやっているのである。これが、子どもにとってどんなに励みになることか。このように、子ど

もに喜びを与え、学習意欲を喚起することが評価の本道であろう。

(以上の土谷、岩井の体育授業は、本書第3章参照)

❖「体育に評価はいらない」という意見

しかし、学生に今まで受けてきた体育の授業の感想を書いてもらうと、このように教師の評価によって学習意欲が高まったという経験を書く者は少なく、これとは逆に「体育に評価はいらない」と書く者のほうが多い。ここで学生がいう評価とは、通知表に記載される5～1の評定(Rating)のことであり、本稿でもこれ以後、評定に限って評価の問題を考えてみることにしたいが、こういう意見を書くのは、みな、体育の授業で下手だったりできなかったりして辛い思いをしたことのある者である。器械運動のように、「できる、できない」がハッキリしている運動は、できるようになろうと一生懸命に努力する態度が貴重なのであり、また球技などは、下手でも楽しくプレイすることができればよいではないかというのが、彼ら彼女らの論理である。

1998年度に、教育課程審議会が完全学校週5日制に向けて教育内容厳選の作業を行ったが、体育科についての審議の議事録を読むと、ある女性委員が、小学生の頃に逆上がりができなくて辛く悲しい思いをした体験を切々と語り、それが、第5、6学年の器械運動の各種目は各学年で扱うことになっているのを改めて、いずれかの学年で扱えばよいという方針を打ち出す端緒になったと解釈することができる[1]。この女性委員も、「できる、できない」で評価してほしくない、努力を認めてほしいという心境なのであろう。

漢字の学習では、「字を覚えようと努力する態度が大事なのであり、字を覚えたかどうかということを評価の対象にすべきではない」というような意見は出ず、学習の結果を評価することに誰も異論を挟まない。算数の九九も同様である。つまり、漢字や九九の習得は学習の基礎・基本であるという認識が、万人に共有されているのである。ところが体育では、例えば先の女性委員は、「鉄棒とか跳び箱とかがどうして必修なのか非常に疑問に思うのです。……それがそれぞれ、きっとしかるべき筋肉を鍛えるとか、運動神経を鍛えているのだと思いますが、もう少し簡単に指導できる、それぞれが自分でできるものをやれるのではないか」と発言している。

これからわかるとおり、「体育に評価はいらない」という意見の根拠には、「鉄棒や跳び箱の授業で習得することを求められている技能は、万人に共通に必要な基礎・基本とは認められない」という考えがあるわけである。体育における評価の問題を考える場合、この意見にどう対処するかということが、根本的な課題となる。

❖まず関心・意欲・態度の評価を

指導要録では評価の観点として、「関心・意欲・態度、思考・判断、技能、知識・理解」があげられている。従来は技能や知識・理解が筆頭項目になっていたのが改められ、関心・意欲・態度が先頭にきている。自己学習力を重視する「新学力観」の現れである。この観点に立てば、従来は技能最重視であった体育の評価も、まず関心・意欲・態度が評価の対象になるはずであり、運動が不得手な子どもの「努力を認めてほしい」という願いもかなえられるはずである。具体的には、先に紹介した土谷体育のように、子どもの学習活動を不断に評価（Evaluation）してやり、そしてその結果が評定にも反映する授業が展開されるはずである。

「はずである」という言葉を連発したが、実際に子どもたちに考えさせ工夫させ、そして教師は子どもたちの創意工夫を評価（EvaluationとRatingの両方を含む）してやる授業が一般化してほしいものである。

❖運動の総合的学習で自ら身に付く技能

「関心・意欲・態度」の評価はこれですむとして、問題は指導要録にあげられているこれ以外の観点、特に運動の技能の価値をどう考えるかということである。時期を小学生期に限って見ると、調整力を養う、身のこなしをよくする、体育をするなど言い方はいろいろあるが、小学生期は基礎的な身体形成をする時期である。そして、そういう営みの基底に体育の授業を位置づけることについては、大方の了解が得られるであろう。

問題は、この身体形成の方法である。最も自然なのは、土谷体育のように、さまざまな器械・器具・用具等を活用しながら、子どもたち各自が運動を工夫して行う学習を展開させることであろう。そうすれば、例えば跳び上がれない高さの鉄棒があって、そこに上がろうとすれば、きっと逆上がりか足（ひ

ざ）かけ上がりを試みようとするだろう。ひょっとしてそういうやり方に気がつかない子どもがいたら、そういう運動をしている子どもの動きを見せてやって刺激にすればよい。跳び箱もまた同様で、踏み越しから跳び上がり跳び下り、そしてまたぎ越し、開脚跳びへと進むのは自然の流れであろう。

　このようにして多彩な運動の経験を重ねれば、ことさら逆上がりや開脚跳びを教えなくても、自らこれらの技ができるようになっていく。実際、岩井邦夫の忍者体育の授業では、これらの技を単技として教えることはしないが、「そんな授業では、逆上がりはできず、跳び箱も跳べないのではないか」という疑問や批判に答えるために、6年生の1学期に調査した結果では、学級成員37人のうち、逆上がりができないのは肥満の男児1名と病弱で欠席しがちなやはり肥満の女児1名（できないというよりは、していない）だけであった。跳び箱も、開脚跳びと台上前転はこの女児ができない（していない）だけで、開脚跳びは22名が8段を跳んだ。また閉脚跳びも、できないのは上記の2名だけであった。こういう学習であるなら、「逆上がりが、なぜできないといけないのか」ということを議論する必要はなくなる。

　根を耕せば、樹は自ら繁る。特に低・中学年では、細かな技術に目を奪われるのでなく、広い視野に立った運動の総合的学習を徹底させることが、「体育に評価はいらない」という意見に立ち向かう方途であると言えよう。

❖運動文化の学習という観点からの評価

　しかし現実には、一人の教師が低学年から高学年まで担任を持ち上がることはまれで、高学年を担任してみたら、逆上がりもできず跳び箱も跳べない者が多いということも珍しくないであろう。こんな場合、どうするのか。これらの技を単技として教えるのか。教えるとすれば、その根拠は何か。

　昔は、逆上がりと開脚跳びは小学校体育の代名詞であった。それは、これらの運動が身体形成のための最も基礎的な教材であるという考えが根底にあったからだと思われる。私のように古い世代の者は、「小学校6年間の体育学習の証として、せめて逆上がりと開脚跳びくらいは」とつい考えてしまうが、これは意識するしないにかかわらず、こういう運動種目が、学ぶ価値のある運動文化財であるという認識に立っているのである。

身体形成のためには、逆上がりや開脚跳びでなければならないというわけではなく、他の種目でもよいのである。実際「めあて学習」では、これらの種目を特別扱いしていないから、逆上がりができなくてもどうということはない。評価の観点は、こういう個別の技のレベルにあるのではなく、各種の技を繰り返したり組み合わせたりする動きのスムーズさにあるのである。

　だが、これらの種目が価値ある運動文化財であると考える立場に立てば、これらは必修教材として学習指導要領に記載し、これらの技を核にして各種の技のスムーズな連続を学習課題にしたほうがよいのではないかという考えが成り立つ。私はこの立場に立ちたいし、そうなれば、技の連続だけでなく、運動文化としてこれらの単技の技能の習得状況が評価の対象になる。

　戦後になって学校制度がアメリカ流になり、体育科の教材としてスポーツが大幅に導入されたが、スポーツについても、身体形成とスポーツ文化の習得という両面から教材価値を捉えることができ、後者の側面から見たとき、技能が評価の対象になる。

❖技能を評価するための前提条件

　以上のような論理をもってすれば、「体育に評価はいらない」という意見に一応は対処することができると考えられる。

　ただここで「一応」と言ったのは、いくら価値ある運動文化財だから必修教材にと言っても、子どもたちにそれを習得させる技術を教師が持っていなければ、子どもたちに辛く悲しい思いをさせるだけで、結局「体育に評価はいらない」という意見を生み出すだけという悪循環に陥ってしまう。その意味で私は、体育が専門でない教師でも、子どもたちみんなが跳び箱を跳べるようにし、逆上がりができるようにする教育技術を明らかにしようとする法則化運動の「志」を支持する。

　もう一つの大きな問題は、運動文化財やスポーツ文化財として子どもたちに共通履修を求める運動として、何を特定するかということである。限られた授業時間のなかで、あれもこれもというわけにはいかない。そこで、すでに数次の「学習内容の精選」という掛け声のもと、学習指導要領に記載される運動種目の削減が為され、器械運動などは、個別の運動種目はすべて指導

書に移されてしまっている。今回(1998年)の教育課程審議会の「中間まとめ」を見ても、もう運動種目の削減は不可能で、現在の学習指導要領に記載されている運動種目が、ぎりぎりに絞った共通履修の運動文化財だというようにも思われる。ただ私は、器械運動で、あえて逆上がりや開脚跳びなどの学習指導要領への復活を求めているわけである。

　この問題への対応は、音楽の歌唱教材として何を指定するかとか、社会科で歴史上の人物として誰を取り上げるかという問題と同様、人によってさまざまな考えがあるであろう。運動学的な分析も含めて、いろいろな考えを出し合い、議論してみることが、体育における評価の問題を考えるうえでの最も今日的な課題であるといえよう。

■引用文献
1)『学校運営研究』1997年12月臨時増刊「教育課程審議会『中間まとめ』解説と重点資料」241頁

（『体育科教育』1998年6月号）

3 ◆まず授業の評価を

　運動の不得手な生徒が、ニコッと笑うような体育の授業をしたい。それが、大学で体育実技の授業を担当し始めた頃の私の願いであった。そして、私の授業に対する個々の学生の思いを把握するために考案したのが、「態度測定による体育の授業診断」の方法であった。

　ところが、この方法を考案している最中に、はるか遠方のある高等学校の体育の先生がこの方法に並々ならぬ関心を示され、わざわざ「公務出張」で夜行列車に乗って訪ねてこられたことがあった。しかしどうも話がかみ合わないので、よくお尋ねしてみたところ、この先生は、指導要録の「関心・態度」の欄の記入に困っておられ、私が態度を診断する方法を開発しているということを耳にして、「これはありがたい」と飛びついてこられたのだということがわかった。私はびっくりし、「これは生徒の態度を評価する方法ではなく、自分の授業に対する生徒の態度を測定することを通じて、自分の授業の

成否や長所・短所を診断する方法です」とご説明したところ、その先生は、「なんだ、つまらない」という顔をしてそそくさと帰っていかれ、それっきり音信不通になってしまった。空しい話である。

　波多野完治氏は、アメリカやヨーロッパでは、評価で最も重要視されるのは授業の評価であって、生徒の学力をテストするのも、重点はそれによって生徒を評価することではなく、授業を評価することに置かれていると言われる*。我が意を得たりの思いである。学習の過程で折にふれて生徒の学力を調べ、それを個々の生徒の指導にフィードバックさせるとともに、テスト結果に基づいて授業計画を修正していく形成的評価の考え方も、こういう風土の中で育ったものであろう。

　個に応じ、個を生かす評価が求められる昨今であるが、そのための意味ある方法を開発するためには、子どもの目を通して自分の授業を評価するという発想を持つことが出発点だということを強調しておきたい。

*波多野完治「"評価"の心理学」『総合教育技術』1978年7月号

(『体育科教育』1990年7月号巻頭言)

第6章

体育授業を担当する教師に求められる条件

Chapter 6

第1節 体育担当教師の資質と修業

1 ◆ 体育教師の V.S.O.P.

❖体育教師の V.S.O.P.

　V.S.O.P.というのは、ブランデーの表示である。30年ものにつけられ、Very、Superior、Old、Pale（澄んだ、純正）という意味だそうである。要するに「最高級品」ということであろう。

　山形大学附属小学校の渋谷光夫は、これをもじり、教師の V.S.O.P.として、Vitality（意欲）、Speciality（専門性）、Originality（創意）、Personality（個性）の四つをあげている[1]。こういう発想そのものが Originality にあふれていて感心させられるが、本稿ではこの4条件を、体育の授業を担当する教師の場合に即して具体的に考えてみることにしよう。

❖V（意欲）とP（個性）

　わが国の初代プロテスタントであった内村鑑三は、明治17年、札幌農学校を卒業した後、「実行的慈善事業に顕はるる基督教の結果を見んことを欲し」[2]アメリカに渡り、公立の知的障害児の学園で看護人の助手を辛苦して務めた。その経験から、「わが国の文部省も全国各地に知恵おくれの子どもの教育の場をつくって、そこで将来、教師になろうとしている人たちの実習をさせるがよい。そして知恵おくれの子どもの教育から教育の原理を学びとった人だけに教員免許状を与えるべし。教育は、これによって初めてほんものになる」という提言をした。

　体育の分野でも、肢体不自由児の教育に一生を捧げた人がいる。柏倉松蔵（1882－1964）である。日本体育会体操学校（現在の日本体育大学）を卒業して岡山県師範学校の教師となった柏倉は、当時のことを次のように書いている[3]。

「私の心にかかってならなかったことは、どの学校へ行っても、体操の時間になると、足や手の不自由な子どもがきっと1人や2人はいて、運動場の隅にしょんぼりしていることでした。私は、その不幸な子どもたちの淋しい姿が、元気に体操する子どもたちと対照して、余りにも傷々しく、胸に刻みつけられて忘れられなかったのです。あの身体の不自由な子どもたちは、どんな風に生長して社会に出て行くのだろう。そんなことを考えると、私は、あの不幸な子どもたちをあのまま放っておいてはいけない。何とかしてやらなければ、ということが常に胸の中にあったのでした。」

この経験が機縁になって、彼は休職(後に退職)して上京し、東京大学整形外科の教授の指導を受けながら、当時まだ無理解な世の冷笑の中で、1921(大正10)年、彼の妻とともに独力で肢体不自由児のための私塾・柏学園をつくった。これが、わが国で最初の肢体不自由児のための教育施設である[4]。

このような肢体不自由児教育の延長線上に、運動のへたな健常児の教育がある。しかし、少なくとも最近まで、大学の教師養成教育の中で運動のへたな子どもの指導法を正面切って扱ったという事例は聞いたことがない。教育をしようにも、そのための研究の蓄積がなかったのである。

自省してみれば、運動のへたな子どもを目にしても、その光景がどうしても忘れられないというような感性に乏しく、したがって、運動のへたな子どもの教育から教育の原理を学びとるどころか、「あの子は鈍くてだめだ」と片づけてしまっているのでは、とても研究の問題意識など生まれるはずがない。運動のへたな子どもに対する指導法の問題を、初めて本格的に、そして体系的に取り上げたのは学校体育研究同志会であるというのが、同会に対する私の評価である。ボールゲームの授業の場で「疎外」されている子どもの姿を発見し、衝撃を受けたことが、同会の研究活動の発端であるという。すでに第2章第3節のボールゲームに関する論稿で触れたとおり、同会の人たちには、私などが不感症になってしまっていることがらの中に本質的な問題を感じ、義憤を覚える感性があったのである。

私たちは、教師として、豊かな感性を持ちたいと願う。それが、教師のPersonality(個性)の基本的に重要な要素であり、またそれが問題意識を生

み、Vitality（意欲）を育てる原動力であると思うからである。

　では、そのような豊かな感性は、どのようにすれば養うことができるだろうか。その重要な手だては、へたな子どもへのいたわりと共感の気持ちを持つことだということを、私たちは柏倉松蔵や同志会の事例から学ぶのである。

❖ S（専門性）
(1) 実技の能力

　体育を担当する教師の専門性という時、まず頭に浮かぶのは教師の実技の能力であるが、この問題をどう考えたらよいであろうか。

　昨年（1985年）4月からNHKテレビ午後7時のニュースを担当することになった松平定知アナウンサーは、インタヴューに答えてこう語っていた[5]。

　「しゃべりが未熟なのを承知で、やれということでしょう。結局、原稿を、堂々と、キチンと、ビビッドに読め、ということじゃないかと思うんですよ。例えばこんどの中国孤児の話など、ボクは同情のあまり、つい身を乗り出してしゃべっちゃうんです、自然と。楽しい時は楽しく、悲しい時は悲しく——これだと思います。」

　さすがにトップ・アナの見識と実力であるが、これはまた、一流の教師への条件でもあると言えよう。教材の文章を、口先だけでなく、からだ全体を使って、堂々と、キチンと、ビビッドに子どもたちに読んで聞かせるということである。

　ではこれを、体育の教師に当てはめれば、どういうことになるだろうか。教材である運動を、堂々と、キチンと、ビビッドに（生き生きと）子どもたちに示範してみせる、ということであろうか。私のような者にとっては、ため息が出るような条件であるが、こういう力を身に付けることを目指して研修しないといけないということであろう。

　山門昇（静岡大学）は、辺地の小学校で、中年の女教師が学級の子どもたちにワッショワッショと押し上げてもらいながら懸命に鉄棒の逆上がりの練習をしている光景を目にして深く心を動かされた体験を書いているが[6]、斎藤喜博の生前、彼の指導技術を学ぼうと思えばいくらでも学べる位置にいながら、恥をかくことを怖れ、見栄を張って学ばずに終わってしまった私は、山

門のこの文章を読むたびに悔恨の思いにかられる。学生時代はもちろん教師になってからも、どれだけ気どりを捨てて子どもとともに学ぼうという気持ちになれるかということ、それが肝要なのだということを、私は深い自省を込めて思うのである。

(2) 見る目

実技の研修と並行して、もう一つ大事なのは、「見る目」をつくるということである。

斎藤喜博は、NHKテレビ「斎藤喜博の教育行脚『教える』」（1978年放映）の中で、教師を対象に坂本遼の詩「春」の朗読の指導をして、「大きな空に」という詩句を生徒がどう読むかということで、3通りの読み方をしてみせた後、「まだ五色（いつ）くらいあるんです、僕が見ていると。それみんな認めるんです。だけど、本質的にイメージがないのはダメっていって……」と語っている。この指摘は、体育の授業でも重要である。これを援用すれば、次のようになるだろう。

①まず何よりも、子どもたちの体の動きを凝視し、どんな動きの種類があるかを見分け、②それらのうちで、理にかなっているのはどれとどれか、理にかなっていないのはどれとどれかを見分け、③子どもに演技させたり教師がやってみせたりしながら、なぜそれらが理にかなっているか、そのような動きをするためのコツは何か、あるいは逆に、なぜそれらが理にかなっていないのか、なぜそういう動きが生まれるのかということを説明してやる。

斎藤の指導で本当に感心させられ感銘を受けたのは、どんなに指導の時間が長引いても、また生徒がどんなに大勢いても、彼が気を抜くことなく、ただひたすらに上記①〜③の教師行動をとり続けたことであった。

(3) 言葉による表現力

教師の場合、"見る目"を持つだけでなく、見たことを的確に子どもたちに伝達し理解させることが必要である。ところが、「こういうふうにやる」とやってみせるのは簡単でも、それを言葉や文字で表現するのは大変むずかしくて苦労させられることが多い。私たちは（「私は」と言うべきか）、心がけて運動の方法、ポイント、コツというようなものを、言葉や文字で簡潔・明快に

説明する訓練を積まないといけないのではないかと思わされる。この問題は、すでに第4章で扱った。

《創造性》

　岩井邦夫の「忍者体育」は、1999年現在17年目に入っているが、マンネリに陥るどころか日々新たに内容が変わっていっている。その原因の第一は、教師自身が「忍者体育」の授業が面白くて面白くてたまらないからである。だから、「ああもしよう、こうもしよう」というアイデアが次々に生まれ、それを授業に取り入れる。こういう授業では、教師の思いを受けて、子どもも学習が面白くて面白くてたまらないから、次々に新しい忍法（運動）を発明する。そしてそういう子どもの学習から、教師は「ああ、こういう考え方があるのか。こういう学び方があるのか」と目を開かせられ、それが新しい授業展開につながっていく。

　このように、教師自身が強い関心・意欲を持って授業に取り組み、そして授業の中での子どもの姿に学ぶことが、教師の創造性を培うための条件であろう。

■引用文献
1）渋谷光夫「目的・内容・方法の有機的統一を」『授業研究』1985年8月臨時増刊号、188頁
2）『内村鑑三全集』第1巻、1950年、岩波書店
3）中川一彦「柏倉松三と日本体育会体操学校」『日本体育学会第30回記念大会号』1979年、673頁
4）石部元雄『肢体不自由児の教育』1975年、ミネルヴァ書房、29-31頁
5）「毎日新聞」1985年3月8日付、ひと欄
6）山門昇「楽しい器械運動のための14章」『体育科教育』1975年9月号

（『体育の科学』1986年10月号）

2・教師自身の「関心・意欲・態度」を

　全教科を担当する小学校の教師は、全科を診る診療所の医師に似ている。しかし医療の場合は、自分が苦手な診療科の患者が来院しても、医師の良心として診療に全力を尽くすだろうし、かりに手抜きをしてそれが発覚したと

すれば社会的大問題になるだろう。ところが教師の場合は、体育だけに限ってみても、体育の授業が苦手な教師が、ほとんどまともな授業を行わなかったというような話を耳にすることはまれではない。しかも、そのことに当の教師が良心の呵責を感じているという話はあまり聞かないし、また周囲も、同僚や父母が秘かに批判をささやくだけで、社会的非難がその教師に集中したという話も聞かない。このような違いは、医師の医療行為は人間の生命にかかわることが少なくないのに対し、教師の教授行動には、そのような切迫感はないということによるのであろう。

　しかし、子どもの持つ多様な可能性を全面的に引き出してやるのが、義務教育段階の教師の役割であり、そのような被教育経験の上に立って、子どもは自分の適性を判断して将来の進路を決定するのである。そう考えるなら、教師は、自分が手抜きをすれば、子どものその方向の「輝き」を引き出さないままにしてしまうと思い、そのことに怖れを感じ、苦手な教科の授業にも、前向きの「関心・意欲・態度」を持って取り組むはずである。それが、教師の良心というものであろう。

　では、そのような「関心・意欲・態度」は、どこで養われるべきであろうか。当然、「まず学生時代に」という答えが出るだろう。限られた学生時代の年月の中で、特に体育教材の多様な運動技能などをすべてマスターするのは困難なことであるが、学生時代に培われた「関心・意欲・態度」を動力源として、教育現場に入ってからも研修が続けられ深められていくわけである。

　こう考えれば、新しい学力観・評価観は「隗より始めよ」で、子どもに適用する前に、まず教師自身、教職を志す学生自身に適用されなければならず、さらにさかのぼって、「そのためにどんな教育をしているのか」と初等教育教員の養成にたずさわる私（たち）自身が問われることになるのである。

（『体育科教育』1993年9月号巻頭言）

3 ◆ 問題把握の力

❖問題把握の段階

　私は、縁あって晩年の斎藤喜博に師事した者であるが、氏は、「見える」と

いうことが教育の実践や研究の出発点であるということを、いつも強調していた。氏によれば、「見える」ということには次の三つの段階があるという（『開く』第1集）。
① そこに現実に動いているもの、聞こえているものに気づく段階。
② それをあるがままに正確に見たり聞きとったり記憶したりできる段階。
③ そこに動いているもの、聞こえているものに、豊かな意味を持たせ、問題意識を持たせて、見たり聞いたりすることができる段階。

「問題を把握する力」は、このうちの③の段階に当たるわけである。一緒に授業を見ると、斎藤はもちろん③の段階であるが、私も含めて大方の教師や研究者は、①以前の「見れども見えず」の段階で、「どう見ましたか」と氏から問われると答えようがなく、私は身の縮む思いがしたものであった。

❖ 問題把握の力を育てる手だて
(1) 本物を数多く見る

では、「見える」ようになるには、つまり、問題把握の力を育てるにはどうすればよいだろうか。斎藤が強調したのは、本物を目を貼りつけるようにして数多く見るということであった。そのためには、まず、すぐれた実践校の公開研究会などに積極的に参加し、授業を数多く見ることが必要である。

これを一般論に拡大すれば、書物から知識を得てすますのでなく、可能な限り現地に出かけ、すぐれた実物に接するように心がけるべきだということになるだろう。子どもに中国のことを教えるのに、自分が実際に中国を見たこともないのではダメだと思い、中国を旅行してきた小学校の教師がいた。また、その話を聞いた千葉県の小学校の教師が、自分は今まで奈良へ行ったこともないのに、知ったかぶって子どもたちに社会科で奈良の都の話をしていたことを反省し、夏休みに奈良を旅して平城京の跡に立ち、聞きしにまさる壮大さに圧倒されたというような事例がある（『事実と創造』55号）。このような行為を、教師に普遍的に求めるのは無理なことだが、できる限り、まず教師自身が本物に接しようとする意気やよし、というべきであろう。

こんなことを思うようになって以来、新聞の投書欄に、本物に接することの大事さを体験したという趣旨のものがときどき載ることに私は気づいた。

それまで「見れども見えず」であったものが、見えるようになったのである。例えば、ご主人の転勤で田舎から大都会に出てきた主婦が、初めて本物の美術品や古寺旧跡に接して、「すごい迫力に身をふるわせました。夢のようで、胸が痛くなるほど感激しました。どんな立派な本の絵でも本物にはかないません」(「朝日新聞(大阪)」1986年7月11日付)。また、全日本実業団駅伝を目の前で見た64歳の男性は、「大地をける足、その背に厳しい荒々しさ。もっといえば畏怖をさえ覚えました。名状しがたい感動でした。本物を目の当たりにして見方が一変するほどの感動を受けたことは、私にとって大きな収穫でした」と綴っている(同1987年1月9日付)。この人は、投書を「今、私はテレビの持つ宿命、限界を思いつつ、何かにつけ本物を見たいものと、到底かないそうにない思いにかられている次第です」と結んでいるが、授業研究にたずさわる私としては、本物の授業を「見るべき程の事は見つ」(『平家物語』)と言えるほどに見たいものだという、「到底かないそうにない思いにかられている次第」である。

(2) 目を貼りつけるようにして見る

　もちろん、本物に接しても、漠然と見ていたのではダメで、斎藤の言葉を借りれば、目を貼りつけるようにして見ないといけない。カメラやテープレコーダーに頼るのでなく、自分の目で見、自分の耳で聞くことが大事である。

　このこともまた、目が開けてみると、同じことを強調する投書が視野に入ってくるようになった。例えば卒業式の際、卒業証書授与の場面で保護者が写真を撮りまくっているのを横目で見ながら、「生きているすばらしい場面を、写真にそのままとれるのだろうか、レンズを通さない自分の目で、子供たちのありのままを見て、それを心のアルバムの中にしっかりしまっておくほうがいいのに」と感じたという小学校5年生！(同1986年3月30日付)。

　また、パリのルーヴル美術館のビーナス像の前で、日本の一学生が「その美しさに胸を打たれ、全身に電気が走るような感激に酔っていた時、どっと一団が現れて一斉にビーナスにカメラを向けた」。それは日本人の団体旅行だったのである。「彼らは日本に帰ると友人・知人に写真を見せて自分が行った名所・旧跡を自慢するのだろう。だが、しょせん、本物にはかなわない。本

物のビーナスは写真で見るような安っぽい色はしていない。ああ、世紀の美術品をじかに鑑賞できる機会に、わざわざガラスのファインダーを通して見るとは……」と、この青年は嘆いている（同1987年9月1日付）。

　斎藤は、この小学生や大学生と全く同じ思いで、授業参観に来た教師たちにカメラやテープレコーダーの使用を禁止し、それにもかかわらず密かにこれらの機器を使っている教師を見つけると、ものすごい勢いで叱責したのであった。

　それでも、カメラは、肉眼で授業の全景を見ながら、適宜シャッターチャンスをねらって一時的にファインダーから授業場面の一部を切り取って見るだけで済むが（それさえも斎藤は嫌ったが）、ビデオの場合は、1時間中ファインダーの限られた視野からしか授業が見えない。授業研究として、見たことや、それを分析した結果を他に伝えるためには、対象を文字や映像で記録することが必要であるが、上記のようなわけであるから、できることなら、ビデオ撮りは授業を見る目を持った協力者に任せて、自分は肉眼で授業を凝視したいものである。そうしないと、いくらたくさん授業を見て記録しても、授業を「見る目」はできないということを思わせられる。もっとも、そういう協力者がなかなか得られないのが悩みの種である。

(3) 対象に正対して見る

　授業は教室の後ろからではなく、前のほうから子どもの顔を見よということも、斎藤が強調したことであった。表情を中心に、子どもの動きを凝視することが、斎藤にとって授業の見方の基本であったのである。一般論として言えば、対象に正対して見よということになるであろう。しかし、こういう考え方は容易に一般化しないので、みんな教室の後ろで参観しているのに、一人だけ教室の前のほうから見るのは勇気のいることである。だから、こういう考え方に共鳴される先生は、参観者に「教室の前のほうから子どもの顔を見てやってください」と声をかけていただけるとありがたいことである。

(4) みずから実践し、体験してみる

　晩年の斎藤は、みずからの実践の事実の中から授業の理論を引き出してくれることを教育研究者に期待し、それらの人たち（私もその一人であった）の

前で汗水垂らして数多くの授業をやってみせた。その授業の記録は、『わたしの授業』(一莖書房)と題する全6巻の書物になるほどの分量に達した。しかし研究者の授業分析の作業は、遅々として進まなかった。

　そういう状況の中で斎藤は、特に若い研究者に対して、授業を見るだけでなく自分でも授業をやってみることを求めるようになった。多分氏は、参観者の立場で授業を見ているだけではどうも授業を見る目はできない、みずから実践してみる経験を積まないとダメだと考えるようになったらしいのである。もっとも私のような中年の者には、そんな要求を出しても「手遅れ」だと思われたのであろう、そのような要求は出されなかった。

　私は、実践者と研究者にはそれぞれ役割分担があると思っている。だから、実践者が研究者に対して「それなら実践してみたらどうですか」と短絡的に言われることには反感を持つ。しかし、問題把握の力を育てるためには、実践できる場、体験できる場があれば、積極的にそこへ身を投じてみることは、力を育てるために疑いもなく大いに役立つことである。それは、実践者としての力を磨くためにではなく、研究者として問題把握の力を育てるためにである。

　斎藤に師事していた当時、いくらでも実践してみる機会がありながら、見栄を張り、恥をかくことを恐れて、私はいつもその場から逃げていた。その結果、私の授業研究は、「心理学者の心理知らず」という言葉をもじって言えば、「授業研究者の授業知らず」とでもいうような、前記問題把握の③の段階に達しないものになってしまっていることが多いといつも感じている。やはり、子どものように純な心を持って、何でも見てみよう、何でもやってみようとする人が最後には伸びるようである。

❖子どもの教育への応用

(1) 小学校での実践の事例

　私はこの10月 (1988年) まで、奈良女子大学附属小学校の校長を兼務していた。この学校は、「学習法」「合科学習」で知られる木下竹次主事に率いられた奈良女高師附小の伝統を引き継いでいるので、とりわけそうであるのかもしれないが、小学校教育というのは、まさに本物に数多く接し、そして実践し体験する場だというのが私の実感であった。当校が今年出した『自己学習

力を拓く学習法の実践』(明治図書)という授業記録集にも、そういう授業実践がいくつも報告されている。

例えば1年生担任のN教官の教室は、子どもたちが持ってきた金魚、文鳥、ざりがに、かえる、てんとう虫等々、20種類以上もの小動物の容器で埋まり、ついには亀が登場して、亀を主役とした合科学習が始まった。これは総合学習と言ってもよいし、また生活科の学習の先取りであると言ってもよいだろう。

また2年生のA教官の学級では、野菜づくりの合科学習が展開された。学級菜園で、実際に野菜をつくる。その過程の中で生じた疑問や問題を解決するために、農家の畑の見学や園芸店の訪問に出かける。収穫した野菜は、「やさいやさんごっこ」で売買の実演。また、簡単な野菜料理づくりやその試食。さらに、収穫後の畑には大豆を栽培し、取り入れた大豆を使ってのとうふづくり。そして、とうふ工場の見学の学習へ発展、というぐあいである。

3年生のO教官の学級の子どもたちは、大仏殿参道のみやげもの店で奈良の土産物を調べ、発表し、さらに土産物をつくる工場を見学し、最後にこれらの学習の結果をまとめて『奈良のみやげもの』という本をつくった。全部で50時間の合科学習であったが、O教官は、「これは『みやげもの』研究が主の目的ではなく、一見ささいなことにも立ちどまる目や追い求める行動力を育てつつも、子どもらしさの発現を、と願うものである」と書いている。まさに、子どもらしいみずみずしさに溢れた問題把握の力を育てようとしている、と解釈できる。

このような合科学習(言い換えれば、経験学習を主な方法とする問題解決学習)は、低学年にとどまるのでなく、高学年でも、例えば「奈良の都」とか「布目ダム」というようなテーマで展開されている。かつて、問題解決学習か系統学習かということが大いに論じられた時代があり、世の中の大勢は前者から後者へ移行したということになっているが、しかし小学校の教育現場では、今もなお問題解決学習が脈々と生きており、そしてこの学習こそが小学校教育の真骨頂であろうというのが、私の併任校長としての3年間の見聞の中での実感であった。

(原題「我が身に引き寄せて」広大附小『学校教育』1988年12月号)

第2節　体育授業の美学

❖寂かな授業

　「忍者シリーズ」で知られる奈良女子大附小の岩井邦夫先生が、卒業間際の6年生に行ったマット運動の授業のビデオが手もとにある。子どもたちそれぞれが、自分の連続技を考案し構成して練習に励むものであるが、子どもたちは黙々と学習に没頭し、ビデオから音声を消しているのではないかと錯覚するほどである。先日、大学の体育科教材研究の授業でこのビデオを映した時、私はあらためてその静かさに感じ入り、思わず「静かですね。私は、こういう静かな授業が好きです」と学生に言ったものであった。

　この時、あらためて授業の静かさに私の意識が向いたのは、多分このところ私が、私語の多い「騒がしい教室」に悩まされ、それに関連して、斎藤喜博の「寂かな授業」という言葉に魅かれていたからであると思われる。これは、斎藤が教授学研究の会の機関誌『事実と創造』の第3号（1981年8月）に載せた教育講話のテーマで、この中で氏は、若い頃、子どもたちとともに、教室の前の松の葉に降る雨の音が聞こえるような「寂かな授業」にしたいと願い、努力したという経験を語っている（これは、斎藤が病の床で口述筆記した絶筆である）。

　「しずか」の表記法には「静か」「閑か」「寂か」などがあるが、斎藤がこの中から、必ずしも一般的には用いられない「寂か」を選んだのには、どんな思い入れがあったのだろう。ほんらい「さびしい」と読むこの字を特に選んだところに、斎藤の心的世界がうかがえると言ってよいであろうか。

　ともかく、「寂かな授業」が斎藤の授業の美学であったわけである。氏は、体育の授業で、ゲームの審判のとき以外には笛を使うことの必要性を認めなかったが、それも、こういう美学に基づくものであったと言えよう。私は、この美学に共感する。

❖ 美しい行進

　斎藤は、好んで行進を指導した。その行進は、氏の美学からすれば、当然「寂かな行進」でなければならない。では、そのような行進は、具体的にどんな行進であろうか。次のような問題を考えてみた。

　〈問〉高校野球の入場行進のように、手を大きく振り、足を高く上げ、足並みをそろえて進む行進（A）と、オリンピックの閉会式の退場行進でしばしば見られるような、みんなが自由に歩く行進（B）とでは、あなたはどちらのほうが美しいと思いますか。
　　ア　Aのほうが美しい　　イ　Bのほうが美しい　　ウ　どちらも美しい
　　エ　どちらも美しくない　オ　どちらとも言えない

　「どちらが美しいか」と問われるよりも、「どちらが好きか」と問われるほうが答えやすく、また結果も大して変わらないかもしれないが、ともかく、あなたはどの選択肢に〇をつけますか。

　「お前はどうだ」と問われると、答えをはぐらかしてしまうことになるかもしれないが、オに〇をつけることになる。つまり、高校野球の入場行進的な行進にも美しいものと美しくないものとがあり、オリンピックの退場行進的な行進もまた同様であり、いちがいには言えないということである。

　では、美しい行進と美しくない行進とは、どこで区別されるのだろうか。上記Bの行進など、みんなゾロゾロと歩き、なかには後ろに向かって走り出す者さえいる。それでも、何かしら全体が調和がとれて美しい（と私は思う）。一方、足並みをそろえて一糸乱れず進むAタイプの行進も、見ていて本当に感動させられるものもあるが、逆に、寒々とした感じで見るに堪えないものもある。行進する人たちの顔が無表情であったり、いかにもつまらなそうであったりして、操り人形の行進を思わせられるのがそれである。

　このように見てみると、行進の美しさを規定する要因は、外見的な形よりも内面的なもの、つまり、行進する人たちの心であることがわかる。具体的に言えば、行進する人たちの心が同じ方向を向き、そして心と心が通い合っているとき、手足がそろっているかどうかということとは無関係に、その行進は美しい。そしてそのような行進であれば、それが「雑然」とか「無秩序」

という感じの行進になるはずはない。

　斎藤流の教育で、6年間公開研究会を続けた東京の瑞穂三小の田嶋定雄校長は、最近刊行された写真記録『教育讃歌』（一莖書房）の中で子どもたちの行進の写真を、次のように解説している。

　「子どもたちの足は、右、左と全部きちんと揃っているわけではない。しかし、全体としてのリズムはくるってはいない。子どもたち一人ひとりの内からわきあがってくるものが全体としての力を生みだしている。私はこの行進の中に、様々な声で、しかし全体としてのゆたかなハーモニーをつくりだしていく群読のそれと似通うものを感じるのである。」

　足がきちんとそろっていなくても美しいのである。では、「足がそろえば、もっと美しくなるはずだ」と考えて指導を続ければ、どうなるだろうか。角を矯めて牛を殺すことになるかどうか。やはり、子どもたちの内面的なものがどう変わるかということにかかっていると言えよう。一方、行進する人たちの心の向きがバラバラである時は、どんなに手足がそろっていても、その行進は美しくない。むしろ、手足がそろえばそろうほど、美しさから遠ざかっていくと言ってもよいほどである。

　このように考えて、「これはなかなかよい解釈だ」と、私は自分で満足したのであった。

❖「寂かな授業」を生む要因

　ところが、あらためて「寂かな授業」という斎藤論文を読み返してみて、そこに上記の私の解釈のようなことが、もっと詳細にかつ整理された形で書かれているのを発見して、私は「さすがに斎藤喜博」と感じ入った。前にこの論文を読んだ時は、「寂かな授業」そのものに私の関心が向いていなかったので、「読めども読めず」で、読んだことをみんな忘れてしまっていたのである。

　この論文で斎藤は、子どもたちが無言で、動いてもいないのに、何となくざわざわして統一を欠いている教室があり、また一方では、子どもたちも教師も発言し動いているのに寂かな教室があるということを言っている。そして、教室全体一人残らず教師も子どもが一つことを追求し、熱中し集中して

学習をしている時、授業は一見騒々しいように見えても、実質は緊張した寂かさをもっていると言い、この現象を「寂(閑)かさや岩にしみいる蟬の声」という芭蕉の句を引用して説明している。

これは、物理的なホーンなどでは判定できない文学的な話である。しかし私は、教育や体育の分野では、数量化志向の研究とともに、こういう文学的な感性で論理を詰めた研究も大いに行われないといけないと思うのである。余談になるが、朝日歌壇(1988年7月23日付)の入選歌に、「絶好のチャンスにバット空を切り、湧く歓声に透きゆく体」というのがあった。物理的には歓声に満ちているが、心理的には静寂の世界なのである。

では、「寂かな授業」をするには、どんな力を身に付けないといけないのだろうか。斎藤は、「寂かな授業」のできる要因として、次の五つのことをあげている。
①何といっても、教師の授業に対する力
②その教科教材に対する教師の深い教養とか素養
③教師の人間全体の魅力ともいえるもの（その教師の持っている人間性）
④教師の出す声の質
⑤教師の服装・持物

❖静かな体育授業

本書第4章で、小栗達也氏の事例を紹介した。正座の姿勢から、全く足音をさせずにヒョイと立ち上がる見事な示範で、数百人の学生がいる体育館の中を静寂の世界にしてしまった話であるが、これは、斎藤の言う②の条件を満たすことが、どんなに子どもたちを学習に集中させ、教室を静かにするかということの、またとない例証である。例えばオリンピック選手というような一芸に秀でる人なら、①の条件に多少欠けるところがあっても、静かな教室は生まれるのである。

小栗氏の場合は、②に加えて①があった。「足音をさせたらダメ」という指示がそれである。それは、この運動の行い方についての氏の教材解釈に基づく指示であるとともに、ヘタをすれば騒々しく収拾がつかなくなってしまう体育館の中での多人数教育に対応する授業者としての力量であったのである。

私のように②の力に欠ける者は、なおさら①の力をつけるための研究を深めなければならないわけである。

❖笛を吹かない体育授業

　以上のように見てみると、静（寂）かな体育授業を生み出すための道は、取りも直さず果てしない教師修業の道だということになる。

　しかし子どもを指導する場合、一度にたくさんのことを注意しても子どもは混乱してしまうだけだから、順に一つずつ注文を出していかないといけない。これは、斎藤がしばしば指摘していたことである。これにならって「寂かな授業」を生み出すためのいろいろな条件の中から、まず一つを選んで、その実現に努力してみるということにすれば、何を選ぶのがよいだろうか。

　新聞への主婦の投書に、こんなのがあった（「朝日新聞」1986年1月7日付）。

　「近くの小、中学校が運動会の練習を始め、ダンスの曲やマーチとともに、先生方の『お叱り』が家の中にとんでくる。はじめは、近所でけんかでも始まったのかと、その声のすさまじさに、読みかけの本をあわてて閉じて立ち上がったりした。そのうち『またか』と思うのだけれど、あのスピーカーを通したどなり声には、いつになっても慣れることができない。」

　体育の授業もまた同様であろう。怒鳴り声、号令、そして笛。これが、体育の授業で教師が発する「寂かな授業」の成立を妨げる3大音響あるいは3点セットであり、運動会の練習の時は、これらの増幅装置としてスピーカーが加わるわけである。そこでこの中から、せめてどれか一つを選んで、できる限りそれを使わないようにしてみたい。ここでは、笛を吹かないように努力してみることにしよう。

　いまちょうど、自由の森学園の依田節夫氏の『自分のからだと対話する』（太郎次郎社）という新刊書が届いて読んでいるところである。依田氏の恩師は、斎藤喜博から大きな影響を受けた中森孜郎氏であるので、この系譜から自ら明らかなように、依田氏は体育の授業で笛を吹かない。ところが、公開研究会に参加したある教師はこのことに驚き、「自分の授業では、子どもを集める時や話をするため集中させる時、笛を吹かないと不安で仕方ないのです。子どもたちが集中しなければ、笛の音はますますけたたましくなります。そ

れなのに先生の授業では……」という感想文を寄せたという。これに対して依田氏は、「とにかく、笛を持たないということで、子どもたちと人間としての関係を結ぶことができるのです。そのために呼びかけなくてはならないし、語りかけなくてはならないわけです。それも一人一人に」と書いている。笛を使わないことによって、「寂かな体育授業」を生み出すための端緒が開かれるのである。

　しかし、この本の巻末の解説で中森孜郎氏は、「教育実習生が笛を使わないで研究授業を行うと、なぜ笛を使わないのかときびしく指導されるというありさまである」と書かれている。残念ながら、これが現実なのであろう。国立大学の共同利用機関である放送教育開発センターが制作した「教師教育ビデオ教材」シリーズというものがあり、その中の一巻として、教育実習生の体育の授業の記録がある。これは、集合させて教師が話をする回数と時間が非常に多くて、運動の場面は数分にすぎず、このようなビデオが、なぜ教育実習生の事前教育のための教材として販売されるのか理解できないが、加えて参ってしまうのは、鋭く長い笛の音が、しばしば体育館内に響くことである。例えば準備運動の蛙とびの時に、各列をスタートさせるたびに笛を吹くから、この場面だけで10回近くも笛が鳴ることになる。国立大学共同利用機関の委嘱を受けてこういう啓蒙的なビデオをつくる学者たちでさえも、笛を頻々と吹く体育授業を、よい体育授業のモデルだと考えているのである。憮然とした思いにならざるをえない。

　できる限り笛を吹かずに「寂かな体育授業」を生み出すことを目指す教師が、大勢現れてほしいと願わずにはいられない。

(『体育科教育』1991年1月号)

第3節 運動ぎらいにさせるものは何か
――その社会的条件――

　本稿は30年も前に書いた文章であるが、今日でもいささかの存在価値をもつのではないかと思い収録した。なお、教師論を扱う本章に載せるのは不適切であるようにも思われるが、本書の章立てでは他に適当な場所がないので、教師の要因が運動ぎらいの発生に大きく関わっているという考えに立ってここに掲載することにした。

1

　運動は、動物としての人間の本能的な欲求である。ひっこみ思案の子どもたちでさえ、「広大な原野に子どもをはなしてみると、休むことなく走ったり登ったり、じつに楽しそうであり、しかも勢力がある。……ひっこみ思案どころではない。エネルギーのかたまりのような子どもが多い」（平井、1965）のである。

　このような運動欲求は、身体の発育が完了するとともに減退するのも自然の理であろう。成人性検査というものがあって、そこでは「ときどき激しい運動をしたくなる」という項目に「いいえ」と答えるのが、成人性を判定する一つの指標となっている（都留、1968）。しかし実際には、男子では35歳、女子では25歳になっても、まだその半数はこの項目に「はい」と答え、一方、軽運動への欲求度は年代による有意差が見られない。身体の発育が完了しても、人間が動物である限り、運動は古い皮質からの〈はるかなる呼び声〉であると言えよう。

　$B = f(P、E)$、つまり、行動は人間と環境（社会的条件）の関数であるというのは、レヴィンの有名な公式であるが、現実に「運動ぎらい」が存在するということは、〈はるかなる呼び声〉を抑圧する何かが社会的条件に存在するに違いないということになる。

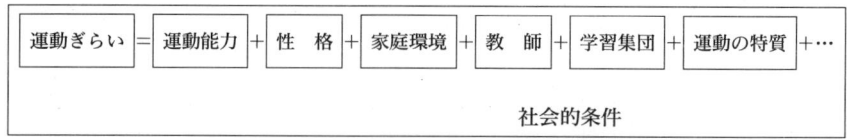

234　第6章　体育授業を担当する教師に求められる条件

```
┌─────────────────────────────────────────────────────────────────┐
│ 運動ぎらい ＝ 運動能力 ＋ 性　格 ＋ 家庭環境 ＋ 教　師 ＋ 学習集団 ＋ 運動の特質 ＋… │
│                                          社会的条件                  │
└─────────────────────────────────────────────────────────────────┘
```

図15／運動ぎらいを規定する要因の模式図

　この問題に社会心理学的にアプローチするとすれば、まず初めに、運動ぎらいにさせると考えられる主要な条件（要因）を仮説的に並べる。図15がその例である。次に、多数の被験者について、これらの諸要因を調査・測定・観察などによって数量的に把握する。そして、それらの数値を多変量解析あるいは多次元解析することによって、運動ぎらいに、どの要因がどのくらいのウエイトで利いているかを明らかにする。

　当面の課題についても、やがてはこのようなアプローチによる研究が登場するものと予測することができる。しかし現在はまだ、運動ぎらいに関する研究はきわめて少なく、そのために、理論仮説を組み立てるのもかなり困難な段階である。したがって本稿は、理論図式作成のための予備的なスケッチの域を出ないことをお断りしておきたい。

　なお、「運動ぎらい」という言葉ははなはだ多義的で、広義には「運動欲求の低い者」と定義できるし、狭義には「スポーツぎらい」と定義することもできる。しかし実は、図16に見るように、運動欲求とスポーツのすききらいとの間には高い相関がある。そこで本稿では、「運動ぎらい」という言葉を広義、狭義ひっくるめたかなりルーズな概念として用いることにする。

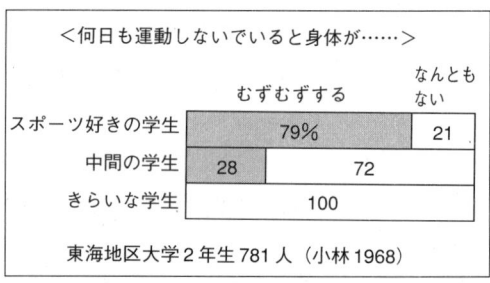

```
＜何日も運動しないでいると身体が……＞
                      むずむずする    なんともない
スポーツ好きの学生        79％         21
中間の学生          28      72
きらいな学生                100
東海地区大学2年生781人（小林1968）
```

図16／運動欲求とスポーツのすききらいの関連

2

　5指にも足らぬ「運動ぎらい」の研究の中で、佐久本ほか（1969）の研究は出色のものである。私が特におもしろいと思ったのは、次のことであった。

第3節　運動ぎらいにさせるものは何か

　運動ずきの生徒と運動ぎらいの生徒のパーソナリティ（YGテストによる）や体力・運動能力（スポーツテストによる）を比較して最も顕著な差がみられたのは、50m走の記録であった。被験者が少ないので記録は正規分布しないが、正規分布するものと仮定して、運動ずきのグループと運動ぎらいのグループの平均値と標準偏差から模式図を描くと、図17のようになる。

　横軸の得点はスポーツテストの得点であるが、10点以上を運動ずき、9点以下を運動ぎらいと判定すると、その判定が当たる確率はおよそ80％である。つまり、50m走のテストは、運動のすききらいの判別力がかなり高いのである。

　50m走のようなスプリ

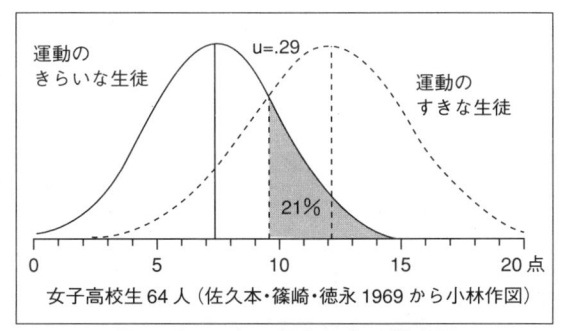

図17／50ｍ走の得点分布の模式図

ントは、調整力にダイレクトに関わるものと考えれば、「運動ぎらい」にさせる基底的な要因は調整力の低さだということになる。幼・少年期に調整力を伸ばすことがいかに重要であるかということは、高田（1967）が繰り返し繰り返し強調していることであるが、それは多年にわたる小学校教師としての真摯な実践から生まれた卓見と言うべきであろう。調整力を伸ばすためには、まず何よりも、子どもたちに、その運動欲求を充足させる場が保障されなければならない。ひっこみ思案の子どもでさえ、広大な林野に放たれれば休むことなく走ったり登ったりする。しかし今や、そのような広大な林野は、少なくとも都市やその近郊の子どもたちにとっては夢物語にすぎないことは多言を要しない。

　子どもの遊び場を確保するために、道路を一定時間交通止めにすることが英断と称される現実。学校でさえも、持久走のために競馬場を借りて物議をかもすという現実。運動ぎらいにさせる社会的現実の第一として、運動欲求を充足させる場の不足ということが指摘されなければならない。

3

　学齢期になれば、子どもたちの前に体育の授業が登場する。大学生を対象とした研究の結果では、体育の授業に対する学生の態度を規定する主な要因は、「運動する喜び」「教師の授業方法に対する評価」「体育に対する価値観」の三つであり、これを構造的に捉えれば、「喜び」が基底となって「評価」が生まれ、「価値観」が育つ（小林、1970）。おそらくこれは、小中高校の児童・生徒でも同じであろう。

　だから、体育の目的は、端的には「体育する喜び」を知った人間をつくる（京口、1967）ことであると表現することができる。喜びが高次なものとなって極まるとき、感動が生まれる。「授業から子どもの感動を取り去ったらネウチがない。授業の本命は、いかにして子どもにいい感動を湧き立たせるかということにかかっている。ここでの成否が、運動生活のすべてを決する」という高田（1967）の言葉は、体育の本質を見事に捉えている。

　本題からはずれて体育目的論に飛躍したようにも思えるが、必ずしもそうではない。体育は、からだの能力の全面発達に寄与する運動文化を教材として、体育する喜びを深めることを目指す教科である。しかし、少なからぬ児童が、からだの能力の全面発達のための最も基底的な教材である鉄棒、跳び箱、マット運動などでつまずくのである。大学生に、体育の経験の回想記を書かせると、運動ぎらいの学生は、必ずといっていいほど小学校期での鉄棒や跳び箱の「つらく悲しい」体験を記す。体育する喜びを深めるための第1歩としての学習が、皮肉なことに「運動ぎらい」をつくり出しているのであり、それはまさにパラドックスであると言わねばならない。

　それは教材の罪ではなく、問題は教材を取り扱う教師の側にあると言えよう。好むと好まざるとにかかわらず、運動ぎらいにさせる社会的条件の第二として、「教師の指導方法・技術」が問題にされなければならない。「体育科担当教師は……生徒の学びたがらない、いな嫌っている運動種目（例えば巧技とか徒手体操など）を、工夫するよりは単に体育科として重要であるからというだけで教えていることが知られた」（中野、1960）。それに対応して、体育の

授業に非好意的な生徒では、教師の運動技術の指導に対する不満・恨みが、授業方法に対する評価と強く結び付いている（小林、1970）。図18に見るとおり、体育の授業に喜びを

体育の授業が……	自分	教師	友人	その他
楽しかった者	62	17	15	6
楽しくなかった者	42	45		13

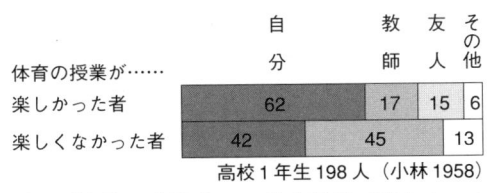

高校1年生198人（小林1958）

図18／生徒の意識する、体育授業が楽しかった（楽しくなかった）最大原因

感じることのできない生徒は、その原因を教師に求める傾向が強いのである。

しかし一方では、「6年全員が50m競泳に参加し、グラウンドでは4年以上の全員が50回の側転をやってのける」（「朝日新聞」1969年4月23日付夕刊、今日の問題『名校長』）という実践が存在する。その「名校長」斎藤喜博さんを迎えた坂入・杉村・中森・正木（1967）の跳び箱運動を教材とした授業研究は、教材を深く研究し、子どもたちをうまくしてやることが、体育を指導する教師の当然の仕事だということを、私たちにアピールしている。

4

社会的条件の第三として、運動種目、特にスポーツの持つ能力主義的な性格が指摘されなければならない。スポーツは、社会関係の中で生まれ発展してきたものであるから、それはまさしく社会的条件のカテゴリーに含まれるものである。

スポーツは技術性を持った活動であり、また多くの場合、それは競争関係の中で行われる活動である以上、図9（93頁）に見たとおり、能力のすぐれている者が活動の中心になるのは必然的なことである。その結果、うまい者はますますうまくなり、へたな者は萎縮してますますへたになる。後者にとってスポーツは、ホイジンガの説く遊戯の思想とはほど遠く、精神的抑圧をもたらすものに他ならない。運動ぎらいになるのは当然のことである。中村（1968）は、近代スポーツのこのような能力主義的な性格を厳しく批判し、新しい運動文化の創造に志向する。

このような志向は貴重である。そのことを確認したうえで、なおかつ、体育における競争とは何かということをあらためて問い直すことが必要であろ

う。

　大橋（1965）は、競争を「野蛮な形態」と「人間的な形態」とに分ける。ただひたすらに勝つことだけを目指して、能力による差別を当然のこととし、人格のゆがみを生みだすものが「野蛮な形態」の競争である。これに対し、へたな者にボールをパスしないというような行為を否定して、しかもゲームに勝とうとするならば、集団内での競争は「野蛮な形態」とは次元の異なったものとなる。へたな人にボールをパスしても彼がそれをうまく処理できるようにするために、彼の練習にみんなが協力しなければならない。それは、彼が上達するということにとどまらない。彼がよいパスをしてくれなければ、自分もよいボールをけることができない。自分が上達しなければ、チームのみんなが上達できないし、また、みんなが落ちこぼれなく上達しなければ自分も上達できないという認識、さらにまた、へたな人が上達していく過程から、みんなが運動学習の法則を学ぶことができるという認識。こういう認識に基づいた集団過程は、協力と競争が表裏一体となったものとなる。そこでは、協力関係はもとより競争関係にもまた、喜び・連帯感・責任感などが存在する。このように、人間の諸能力と人格の全面的な発達への豊かな可能性を持った競争が「人間的な形態」の競争である。

　「野蛮な形態」の競争を助長するのでなく、「人間的な形態」の競争関係を実現させることが、体育におけるスポーツ学習の重要な課題であり、それこそが、「運動ぎらい」の発生を防ぐ重要な条件である。すぐれた実践記録には、この課題を克服する方途を示唆したものが少なくない。「すぐれた実践には、必ず理論や法則が裏うちされている」と斎藤（1960）は述べているが、すぐれた実践に学び、そこに潜む理論や法則を引き出し拡大していくことが、体育研究にたずさわる者の使命だと言うべきであろう。「運動ぎらい」の研究に志向する者の課題も、つまるところ、ただこの一点に尽きる。

　体育学習における競争の問題は、すぐれて学習集団に関わる問題である。その意味で、運動ぎらいにさせる社会的条件の第四として「体育の学習集団」を提示しておくことが必要であろう。

　ひとりがこまれば、みんなで助け／ひとりの問題を、みんなで考え／ひとりの喜

びを、みんなで喜び／肩をたたきあいながら進むぼくたちです。
ひとりの足りないところはみんなでおぎない／ひとりが進めば、みんなが進み／みんながみんなを良くしあいつつ／肩くんで進むわたしたちです。
　　　　　　　　　　──小西健二郎『学級革命』より──

　このような情景が、学習集団の彼岸と言うべきであろう。そこには、運動ぎらいは存在しない。

5

　運動ぎらいにさせる社会的条件として、本稿では、家庭での運動環境、教師の指導技術、学習集団の形態、スポーツの能力主義的性格の四つを提示した。これらの要因を、冒頭に述べたような研究手法の中に投げ込むことが、今後の課題である。
　最後に一つ、留意しておくべきことがある。「運動ずき」の学生の中のいくばくかは、ただひたすらに実践だけに志向し、その実践の中に思考活動が介入することを拒否する。体育のことをタイソーと呼ぶ学生の大方はその類である（小林、1967、Kobayashi 1968）。それは「スポーツ馬鹿」の一種であり、彼らの体育に対する認識は感性的レベルにとどまり、理性的レベルにまで止揚していないのである。「運動ぎらい」を「運動ずき」に変革させるというとき、その変革の方向は、このように実践と感性的認識の間をさまようような人間の形成ではなく、認識と実践が統一的に発展する人間の形成である。そのような人間をつくるのが体育というものである。

■引用文献
1）平井信義『少年期のこころとからだ』IDE教育選書、1965年、19頁
2）小林篤「体育教師と生徒の親しみ」『体育の科学』1958年8月号
3）小林篤・生田清衛門「チーム成員の運動能力と相互作用についての実験的研究」『体育学研究』6－1、1961年、27頁
4）小林篤・徳永幹雄・粂野豊「大学の保健体育科目に対する学生の態度構造に関する研究Ⅰ」『九州大学体育学研究』3－5、1967年、69－77頁
5）小林篤「大学の保健体育科目に対する学生の態度構造に関する研究Ⅱ」『名古屋大学教養部紀要』12、1968年、87－105頁

6) Kobayashi, A. ; Structure of factors determining the attitude of college students toward required health and physical education, Res. J. of phy. educ., 12-3, 1968, 147-156.
7) 小林篤「体育実技に対する学生の態度の構造と変容」浅井浅一編『体育学論叢Ⅱ』1970年、日本辞書、54－74頁
8) 京口和雄『体育科の主体的学習』1967年、明治図書、20頁
9) 松浦義行「発育の個人差と体育指導」『体育科教育』1969年11月号
10) 中村敏雄『近代スポーツ批判』三省堂新書37、1968年
11) 中野佐三「体育学習の不振の原因について」『教育心理学研究』7－4、1960年、42－48頁
12) 大橋精夫「学習集団の思想」砂沢喜代司編『授業における集団過程』講座授業研究Ⅳ、1965年、明治図書、34－35頁
13) 斎藤喜博『授業入門』1960年、国土社、215頁
14) 坂入博子・斎藤喜博・杉村瑞穂・中森孜郎・正木健雄「体育の授業研究」『教育』1967年7月号、15－56頁
15) 佐久本稔・篠崎俊子・徳永幹雄「運動ぎらいに関する研究（第2報）」日本体育学会第20回大会発表資料、1969年
16) 高田典衛『子どものための体育科教育法』1967年、大修館書店、31頁
17) 津留宏「成人度の発達とその規定因」依田新編『現代青年の人格形成』1968年、金子書房、86－118頁
18) 梅根悟「体育科の目的は何か」『体育の科学』1967年4月号

（『体育の科学』1970年5月号）

第7章

体育の授業研究

Chapter 7

第1節 体育授業分析方法論

1 ◆ 授業分析的研究のむずかしさ

　授業分析とは、授業の中の事象を正確に把握し、そのような事象を生んだ原因を解明する研究法である。このような研究を積み重ねることによって、よい授業を生み出すための原理・原則が明らかになり、それらが体系化されることによって教科教育学が成立する。だから，授業分析は教科教育学の基本的な方法であると言える。授業研究という用語もあるが、授業の実証的な研究が授業研究であるから、授業研究と授業分析は同義に用いられたり、授業分析が授業研究の方法であるとされたりする。

　授業分析のためには、資料として授業のありのままの記録――つまり授業記録が必要である。もっとも、授業を目で見て直接分析したりビデオで分析したりする場合は授業記録はいらないが、その場合でも分析の客観性を証明する資料として授業記録は必要である。だから授業分析のためには，まず資料価値の高い授業記録をつくらないといけない。しかしそのような授業記録をつくることは、特に体育の授業では、教師も子どもたちも広い場所を縦横に動き回り、また言葉だけでなく体の動きも記録しないといけないから容易なことではない。さらにまた、授業記録をつくっても、授業は諸要因が絡み合っているので、事象の因果関係を明確に指摘することがむずかしい場合が多い。そのため授業分析の結果を論文にしても記述が長くなってしまい、学術雑誌はみな紙幅の制限を設けているので投稿することができず、かりに投稿しても、因果関係の解明があいまいであるとして採択されないことが多い。このような状況が、「教科教育学は，学として成立しているのか」という批判につながるのである。

　そこで本稿では、このような状況を打破する一助となることを願い、資料

価値のある授業記録のつくり方と、授業の事象を簡明に記述する手だてとしてのカテゴリー分析の意義と方法について考察してみることにしたい。

2 ◆授業記録に求められる要件

　授業記録の中には、テープレコーダーの音声を無味乾燥に文字に直し、見ただけで読む気がしなくなるものがあるが、読まれる授業記録でなければ資料価値は乏しい。その意味では、文章にリズムがあり、読者が思わず引き込まれてしまうような作品を文学と呼ぶことにすれば、授業記録もまた文学でありたい。事実を正確に伝えるノンフィクションの文学である。「隗より始めよ」で、筆者の作品を提示してみよう。

　すぐれた理科教育学者で後に教授学に転じた高橋金三郎[16]が、次のように書いていた。

　「斎藤喜博氏の『わたしの授業』第2集には体育授業の基本技術が詳細に豊富に書かれており、授業研究の最上の参考書と私は思っているが、それは同時に『かん』の研究の豊富な実例集にもなっている。全5集中の圧巻ではないだろうか。
　──ゆっくりと行ってください。(ゆったりした助走をやってみせながら)ていねいに行ってください。あわてずに。
　──(いま指摘した子を元に戻し、後ろから肩に手を置いて)はい、胸を開いて、息吸って。はい、行ってごらん。……(伴走しながら、踏切直前に)はい！そうだ！　(この子、美しい姿でとび越す。参観者の間から嘆声)
　『はい、そうだ！』のかけ声は熟慮の末ではなく、瞬間的でつまり『かん』であろう。それでも、この『かん』の出自はほぼ見当がつく。斎藤氏は子どもと伴走する中で自分のリズムを作っていったに違いないし、それは子どもに共感されたろう。リズムの最高潮に達したときに、『はい、そうだ！』とかけ声が出たからこそ、子どもは自然に踏み切ったのであろう。けれどもその根底には、斎藤氏の徹底的なリズム重視の体育観があるからではないか。私が斎藤氏の体育に魅力を感ずるのはその点である。」

　高橋が賞賛している上記斎藤[13]の授業記録集は、面はゆいことだが、筆者が晩年の斎藤の教育行脚に同行してつくったものである。まだビデオが普及する以前のことで、テープレコーダーと観察メモだけで記録をとった。しかし

音楽の素養に乏しい筆者には、この授業記録から高橋のような分析ができるとは思いもよらないことであった。

　だが、不遜な言い方になるが、この授業記録があったから高橋の分析を引き出すことができたのである。よい授業記録をつくることが、授業分析の出発点である。

3 ◆要件を満たした授業記録の実例

3－1　学校の研究授業でつくられた授業記録

　授業分析は、昭和30年代の初頭、テープレコーダーが開発されることによって始まった。しかし、当時のテープレコーダーは高価で何台も購入するわけにはいかず、しかもオープンリール式で大きく重く持ち運びが大変であったから、特に体育の授業記録をとるのはむずかしいことであった。体育のくわしい授業記録は、いわゆる現場の研究授業で、学校をあげての「人海戦術」によってとられた。その成果として最初に発表されたのが、富山市立堀川小学校[21]の『授業の研究』（1959年）であった。

　これは、同校が授業分析の先駆者である重松鷹泰の指導を受けて行った全教科の授業分析の結果を集成したもので、この中に5年生のポートボールの授業を分析した22ページ分の分量の報告が含まれている。ここでは体育部会の八人ほどの教師が手分けをして、対象グループと抽出児の行動を観察・記録し、詳細でしかも読みやすい授業記録をつくり、客観的な分析をしている。当時大学の助手として就職したばかりで、授業記録をつくることのむずかしさを痛感していた筆者は、この報告書に接して驚嘆したものであった。

3－2　研究者と実践者の共同研究でつくられた授業記録

　それから8年後の1967年、教育科学研究会身体と教育部会[5]の名で、「体育の授業研究」という記録が雑誌『教育』に発表された。これは、同会の正木健雄・中森孜郎・杉村瑞穂・坂入博子が共同で跳び箱運動の教材研究を行い、初めは跳び箱を横に跳ばせるのがよいという考えに立って、坂入が担任する4年生の学級で授業を行い、それを教授学部会の斎藤喜博らも加わって座談会形式で分析した40ページにも及ぶ長文の記録である。これは、研究者と実

践者が共同で行った体育における最初の授業分析的研究の成果である。

　当時はビデオが実用化されたばかりで、まだ学校でも買えないほど高価であったが、この研究では業者の好意でビデオ撮りが行われ、これが授業記録の作成に威力を発揮した。この授業記録には、教師や子どもたちの発言や行動、さらには場の雰囲気も、うるおいのある平易な文体でよく書き込まれ、写真も多数載っていて、興味深く全編を読み通すことができる。例えば、跳び箱が横から縦になった時の情景は次のように綴られている。

　「とび箱を横にし、踏切板を離してとべる子どもたちが、縦にしたとび箱に挑戦する。子どもたちは、舞台いっぱいにさがり、それ以上さがれないので、舞台にへばりつく。そして、そこから助走をはじめる。
　——とべる子、……とべない子……。子どもたちの中から『アッハッハッ』という笑い声、『パチパチ』という拍手。『ひっくりかえっちゃったよ』『ウワッ』という叫び声がおきる。」

　授業後の研究会で斎藤は、跳び箱が縦になったら子どもの動きが生き生きしたが、これは跳び箱を横—縦の順に跳んだからではなく、縦にして窮屈な感じがなくなったからだと思うと発言している。彼は、授業分析の筋道をきちんと踏まえて発言しているのであるが、上に引用したような授業記録が添えられているから、読者は斎藤の発言の内容をよく理解することができる。

3—3　実践者が綴った授業記録的実践記録

　多人数で行う組織的授業分析はもちろん貴重であるが、実践者が個人で自らの授業を記録して行う「草の根」の授業分析は、授業分析の原点であると言える。しかし個人で行う場合は、各種の録音・録画機器を駆使することは無理であり、授業を振り返って、その経過とそれに対する感想や反省を実践記録として綴るのが無理のないやり方である。こういう実践記録には実践者の息吹きが横溢していて、読者は、そこから授業実践への意欲をかき立てられ、また授業を成功させる手だてについての示唆を得ることも多い。

　しかしそのような実践記録は、授業過程がすべて客観的に書かれているわけではないので授業分析の資料としては使えない。そこで、実践記録であっても授業過程を客観的に記述してほしいという要望が、授業分析が始まって

以来研究者の側から出され、また実践者の側でもそういう意識をもつ人が現れてきた。このような機運の中で、授業記録の要素を取り入れた実践記録が実践者によって書かれるようになったが、体育の分野での最初でしかも代表的な作品が、滝沢友次[19]の「台上腕立て前転」である。

これは、斎藤喜博校長編集の島小職員の実践記録集『島小の授業』(1962年)に収められているもので、回転のとき肘が伸びている弘と曲がっている健司に演技をさせて、子どもたちに、大きな回転をするために肘を伸ばすことが必要だということを発見させようとする場面の記述から始まる。ところが行わせてみると、弘の回転はぎこちなく、健司のほうが大きな回転をしているように見えた。教師は当惑するが、自らの教材解釈を捨てることができず、肘を伸ばすことを求めて子どもたちに練習を再開させた。しかし、授業はぎくしゃくしたものになってしまった。見かねて、斎藤校長が介入した。

　「滝沢さんが、肘伸ばせと言ったからこうなってしまう。肘が、ぜんぜん生きていないですよ。無理してるから。(中略。斎藤は修三に『力を抜いて』と助言する。修三、2回目の演技) そう、そう！ こんどはいい。ずっと生きている。そうになれば、すぐ転回ができるようになる。……今の肘ですよ。柔らかくて、生きていますよ。……肘は曲がっていたっていいのです。」

この斎藤の言葉で滝沢は、大人にとって合理的な技術が、子どもにとっては必ずしも合理ではない場合があることに気付いていく。

斎藤は授業記録の必要性を認識し、しかも彼は文学者であったから、事実を正確に記述するだけでなく、そこに授業者自身の分析を感性豊かに書き込むことを職員に求めた。滝沢の作品も、そういう要請に応えて書かれたものであったので、これは20ページ余りのかなり長文の記録であるが一気に読み通すことができ、授業過程をよく理解することができるのである。

3—4　実践者が綴った実践記録的授業記録

その約10年後、今度は逆に、授業記録の節目節目に授業者のコメントが書き込まれた「実践記録的要素を取り入れた授業記録」が発表された。八丈島末吉小学校・菊地浄[10]の「サッカーの授業」(6年生) である。これは、1973年度の『体育科教育』誌に、1年間「体育の授業研究」と題して連載された

学校体育研究同志会員の実践記録の第1回目(4月号)で、連載作品の編集と解説に当たった中村敏雄との連名で発表された4ページ分の記録である。ここでは、例えば準備運動の部分が次のように綴られている。

児　　　童	教　　　師
○あんまりボールがあがらない。 ○どうしたら高くけれるのだろう。 ○すごい。 ○ゆっくりはむずかしいよ。 ○ひっくりかえるよ。	○うまい人とへたな人と組んでやりなさい。 ○栄君けってみせて。 ○孝明君けって。ゆっくりやって。 ○からだをそらせるようにけってみたら。 ○班毎に練習しなさい。20回ぐらい。

【独白】「ボールを高くける」なんてやさしいことだろうなんて思っていたがとんでもないことだった。特に女子にとっては大変だった。どうければとぶのかということを伝える適切なことばはなかったかと思う。そこでつい「20回ぐらいけりなさい」といってしまったのだ。本当は20回もけっている時間はなかった。(後略)

これと同じスタイルで、授業過程の分節ごとに、児童と教師の発言・行動と授業者の反省(独白)がセットになって綴られている。授業の事実が簡明にきちんと記録され、さらに授業者自身による分析が率直に綴られているのが、この作品の価値である。

4 ◆ 学術論文を書くための工夫と努力

4—1　簡潔明快な論文を書く工夫

上に紹介した授業分析は、菊地の報告を除いてはどれも分量が膨大で、とても学術雑誌には掲載されない。他の多くの授業分析的研究も五十歩百歩で、このような事情の反映であろう、体育の代表的学術雑誌である『体育学研究』にも、後に述べるカテゴリー分析による研究以外は、授業分析の論文が掲載されたことは一度もない。

そこで、授業分析に代表される実践的研究の振興を図るという趣旨で、1988 (昭和63) 年の日本体育学会第39回大会の総会において、『体育学研究』へ従来の学術論文の他に実践研究に関する論文の掲載が認められることにな

った。実践研究は、因果関係の厳密な解明という条件に多少沿わない点があっても掲載を認めるというわけである。しかしその後現在まで、この分類で掲載された論文は1編だけで、しかもこれは運動の技術指導に関する論文である[20]。紙数の制限が緩和されていないことが、隘路になっているのであろう。

　紙幅の制限枠の拡大は、特に授業分析的研究では強く要望したいことであるが、それと同時に研究者の側でも、できるだけ授業記録とそれに基づく分析結果を簡潔明快に記述する努力を払わなければならない。その点では、上記菊地の授業記録の書き方が参考になる。また教科研の授業研究の場合は、斎藤の分析が焦点であるから、授業の経過は概略を示し、彼の分析に直接関係のある部分だけを原文のまま引用するという工夫が考えられる。

4－2　研究者による滝沢実践の分析

　1995年の日本体育学会第46回大会で、福地豊樹ら[1]によって、滝沢の実践記録を斎藤の技術認識という観点から分析した研究発表が行われたが、これは研究者による上記のような工夫の表れであった。この発表の抄録では、授業の経過が箇条書きで簡潔に紹介されたうえで、当時は指導書にも「台上腕立て前転では腕を伸ばし、突き放す」と書かれていたが、現在では伸ばしきった腕こそ技術的欠点を助長するとされていることが説明され、「滝沢の体育実践に示された斎藤の『台上腕立て前転』（前転跳び）に対する技術認識は、今日の運動学的技術認識にかなう要素を持つものであった。肘の『曲げ』をよしとする彼の技術観は、子どもを観察する実践的知識の中から導き出されたことが推測される」という評価がなされている。

　斎藤は晩年、「私のやっていることなどは、10年もたてば、何と古いことをやっていたかと言われるようになるでしょうね」と筆者に語ったことがあったが、この福地らの研究発表を聞けば、「ああ、私の実践には、こういう意味があったのですか」と喜ばれるであろう。研究者による授業分析の大事な役割の一つは、実践の中に潜む実践者自身が気づいていない原理・原則を掘り起こすことにある。しかしそういう作業のためには、まず実践の事実を正しく伝える資料が必要である。滝沢の授業記録的実践記録は、30年の歳月を超えて、このような求めに応えることができるものだったのである。

5 ◆ 体育授業のカテゴリー分析

5−1　教師の発言行動のカテゴリー分析

　授業記録から読み取ったことを散文的に書いていくと、どうしても分量が多くなる。だから、それに先立ってまず授業の特徴を簡潔に示すのがよいであろう。そのための方法が、カテゴリー分析である。

　例えば、かつて筆者（小林[9]p.150）が二人の小学校教師の体育授業の記録をとって教師発言のカテゴリー分析をしてみた結果では、教師Aは、指示・教示72%、助言・発問28%であったのに対し、教師Bは、指示・教示62%、助言・発問38%であった。これによって、Aは教示型、Bは発問型というタイプ分けをすることができる。ところが後に、子どもたちが自律的に学習する土谷正規[9]の授業を分析したところ、指示・教示39%、助言・発問29%、確認・評価32%であった。ここには、子どもの工夫を確認し評価してやることを主体とする育成型とも言える授業が存在することがわかる（本書第3章・第1節参照）。

　このように、授業の特徴をまずカテゴリー分析によって示したうえで、その内容を授業記録に基づいて説明していけばわかりやすいし、記述もかなり簡素化されるであろう。

5−2　教師と生徒の身体行動のカテゴリー分析

(1) 教師の身体行動のカテゴリー分析

　発言だけでなく、体育の授業では身体行動をもカテゴリー分析することによって、教師行動の特徴をよりハッキリと示すことができる。

表16／巡回指導中の教師の身体行動のカテゴリー分析（大国）

姿勢＼向き	正面から	横から	後ろから	計
立位で	4	9	7	20
中腰で	15	48	12	75
しゃがんで	8	48	2	58
うつぶせで	1			1
計	28	105	21	154

　表16は、「忍者体育」で知られる岩井邦夫の3年生の授業で、教師が巡回指導で子どもたちに助言する際の姿勢をカテゴリー分析した結果で、筆者のも

とで修士論文を書いた大国浩志[12]の作品である。

　子どもへの声かけは、正面から立位で行うのが普通であるが、岩井は全く違い、横から（寄り添って）中腰やしゃがんだ姿勢で（子どもと同じ目の高さで）行っていることが、この表からわかる。うつぶせの姿勢さえも見られる。そして、実に154回の声かけ！

(2) 子どもの学習行動のカテゴリー分析

　一方、子どもの身体的な学習行動をカテゴリー分析する代表的な方法としては、周知のとおり、シーデントップが考案し、髙橋健夫[18]によってわが国に紹介された ALT-PE がある。印象として「運動量が少ないのではないか」と語られていたことが、この分析法によって数字で明確に示されるのである。

5—3　子どもの感想文のカテゴリー分析

　子どもの感想文は、子どもの目から見た授業の姿を分析するための貴重な資料であるが、原文は紙幅の制約で一部しか載せられないことが多く、そうすると「都合のよいのだけを選んでいるのではないか」という批判が生まれる。だから自由記述の感想文も、まずカテゴリー分析によってその全体的な傾向を報告するのがよい。

　かつて筆者（小林[7]pp.181-184）は、体育実技の卓球の授業に対する学生の感想文を読み合わせてみたところ、その内容を「楽しさ・技能・意欲」という三つの次元で分類できることがわかった。いずれも＋、－の両方向がある。そうすると、これらのことが書かれている感想文の数を数えて統計表をつくり、これをまず掲げて全体的な傾向を示し、そのうえで代表的な感想文を紹介するという工夫をすることができる。

　髙田典衛[14]が、授業の後、子どもたちに授業に対する感想・意見を書いてもらうという行為を多年にわたって続け、そこから「髙田四原則」と呼ばれる子どもの望む体育授業の姿を導き出したことは有名であるが、これはいわば、自由記述の感想文を経験的にカテゴリー分析したわけである。

6・授業に対する子どもの感想・意見の数量的把握

　子どもの感想・意見は、アンケート形式で初めから数量的データとして把

握することもできる。筆者[6)9)]が考案した二つの方法がそれである。

その一つは「態度測定による体育の授業診断」で、これは1学期間の体育授業に対する子どもたちの態度を測定し、その結果に基づいて、子どもの目から見た授業の成否とその原因を分析するシステムである。30年前の作品であるが、この方法は若い研究者の研究的関心を刺激するのであろう、筆者の方法を踏襲して何人もの大学院生が新たな態度尺度と診断基準を作成して修士論文を書いている[2-4,11,15,22]。

もう一つは、高田四原則に基づいてつくった四つの問から成る「よい体育授業への到達度調査」である。子どもの自己評価をもとに1時間単位の授業を分析する方法であるが、これは高橋健夫[18]によって改訂され、新たに四つの問を加えた「形成的授業評価」の調査票が作成されている。

7・学問としての体育授業分析の基本的な課題

7—1　データの量的分析と質的分析

先に見たとおり、かつては体育の授業記録をとるのは容易なことではなく、したがって授業分析の分野では、なかなか研究論文を書くことができなかった。しかしその後、ビデオの実用化で体育授業を映像で記録することができるようになり、またコンピュータを使った精密なカテゴリー分析の技法が開発されて、若い研究者の中には、ビデオとコンピュータを駆使して体育授業を数量的に分析し、次々に研究論文を書く人が現れてきた。何といっても、データが数字で表されていると論文が書きやすいのである。

ただ、このような数量的技法は、授業の特徴を端的に示す方法として貴重であるが、授業の細かいニュアンスは、授業記録をていねいに読んで説明していく他はない。だから授業分析は、①すぐれていると判断される授業について「ノンフィクションの文学作品」としての授業記録をつくり、②その授業の特徴を数量的なデータで表し、③数量化できないものを授業記録から読んでいく、という作業を総合的に行うことによって、「合わせて1本」ということになると言える。そしてその結果を、できるだけ簡潔明快に論文にまとめる努力をすべきなのであろう。

7―2　研究者としての感性

　1996年度から、東京学芸大学と兵庫教育大学を基幹大学にして、教員養成系では初の大学院博士課程が発足した。ところがこうなると、学部から大学院の修士課程・博士課程と進み、一度も教育現場に出ないままに大学の教師となって、学生に授業論を講じる研究者が現れる可能性がある。そこで、そういうストレート組には、在学中に現場経験を持つことを義務づけるべきだという意見が〝正論〟として語られたりしている。こういう意見の前提となっているのは、自分で授業の実践をしなければ授業が本当にはわからず、的確な授業分析もできないという考えである。

　晩年の斎藤喜博も、若い教育研究者に実際に授業をすることを求めた。彼は、教育行脚の中で行う自らの授業を、同行している複数の若い教育研究者に分析してもらい、理論化してもらうことを期待していた。ところが、いつまでたっても期待が適えられないので彼は苛立ち、若い研究者は実際に授業をした経験がないので、授業を見ても、見れども見えずで分析ができないのだと考え、実践体験をもつことを求めたのである。

　しかしその結果、この人たちが斎藤の授業を的確に分析した論文が書けるようになったかと言えば、少なからず疑問である。きつい言い方になるが、要はセンス(感性)の問題ではないかと思う。役者が何かの役を演じる時、それに先立ってその役を実生活で体験してみなければ立派な演技はできないということになると、これは実に忙しくて大変なことである。そうではなく、実体験はなくても、その役をよく研究し、イメージをふくらませてその役を立派に演じ切る——場合によっては、「本物以上に本物らしい」演技をするのが一流の役者であろう。これと同じことが、授業の研究者の場合にも言えると筆者は考える。授業を分析するために最も必要なのは、授業実践に対する研究者の豊かな感性であろう。授業実践やそれを伝える授業記録から、ピカリと光るものを感じとる能力である。

　ではそういう感性は、どうすれば養うことができるだろうか。実践体験を積むことができれば、それに越したことはないかもしれない。しかしそれ以上に大切なのは、すぐれた実践者の実践に共感し、そのような実践に学ぼう

とする謙虚な心を持つことであるというのが、斎藤喜博、高田典衛、土谷正規というような実践者の授業を分析してきた筆者の結論であり主張である。そして、そのようなすぐれた実践者から、「ああ、私の実践には、そのような意味があったのですか」と感謝してもらえるような分析をし、その結果を論文にすることが、授業の研究者の力量だというべきであろう。筆者自身の課題である。

■文献
1) 福地豊樹ほか (1995)「滝沢友次の前転とびの授業が提示した課題——昭和30年代の体育実践の技術認識」日本体育学会第46回大会号：688
2) 長谷川由美子 (1990)「ダンスの授業診断のための態度尺度作成の試み」兵庫教育大学平成2年度修士論文
3) 秀浦真吾 (1992)「保健科の授業診断法作成の試み」兵庫教育大学平成4年度修士論文
4) 鐘ヶ江淳一・江原武一・高橋健夫 (1985)「生徒による授業評価の検討(1)」『体育科教育』33(5)：52−56．(なお、同誌33(6)(7)(9)に続編が掲載されている)
5) 教育科学研究会身体と教育部会 (1967)「体育の授業研究」『教育』17(7)：15−56
6) 小林篤 (1978)『体育の授業研究』大修館書店：東京、pp.169−209
7) 小林篤 (1983)『体育の授業分析』大修館書店：東京
8) 小林篤 (1995)「自分で運動をつくる体育学習—典型としての土谷体育」『体育科教育』43(4)：57−60
9) 小林篤 (1995)「授業研究の方法」宇土正彦監修『学校体育授業事典』大修館書店：東京、pp.715−728
10) 中村敏雄・菊地浄 (1973)「サッカーの授業 (6年)」『体育科教育』21(4)：30−38
11) 奥村基治・梅野圭史・辻野昭 (1989)「体育科の授業に対する態度尺度作成の試み—小学校中学年児童を対象にして」『体育学研究』33(4)：309−320
12) 大国浩志 (1997)「岩井邦夫『忍者体育』授業記録」『楽しい体育の授業』1997年10月臨時増刊：17
13) 斎藤喜博 (1978)『わたしの授業』第2集、一莖書房：東京：p.30
14) 高田典衛 (1963)『子どものための体育』明治図書：東京、p.26
15) 高田俊也・岡沢祥訓・高橋健夫・鐘ヶ江淳一 (1991)「体育授業における新しい授業評価法の作成」高橋研究代表 体育授業改善のための基礎的研究、文部省科学研究報告書：pp.172−182
16) 高橋金三郎 (1981)「『かん』と授業」『現代教育科学』24(1)：110−116
17) 高橋健夫 (1989)『新しい体育の授業研究』大修館書店：東京、pp.177−221
18) 高橋健夫編著 (1994)『体育の授業を創る』大修館書店：東京、pp.235−238
19) 滝沢友次 (1962)「台上腕立て前転 (6年)」斎藤喜博編『島小の授業』麦書房：東京、

pp.219−241
20）戸苅晴彦（1989）「インステップ・キックの習熟過程の分析」『体育学研究』34(2)：pp.151−158
21）富山市立堀川小学校（1959）『授業の研究』明治図書：東京、pp.188−209
22）梅野圭史・辻野昭（1980）「体育科の授業に対する態度尺度作成の試み」『体育学研究』25(2)：pp.139−148

（『体育学研究』43巻2号、1998年）

第2節 髙田典衛の体育授業研究を見直す

1 ◆ 研究の目的と方法

1―1 研究の目的

　多年にわたって東京教育大学附属小学校（後に筑波大学附属小学校）に勤務し、さらにその後文部省や大学に勤めた髙田典衛（1915-93）は、自らの授業実践と豊富な授業観察の結果に基づいて、子どもが生き生きと学習する体育授業の姿とそのような授業を生んだ要因の解説を、平易明快でリズムのある文章とポイントを的確に捉えたスナップ写真で体育雑誌に「学校体育メモ」「学校体育ノート」等のタイトルで連載し、多数の現場教師の愛読者を得た。

　そのためこれらの記事は、彼が他の場所で書いた授業論と合わせて、『子どものための体育』、『子どものための体育科教育法』、『体育授業入門』等々の書名で次々に著書として出版され、最終的には彼の著書は21冊に達した。またこれ以外にも、現場教師の実践記録等を彼が編集した編著が50冊を越えている。髙田は、現場教師に大きな影響を与えた実践的体育授業研究の第一人者だったのである。

　ただ、上記の連載は2ページ見開きの読み切りで文体も随筆的であったため、それらを分類して構成した著書も学術的な研究業績としてはあまり評価されず、そのため彼は、特に大学に勤務してからは「厳しい風に吹き晒される」（髙田[17]238頁）ことになった。この苦い体験にかんがみて晩年の彼は、原理、原則、法則、体系化等の用語を用いて、体系的な体育授業論の叙述を心がけるようになったが、それらの著書も『体育科の授業入門』とか『授業研究シリーズ』というタイトルであったため、学術書として注目されることはほとんどなかった。

　実際、髙田の評伝は彼に深く師事した山本貞美[21,22]によって書かれ、また髙

田の授業論の意義とそれが体育の授業実践に及ぼした影響については、出原泰明[2]が克明に考証しているが、高田の著書の学術的な価値に触れた論稿は存在しない。しかし、少なくとも彼の晩年の著作は、体育科教育学の先駆的な研究業績として評価される価値のあるものだと筆者は考える。

このような問題意識に立って本研究では、①まず高田の体育授業研究の歩みを跡づけ、②彼の著作が研究業績として必ずしも評価されないという現実に接して、彼が何を考え、自らの著作の内容をどのように転換させていったかということを明らかにし、③彼の著作の中から、体育科教育学研究の先駆けとして積極的に評価することのできるものを抽出して、その理由を著作の内容を検討することを通じて明らかにすることを目的とする。

1—2　研究の方法

高田のすべての著書（編著を含む）の内容を検討して、上記①②③に関係のある記述をすべて抜き出し、これらを材料に①②③について考察し論述する。

2 ◆ 高田典衛の体育授業研究の歩み

2—1　高田の経歴

高田は岩手県の旧制中学校の生徒だった頃、陸上競技の選手であったが、肋膜炎を患って療養生活に入り、大学進学を断念することを余儀なくされた。彼は後年、「私の場合、『体育科』とは『保健体育科』のことを指し、『保健体育科』とは、健康に生きることを教える教科だという教科観に立ってきた」と書いているが[15]、このように健康教育を重視する彼の姿勢の原点は、この若い時期の体験にあったのである。その後彼は病が癒え、請われて村の小学校に代用教員として勤めた。これが高田の教師生活の出発点であった。

健康を回復するとともに、彼は各種の陸上競技大会で活躍し、「向かうところ敵なし」だったという。そのため東京のいくつもの大学から勧誘されるようになったが、彼は東京高等師範学校体育科に入学試験を受けて入学した。同級生より3、4歳年上であった。ところが高師の陸上競技部には強い選手がそろっていて、彼は下積みのまま終わり、「世間は広い」ことを思い知らされた。この経験が、運動の不得手な子どもに温かい視線を注ぐ、高田の「子

どものための体育」を生み出すもとになったのである。

　1941（昭和16）年、26歳で高師を卒業した彼は、高等女学校に奉職したが、2年足らずで母校の附属小学校に招聘され、途中5年間召集されて軍隊生活を送ったが、通算26年間、附小（学制改革で後に東京教育大学附小、さらに後に筑波大学附小）に勤務した。その後教頭になった彼は、1968年53歳で文部省体育官として転出し、定年まで6年間勤め、その後は筑波大学教授として63歳の同大学の定年まで、さらにその後、横浜国立大学に65歳の定年まで勤務し、1981年に退職した。その後は研究・執筆活動に専念していたが、1986年、不幸にして脳梗塞で倒れ、回復することがないまま1993年、78歳で亡くなった。

2－2　高田の体育授業研究の方法

　高田が勤務した東京高師附小は、初等教育の総本山と見なされていた学校で、授業の大ベテランがそろっていた。そこで高田は、自らの授業のへたさ加減を痛感させられた。そのことが因になって、「とにかくまずはじめに、優れた教師の授業を直に数多く見る、ということであった。見られないときは聞いたり読んだりする。そしてそこからよい授業者になるための共通したポイントを抽出していく。それを自分でもやってみる。仲間にもやってもらう。こういう方法だった。そして、成功したかどうかは、子供に聞く、という方法を用いた」（高田[11]2頁）という高田の研究法が生まれた。

　すぐれた先行実践に学び、学んだことを自己の実践に取り入れて実践者としての自己の力量を高める。そういう実践の過程は、とりも直さず先行実践を追試・検証する過程であり、このような行為を自分一人だけでなく仲間にも呼びかけて行うことによって、よい授業を成立させるための一般的な原理・原則が明らかになっていく。高田の方法は、このようなものであり、これはまさに実践的研究者による科学の方法に他ならなかった。

　この場合、授業後に子どもたちに紙片を渡して授業の感想を書いてもらう「子どもに聞く」方法が、授業の成果を検証するための高田の研究法の基本になっているが、この方法が採られる発端になったのは、シベリヤ抑留から帰って新教育に関する本を手探りで読んでいた時、偶然手にした『大関松三郎詩集　山芋』の中で、他より1メートルも短い距離しか跳べない悲しみを詠

った「幅とび」という詩に接し、自分のクラスにもこういう子がいはしないだろうか、そういう子どもに自分は心ない言葉をかけてきたのではないか、そう考えると、自分の授業を子どもたちがどう考えているか聞いてみずにはいられなくなったという経験であった（高田[6]14-17頁）。

　附小には常に参観者があり、公開研究会の折には全国から多数の教師が集まる。それらの教師の前で高田は、すぐれた実践者から学んだことを取り入れた授業を行い、その結果を参観者と検討し合った。このようにして全国の授業熱心な教師との交流が生まれると、彼は、これらの教師から招かれて全国各地の学校の公開研究会に講師として参加するようになり、そこでまた数多くのすぐれた授業に接した。附小の教頭になる頃には、「私は教師になってもう20数年になる。数え切れないほどの授業をしてきた。また各地の授業も多く見ている。メモをたどってみたら、参観した学校が1,000校にもなった。ずいぶんたくさん見てきたものだと思う」[7]という状況であった。

　さらにその後文部省に体育官として勤務してからは、「自分では児童の指導に直接あたることはなくなったが、かえって各地のさまざまな事例や実践に接する機会が多くなって、以前より資料の収集が多様化し、研究者としては恵まれている」（高田[8]2-3頁）ということになった。このような境遇は大学に転じてからも続いたが、大学では大学生を相手にした体育授業を担当し、これもまた自らの授業研究の対象となった。

　このように高田は、いろいろな段階の学校で自ら授業をするとともに全国のすぐれた体育授業を無数に観察し、約40年間にわたり一貫して体育授業研究を続けたのであった。

2—3　高田の処女作『子どものための体育』

　高田の研究成果は、まず『子どものための体育』（1963年）としてまとめられた。高田48歳の時の著作である。

　この本は、まず第1章「子どものための体育を求めて」で、前述のように、子どもたちに授業の感想を書いてもらうことを長年にわたって続けた結果わかったこととして、「私は子どものための体育は3つの中味をいつも同時に含んでいなければならないのだと思う。

・1つは、いきいきととびまわらせること。
・1つは、うごきのわざをじょうずにすること。
・1つは、美しい人間関係を味わわせること。

この3つである。この点について、1つずつもう少しくわしく述べてみたい」（高田[6]18頁）という書き出しで始まる。

そしてまず、体育の授業でとびまわりたいと願う子どもの姿を具体的に描き、こういう子どもの運動欲求に応える授業の必要性を説いたうえで、「子どもたちは（中略）とびまわるよろこびを土台としながら、やがて、運動技術の上達を通して自分のチカラを発見するよろこび、友人とチカラを競うよろこびに変化し、積み上げられていく」（高田[6]21頁）として、子どものための体育の上記第二、第三の中身の話に移っていく。

このように、この本では著者自身の実践と授業観察から得た豊富な事例に基づいて、子どものための体育授業を生み出すための原理・原則が平易明快に綴られている。だから、当然のこととしてこの本は、「よい授業」を志す多くの実践者から歓迎されたのである。

2—4 高田の膨大な著作

この処女作を実績に、高田は雑誌『体育科教育』の編集に携わって自ら健筆をふるい、また文部省に勤務してからは見開きの「学校体育メモ」を連載し、筑波大学に転じてからは標題が「学校体育ノート」と変わり、また退職後は「体育授業研究ノート」と装いを改め、彼が病に倒れるまで、通算160回を越える連載が続けられた。

これだけでなく、他の体育、教育雑誌にもしばしば執筆したから、彼の書いたものは1年半か2年で本1冊分の分量に達し、実際それらが編集されて次々に本になったから、前述のとおり、彼の著作物は膨大な分量に達した。教育全般の分野では、斎藤喜博が膨大な実践的授業論の著書を出版しているが、斎藤と同じ位置を体育科教育の分野で占めていたのが高田典衛であった。

高田の著書では、生き生きと学習する子どもの姿や、そのような子どもを指導する教師の姿など、ポイントを的確に捉えた授業風景の写真が数多く載せられていることも大きな特色である。彼は、授業の事実とそれを生み出し

た要因を説明する資料として写真を用いたのである。

3 ◆ 研究業績としての評価をめぐって

3-1 高田の著書に見る原理・原則等の言葉

　高田の『子どものための体育』やそれに続く『子どものための体育科教育法』(1967年)では、上述のとおり、豊富な実践例から授業の原理・原則が導き出されている。しかし彼自身は、原理・原則あるいは法則という言葉は一度も用いていない。

　ところが、1976年出版の『体育授業入門』の「あとがき」に、「原則」という言葉が初めて登場した。次の通りである（アンダーライン引用者）。

　「最初の著書から10数年経ち、最近になって私は、こうして書き止めてきた授業の諸事象が、いくつかの原則に分類できるように思われてきた。つまり、よい授業を実践するための雑多な事象が、単純な原則に集約できる、ということである。もしこれが解れば授業で苦しむことが少なくて済むのではなかろうか。原則をしっかりと知っておけばよい。そうすれば、誰でもまちがいなくよい授業ができる。(中略)本書は、以上のような私の長い授業遍歴を通して解った授業の諸原則を、実際の事例をあげてまとめてみたものである。」（高田[9]283頁）

　また、これと同じ年に刊行された『児童体育入門』の「あとがき」でも、「これまでの資料に加えてさらに新しい資料を求め、いずれ児童体育の方法原理を体系化してみたいと考えている」（高田[8]192頁）というように、「方法原理」「体系化」という言葉が出てきた。そしてこれ以後の高田の著書では、これらの言葉がごく普通に用いられるようになった。

　例えば1977年出版の『体育授業の方法』の「あとがき」では、「(私の研究法は)よい実践事例を数多く集め、そこから原理を引き出して、あるべき姿を再構成し、確かめる、という方法である」（高田[10]208頁）と述べられ、また1979年の『実践による体育授業研究』での「まえがき」では、「私はここ数年、もっぱら体育授業研究に没頭して来た。どうすればよい体育授業がやれるようになるか、そのための法則を解明したかったからである」[13]と記されている（以上、アンダーライン引用者）。この他の箇所でもまだ、原理、原則、法則、体

系化という言葉が何度も出てくる。

3—2　高田の悩み・困惑と主張

ではなぜ、1976年出版の著書から、これらの言葉が使われるようになったのであろうか。

高田は1974年に文部省を辞し、筑波大学体育センターの教授になったが、採用人事に際して彼の著書の多くは、必ずしも学術研究の業績とは評価されなかったという。その経験にかんがみてであろう、彼は「私の書くものは、個人的な随想だとか、実践メモだとか、見聞記だとか、という評言はもうしょっちゅう受ける」と述懐し（高田[10]210頁）、次のように書いている（アンダーライン引用者）。

「現場教員の実践記録は個人の体験を記録したものに過ぎず、研究とはいわない、という考え方にしばしば出会って、私は迷い悩んだ。しかし（中略）自らが実践の渦中に入って、問題を内から観察して認知するという研究法が、なぜ教育学や体育学の研究から排除されなければならないのか、と私は困った。研究と実践は別物だ、といった人がいたが、ではなぜ別物でなければならないのか。私の知りたいことは、『よい授業への方法』の一般化であり普遍化であったし、私がやれる研究法といえば、自分の授業実践、仲間との情報交換、それに生徒の判定、ということしかなかった。とにかく私は、こうしてこれを続けていった。続けているうちに事例が増し、観察力が鋭くなれば、何かそこから典型的事例が抽出され、法則的事実が集約されるような気がしたからである。そして私の研究法も、これはこれですべて駄目だったわけでもなかったのではないか、と今考えているところである。」（高田[14]171-172頁）

彼は、自身の多年にわたる体育授業研究の意義を自己評価しながら、しかし環境に順応するために、今まで使ったことのない一般化、普遍化、典型的事例、法則的事実というような「学術用語」を使うようになったのである。しかし彼は、文章のスタイルについては、彼の授業研究レポートが随想だとか見聞記だとかいう評言が、「だからこれには科学性がない、研究としても価値が低いと指摘しているのだとすれば、これは困る、と私は思う。（中略）現場研究の発表形式は、随想風や、実践記録風や見聞記風であってよいのではなかろうかと思う。（中略）実践の姿をじかに捉え、じかに伝えるという点で

は、むしろこの形式でなければならないとさえいってよいように思う」(高田[10])211-212頁)と主張する。

しかしこのような考えが、研究者の世界であまり支持されなかったことは、「年をとってから文部省や大学で研究者として厳しい風に吹き晒されることは、私にとっては決して快適な環境であったとは言えないが……」(高田[17])238頁)という彼自身の述懐からわかる。

3―3　実践の事実を豊富に引用しながらの授業の理論の記述

このような寒風に吹き晒されて、高田は、授業の原則や法則の記述にかなりの分量を割くようになった。ここでは、その具体例として、処女作で示されていた子どものための体育の三つの中身が、「原理」という言葉が初めて登場した『体育授業入門』でどのように記述されているか見てみることにしよう。

この本では、まず場当たり的にお義理でやっている1の段階から見ていて感動を覚える5の段階までの「授業判定5段階法」が紹介され(高田[9])23-24頁)、次に「子どもの求める授業」の姿が示されている。

「私は機会あるごとに子どもに尋ねてみた。そして子どもがよい授業というのは、次の4つの条件が含まれた場合をいう、ということが解っていったのである。
(1)快適な運動　(子どもの感覚でいえば、精一杯運動させてくれる授業)
(2)技能の伸長　(ワザや力を伸ばしてくれる授業)
(3)明るい交友　(友人と仲よくさせてくれる授業)
(4)新しい発見　(新しい発見をさせてくれた授業)
私の場合、この4条件は、小学校の授業研究を通して解っていったものであった。しかしその後、中学生や高校生の授業についても、これは共通することが解ってきた。教師の側から見たよい授業の姿と並んで、児童生徒の側から見た授業の姿も知ること、これがよい授業を実践し、体育嫌いを作らないための授業の基礎知識であると思う。私についていえば、このような知識をほとんど知らずに教師になったのだった。よい授業ができなかったのも当然である。」(高田[9])25-28頁)

このように、実践の事実を豊富に引用しながらの授業の理論の記述が、『体育授業入門』以後、高田の著作ではとられるようになった。

第2節　高田典衛の体育授業研究を見直す　263

4 ◆ 体系化を志した高田の二つの書

4—1　体系的論述を自負した『体育科の授業入門』
(1) 本書の意図

　筑波大学を定年になって横浜国立大学に移る前年（1978年）、高田は「新任教員研修双書」の1冊として、『体育科の授業入門』というB6判198頁の小さな本を出したが、これは彼の従来の著書とは異色の、理論書的な色彩の濃いものであった。彼は、この本の中で次のように書いている。

　「(授業は複雑な要因が) 捉えようもなく変容していくので、授業は経験がモノをいう、(中略)授業の実践には一般的な原理は存在しないかのような意見が開陳されることもあるほどだ。しかし実践の教える事実は、それとは反対である。経験を積まない教師でも、それを事前に習得していれば、よい授業はできるのである。また誰にでも可能である。授業の実践には一般的な法則が存在していると考えてよい。要は、私達がそれを分析し体系づけて知ることである。」(高田[11])32頁)

　そのような一般的法則は、従来の高田のどの著書でも述べられてきたことであるが、本書では特に「体系づけて」という表現がなされ、また「まえがき」でも、「本書は、私のこのような（30数年の）授業研究の遍歴とでもいうべき経験を回顧し、体育授業の存り様を私なりに体系化して論述したものである」(高田[11]1頁)というように、「体系化」という言葉が使われている。随想風な書き方は大学では研究論文として評価されないという現実に接し、体系的な論述が目指されたのがこの本であると見ることができる。

(2) 本書の構成

　この本では、実践事例の紹介は彼の従来の著書に比べてかなり抑えられ、授業の原理・原則の記述に重点が置かれている。まず「まえがき」で、本書の構成が次のように説明されている（高田[11]2頁)。

　「体育科のよい授業を実践しようと思うなら、この4点を知らなければならない。見事な授業者はみなこれを知っていたのである。これを実践すれば、誰でもよい授業者になれること間違いなし。
1. 体育科のよい授業者とそれを阻む体育授業特有の難点を知ること
2. 子供の発達に即し、子供の立場からの教材づくり法を知ること

3. 授業の効率を高めるにはどんな指導技術があるかを知ること
  4. 授業の中で守らなければならない教師の行為について知ること
   本書は、以上のような内容を、4章にまとめて述べたものである。

 そして続く各章で、上記四つの要因に関する一般的な法則が説明される。
(3) 各章の内容
　まず第1章「体育科のよい授業」では、体育は、①体力や健康の増進、②運動技術のおもしろさの認識、③運動や健康に関する実践的な知性・徳性の体得という三つの作用で構成される教育を指し、「教えるのは、この基本だということになる。」(高田[11]14頁)とされる。そして前述の子どもから見たよい体育授業の4条件が説かれ、運動と学習が交互にサイクルを描く構造図が示されて、「運動の中に学習があり、学習によって運動が支えられる、これが体育科の授業の構造である。そしてこの両者の融合に教師の工夫がこらされなければならない」(高田[11]19頁)と説かれる。

　このようなよい授業を成立させる要素は、教材と授業方法であり、それを支えるのが教師の行為であるが、第2章「体育科の授業と教材」では、子どもに必要な運動群を、直立姿勢の運動、変形姿勢の運動など5種類に分け、折から学習指導要領では、小学校低学年の体育は基本の運動とゲームにまとめられたのであるが、「なぜ、小学校期全体を通じて基本の運動とゲームではいけなかったのかと思う。(中略)むしろ小学校期では『ゲーム』こそ『基本の運動』の中心を占めるもので、小学校期の主要教材となる」(高田[11]55-57頁)と論じられている。

　続く第3章「体育科の授業の進め方」では、ほめ方、叱り方、評価の仕方の原則が具体的に説かれ、最後の第4章「体育科の授業と教師」では、よい体育授業を行うために必要な教師の行為として、①子どもと一緒に運動する、②子どもの進歩を認める、③遅れた子どもに親切にする、④子どもに発見をさせる、という4条件が示されている(高田[11]165-167頁)。
(4) 欲しかった「学」という書名
　上記のように、本書は、よい体育授業を成立させる理論の体系的叙述が試みられたもので、内容的にも『体育科教育学』、かりに一歩譲っても『体育授

業の実践的原理』というような書名がつけられてもおかしくないのであるが、なまじ新任教員研修双書の1冊として『体育科の授業入門』という書名になっているので、今までこの本は、体育科教育学の文献としてほとんど注目されてこなかった。残念なことであったと言わなければならない。

ただ、高田がこういう理論書的な書き方をしたのは、この本限りであった。このことから見て、彼はやはり、すぐれた実践事例を豊富に織りまぜながら、授業の原理・原則を柔らかな筆致の文章と写真で一席読み切り風に説明していくのが性に合っていたのであろう。

4―2 『授業研究シリーズ』全5巻
(1) ゆるやかな体系をもった体育科教育学のシリーズ

高田が教職を退いた1982年4月からは、『授業研究シリーズ』全5巻[16)-20)]の刊行が始まった。各巻の書名は、それぞれ「よい体育授業の」という形容詞がついて、第1巻から第4巻まで順に「探求」「構図」「教材」「技法」、そして第5巻が「よい体育授業と教師」である。内容は、雑誌論文を中心に講演記録等も加えて編集されたもので、従来の高田の著書のスタイルに戻っているが、しかし上記各巻の書名からわかるとおり、体系化への志向を読みとることができる。

筆者は、このシリーズの書評を高田から依頼され、次のように書いた。

「この全5巻は、私なりに言い換えれば、体育授業の目標論、構造論、教材論、技法論、教師論であり、各巻の内容は、いずれもまず第1に何が問題であるかが明らかにされ、第2にそのような問題を解決しているすぐれた授業実践の事例が豊富に示され、そして第3に、そこからよい授業実践のための原理・原則が導き出され、さらにそれをふまえて、基礎的問題の掘り下げや将来の展望が語られるという構成になっている。つまりこのシリーズは、ゆるやかな体系を持った『体育授業学』あるいは『体育科教育学』のシリーズなのである。」[3)]

つまりこのシリーズでは、目標論が頭に置かれ、それに規定されて構造論が位置づき、そしてこういう授業を実現するための教材論と技法論が展開され、最後にすべての基底である教師論が説かれるという体系的な構成になっているが、実践事例が豊富に挿入されて全体に読み物的な感じであるので、

筆者はこれを「ゆるやかな体系をもった」体育授業学あるいは体育科教育学のシリーズと評したのであった。

　それは、このシリーズが、理論的な言葉を連ねた概論書と比較してレベルが低いと言っているのではない。このように実践事例を豊富に盛り込みながら「学」のゆるやかな体系を描き出すことは、実践的研究者だからこそできることであり、そして実際にこのような本を書くことができるのは驚嘆に値する力量である。高田のこの『授業研究シリーズ』に匹敵する著作物は、斎藤喜博の『教育学のすすめ』(1969年、筑摩書房)だけであろう。

　なお、当時はまだ体育科教育学という言葉は定着していなくて、体育の授業に関する学問の名称は何がよいかと議論されていた時代だったので、筆者は上記の書評で「体育授業学あるいは体育科教育学」という言い方をしたのであった。

(2) このシリーズに対する高田の自負心

　シリーズ最終巻の「あとがき」で高田は次のように書いている。

　「私は、偶然の機会から教員となり、その後あちらこちらと様々な教員生活を遍歴してきた——ということになる。そしてできたらこの体験を生かし、教員生活を終了するであろう横浜国立大学在職中に、『体育授業論』や『体育教師論』をまとめておく予定であった。しかしまた、そうは問屋がおろさなかった。とうとう退職後4年もたって、いまやっとそれらしいものを書き上げることになったということになる。本書は私にとって、こんなふうな意味を持つものである。」[20]

　彼の「論」は、すでに自ら明らかなとおり、追試・検証を経た法則的事実に基づく「論」である。念のため、第4巻の「まえがき」から引用しておこう。

　「私の場合、研究者として長いこと体育授業研究に携わってきて解ったことは、(中略)授業には誰がやっても、そしていつやっても、条件が似ているときは原則的には同じ授業技法で切り抜けられるということだ。そしてそれを立証するためには、似たような条件の授業事例を可能な限り数多く収集し、そして自らもその事例作成者の一人となって取り組むことだと考え、これまでやってきた訳である。本書はこのようにして得た私の体育授業技法に関する最近の研究レポートである。」[18]

このシリーズの刊行が始まる前、彼は筑波大附小の機関誌『教育研究』のOBのための欄「風紋」に、「経験を科学する」と題して次のように書いている（高田[17]235頁、238頁）。

「私が風に吹き晒されながら追い続けてきた研究の跡形が、最近なんとか一つの模様に描き出され始めてきたように思われる。(中略)『経験を科学する』というこの研究が年々その実証事例を増すにつれて形のあるものになっていくことは、これはこれでこんなに楽しいことはなかった。今はその仕上げを急いでいる。(中略)私の風紋がどんな模様になっているか、それについてはいずれ近くそのはっきりした図柄をお見せできる予定である。」

そして、「本書(引用者注：本シリーズ)は私にとって、最近の『風紋』の『はっきりした図柄』に当たることになる」（高田[17]238頁）というわけである。また彼は、「お陰で私としては、長年に互って、自分の授業、人様の授業、授業の現物や書かれたもの、とにかく『体育授業』というこのごたごたしたジャングルみたいな中を虫ケラのように這いずりまわった末に、今やっとその全体像が私なりに摑めるようになった気がするのである」（高田[17]233-234頁）とも書いている。これらの文章から、高田が、この『授業研究シリーズ』を彼の体育授業研究40年の集大成として位置づけていたことがわかる。

(3) やはり欲しかった「学」という書名

先の書評で、筆者は続けて「版元の営業政策を無視して、研究者サイドからの全く勝手な感想を言わせてもらえば、このシリーズに『学』というタイトルがつかなかったのは残念なことである」[3]と書いた。先の『体育科の授業入門』と同様、このシリーズにも「体育科教育学」というタイトルがついていたら、これはこの研究分野の先駆的な文献として評価されることになったであろう[注]。

5・体育科教育学研究の先駆けとしての高田の業績──

5─1　高田が説く授業研究レポートが備えるべき条件

高田は、授業研究レポートが備えるべき条件として、次の五つのことを現場研究者に説いていた（高田[12]207-209頁）。

①難点を具体的に捉える事、②時間的な経緯で記録する事、③客観的な事象を記録する事、④参考にした事例を明記する事、⑤詳細な資料は別に添付する事

これは研究論文(科学的論文)の書き方の条件に他ならないが、「まず隗(かい)より始めよ」で、高田の授業研究レポートは一席読み切りの随想風であったが、その内容はおおむね上記の条件を満たしていたのであり、特に晩年の『授業研究シリーズ』は、授業の原理・原則の記述に意を用いた数多くのレポートが、見事にゆるやかな体系を描いたのである。

5―2　筆者の研究経験を通して見た高田の業績

最後に、筆者自身の研究経験を通じて高田の業績を評価してみることにしたい。

かつて筆者は、『体育授業の原理と実践――体育科教育学原論』(1986年、杏林書院)という本を著したことがあった。目次は、目標論、教材・内容論、方法論、評価論、授業分析論、教師論である。この翌年には、成田十次郎・前田幹夫の編集で、19名の大学教師が執筆した『体育科教育学』(ミネルヴァ書房)という本も出版された。

しかしこれら二つの本は、ある大学院生から「豊富な内容を持っているが、十分な体系化、構造化を果たしているとは言えない」[4]と批評された。もっとも、これは当事者は十分自覚していることで、だから拙著では「体育科教育学」という言葉は副題に回し、さらにそこに「原論」という限定詞をつけたのであり、また成田らも、「まえがき」で、この本は「(体育科教育学の)確立への願いをこめたものである」と断っている。

目標論、方法論などという場合の「論」は「理論」のことであるが、理論は辞書では、「個々の事実や認識を統一的に説明し、将来の実践の指針となりうる、かなり高度な普遍性をもつ体系的な知識を意味する。これは実践によって検証されていることを必要とする点で単なる仮説でなく、また実践に基づいて発展する点で固定した教条と区別される」[1]と定義されている。ちなみに、ここでいう「体系」とは、「一定の原理によって組織された知識の統一的全体」(『広辞苑』)のことであり、また「体系化された知識」が「学」、つまり学問であるとされている。

この定義をふまえて言えば、筆者は体育授業の目標論、方法論等の柱を立て、それらを体系的に叙述し、さらにそれらが総合されて体育科教育学という「学」の体系を成している本を書きたいと願ったのであるが、実際の作品はとてもその域に達しないので、学の名をメイン・タイトルにするのを避けたのであった。

　「論」は多様である。体育授業の目標については、いろいろな「論」が存在し、それに応じて教材、授業方法、教師の役割などもいろいろな「論」が存在する。それらの「論」をその人なりに体系化する時、その人の体育科教育学が成立する。客観的に見れば、高田の先の二著は、「高田体育科教育学」の構築を目指したものであり、また筆者の著書も、とても自身で筆者の名を冠して「学」と呼ぶほどの自信はないが、気持ちのうえでは論を体系化して学とすることを志したのであった。

　それがまだ学の域に達していないという批評はもっともなことである。しかし筆者の場合、「体育科教育学原論」という副題をつけて10数年前に著した上掲書に、いま手を入れて、これを「学」に高めることができるかと言えば、全く自信がない。曲がりなりにもいくつかの「論」を立てることができても、これを「学」に止揚していくには図抜けた構想力が必要で、容易ならざることだというのが、40年以上にわたって体育授業研究に携わってきた筆者の実感である。そしてそういう実感をもって見るとき、高田典衛の成し遂げた仕事が並々ならぬものであったことがよくわかるのである。

〈注〉「一般書の場合だが、図書カタログの抄録に、そんなに専門的な本ではないのに『専門書』などと記載すると、部数は1/3以下に落ちてしまいます」[5]という。

■文献
1）粟田賢三・古在由重編（1958）『岩波小辞典　哲学』岩波書店、214頁
2）出原泰明（1997）「高田典衛の授業論」中村敏雄編『戦後体育実践論　第2巻』創文企画、223-239頁
3）小林篤（1985）「えつらん室」『体育科教育』33巻13号、57頁
4）埜下昌宏（1989）「体育科教育学試論(1)」関西教育学会紀要　第13号
5）尾下千秋（1998）『変わる出版流通と図書館』日本エディタースクール出版部、124頁
6）高田典衛（1963）『子どものための体育』明治図書：東京

7) 高田典衛（1967）『子どものための体育科教育法』大修館書店：東京、はしがき（ⅰ）
8) 高田典衛（1976）『児童体育入門』明治図書：東京
9) 高田典衛（1976）『体育授業入門』大修館書店：東京
10) 高田典衛（1977）『体育授業の方法』杏林新書：東京
11) 高田典衛（1978）『体育科の授業入門（新任教員研修双書7）』明治図書：東京
12) 高田典衛（1979）『体育授業の改造』杏林新書：東京
13) 高田典衛（1979）『実践による体育授業研究』大修館書店：東京、1頁
14) 高田典衛（1981）『体育授業の原点』杏林新書：東京
15) 高田典衛（1982）「体育科で育てる「学力」とは何か」『現代教育科学』25巻10号、22頁
16) 高田典衛（1982）『授業研究シリーズ1－よい体育授業の探求』大修館書店：東京
17) 高田典衛（1982）『授業研究シリーズ2－よい体育授業の構図』大修館書店：東京
18) 高田典衛（1984）『授業研究シリーズ4－よい体育授業の技法』大修館書店：東京、ⅲ－ⅳ
19) 高田典衛（1985）『授業研究シリーズ3－よい体育授業の教材』大修館書店：東京
20) 高田典衛（1985）『授業研究シリーズ5－よい体育授業と教師』大修館書店：東京：284頁
21) 山本貞美（1996）「高田典衛の『子どものための体育』『楽しい体育の授業』No.78（戦後50年体育授業研究史から学ぶ）49-52頁
22) 山本貞美（1996）「戦後学校体育を支えた人たち　第8回　高田典衛」『学校体育』49巻12号、66-68頁

〈**謝辞**〉大学に勤務していた時代の高田の動静については、竹田清彦氏並びに山本貞美氏から貴重なご教示を得た。記して深く感謝の意を表したい。

（『体育学研究』44巻5号、1999年）

第3節 体育授業実践学への道程

1 ◆ 体育授業研究に志した筆者の歩み

1－1　大学の「現場」での実践的研究
(1) 現場経験を持つことの要請

　筆者は、大学を卒業すると同時に大学に体育の助手として就職し、以来今日まで40年余り、前任校で附属小学校長を3年間兼務した他は大学から外へ出たことはなかった。連合大学院が発足する際、「これからは学部から大学院の修士課程、博士課程と進み、一度も教育現場に出ないままに大学の教師となり、学生に授業論を講じる人が出る可能性がある。だからそういう学生には、在学中に現場での実践体験を持つことを義務づけるべきだ」という意見が教授会で開陳されたりしたものであった。こういう意見に照らせば、いわゆる現場での実践体験を持たずに大学で体育科教育に関する授業を担当する筆者などは、真っ先に糾弾されるべき存在であろう。

(2) 実践と研究の場である大学の一般教養の授業

　しかし……と筆者は思う。筆者が過ごした40余年の大学での生活のうち、前半の20年は教養部での体育教師としての生活であった。週に体育実技の授業（90分授業）を5コマと体育理論の講義を1コマ担当するのがノルマであったが、一般教養の体育の授業は、夏の炎天下、2コマ続きの授業をすると脱水症状のようになり、「これはまさに現場だ」というのが筆者の実感であった。

　そういう現場で、筆者は「よい授業」を行うことを目指して、すぐれた実践者の実践に学び、学んだことを自分の授業に取り入れ、また授業の終わりにはいつも学生に感想を書いてもらい、それによって自分の授業計画を修正するという——まさに高田典衛と同じ方法で授業に打ち込んできた。

そしてそういう授業実践の中で、研究テーマが次々に生まれた。運動の不得手な学生がニコッと笑うような授業をしたいという思いが発端になり、筆者の授業に対する学生の思いを知るための「態度測定による体育の授業診断」の方法が開発された。高田が提示した子どもから見たよい体育授業の4条件は、後に高田四原則と呼ばれるようになったが、この四原則に基づいて「よい体育授業への到達度調査」の方法をつくるという発想も、よい授業をしたいという筆者の思いから生まれた。これらの研究成果は、その後、数多くの研究者によって利用されてきた。また、斎藤喜博の実践に学んだことを自己の授業に取り入れたところ、体育ぎらいの学生の感想文の内容が劇的に変わり、ここから作文分析の新しい方法への展望を開くこともできた。その他、筆者の研究のほとんどは、大学での筆者自身の授業経験の中から生まれ結実した。

このような研究をまとめたのが『体育の授業研究』（1978年、大修館書店）であったが、当時はまだこのような実証的な体育授業研究の書物はほとんどなかったので、この本は四つの体育雑誌すべてと日本教育新聞でも書評として取り上げられた。特に『体育科教育』1978年4月増刊号で高田典衛から、「本書は、全編が実践記録で綴られている。中でも異色で感動的なのは、筆者自身が教えた大学生の体育の授業記録が、研究の中核をなしているという点であろう。小中学校によくある事だが、大学の教師が自らの授業を記録し、それを資料にして研究したという例はあまり聞かない。恐らく希有の事ではなかろうか」という批評を得たのは、筆者にとってこのうえなくうれしいことであった。

(3) 一般教養の授業の場での実践

体育実技だけではない。多人数を対象にした大学の一般教養（教職科目等を含む）の授業の場は、みな生々しい現場である。それは、昔だけではなく今でもそうである。昨年度、筆者が担当した体育科教材研究の講義は、2年次生130人が対象であったが、私語の多い教室で筆者は、自作のプリントを使い、テレビ番組を注意してチェックしたビデオを映し、毎時間感想を書いてもらい、疑問・批判・意見等はプリントして翌週配布してコメントするというよ

うに、少なくとも主観的には精一杯の努力を傾けた。

　この年度、筆者が委員長になった自己評価実施委員会が学生による授業評価の調査を行うことになり、筆者も自らの授業について調査したのであるが、面はゆいことであったが、筆者の体育科教材研究の授業での調査結果は、多数の授業についての調査結果の中で受講生から最も好評を得た授業の一つであった。報告書で、【事例5】として授業科目名を伏せて学生の感想を次のように例示したのは筆者の授業である[1]。

- この教科の必要性を根源的に問う講義。
- 先生の授業はとても体系的で、すごく研究されてるんだと思った。大切な問題点などを知ったり考えられたりしてよかったと思う。
- 役立つ授業であったと思う。この授業で学んだことを生かせるように、さらにくわしく学んでいきたい。
- 教師であることの大変さと同時に、楽しさも学べました。
- この授業で出てきたような先生方の指導を受けていたら、私ももう少しこの教科が得意になっていたかもしれません。
- 教員にはなりませんが、実践上の問題やその解決法には多くの示唆があると思います。

　筆者は、自慢をするために、このようなことを書いたのではない。小中高校だけが「現場」ではない。大学の一般教養の多人数講義の場も生々しい現場であり、そこでの教育に全力を投入することによって、実に豊富に研究テーマが生まれるし、またその研究結果は、大学だけでなく小中高校すべての学校段階で普遍的に通用する授業の原理となるはずだということを主張したいのである。

1—2　『体育授業の原理と実践——体育科教育学原論』

　上記の拙著『体育の授業研究』は、実証的な授業研究の結果を集成したもので、学としての体系化を試みたものではなかった。筆者が、そのような志を持って書いたのは、『体育授業の原理と実践——体育科教育学原論』（1986年）であった。構成は、目標論、教材・内容論、方法論等々から成るが、どの章でも、具体的な授業実践の記録や調査の結果など実証的な資料を提示し、そこから「よい体育授業」のための原理・原則を引き出そうと努めた。「まえ

がき」で、筆者は次のように書いた。

「体育の授業というものは——これはなにも体育に限らないのであるが——原理（理論）と実践（方法）が表裏一体のものになっていないといけないということを、私はいつも思ってきた。本書は、このような思いにもとづき、私の今までの実践と研究の"総力"をあげて、体育の授業について原理と実践の両面を一体化させ、かつ体系的に描き出そうとしたものである。

このような試みを十分に実現させることができれば、その本には、『体育科教育学』とか『体育授業学』というタイトルをつけることができるのであるが、今の私の"総力"は、まだそのためにはパワー不足であるので、本書を『体育授業の原理と実践』と名づけた。ただ、いつの日か、上記のような、「学」という名のついた本を書きたいというのが私の願いであり、本書はそのための一里塚であると思うので、羊頭狗肉であるかもしれないと思いながら、未練がましく「体育科教育学原論」という副題をつけた。」

2 ◆ 独創的な「論」の評価を

2—1 「不十分な体系化」という批判

上記の拙著が出た翌年（1987年）には、成田・前田の編集で『体育科教育学』という本が出版された。体育の授業に関する学問の名称をタイトルにした本は、これが最初のものである。内容は、体育科教育学の構想、展開、実践的授業研究の3部から成り、このうち「体育科教育学の展開」の部の目次は、目的・目標論、教材・内容論、学習者論、学習指導過程論、学習環境論、評価論、体育教師の役割、である。

しかし拙著もこの本も、ある大学院生から「十分な体系化、構造化を果たしているとは言えない」と批評されたことはすでに前稿で述べたが、しかし少なくとも筆者は、よい体育授業を生み出すための原理・原則を体系的・構造的に描き出そうと最大限の努力を傾けて執筆したのであった。結果的に、まだそれが不十分なものであることは、筆者自身がよく認識していることであるが、そもそも原理・原則を体系化・構造化して学を構築するというのはどういうことであるのだろうか。そのことを、次に考えてみることにしたい。

2－2 「論」と「学」の関係
(1) 「論」の定義

上記二書とも、目次の柱立ては目標論、教材論等の「論」であるが、問題は、この「論」と「学」がどんな関係にあるのかということであろう。

「論」は、辞書では「意見、見解」のことであるとされている（『広辞苑』）。「論より証拠」という場合の論は、この意味であろう。一方、「理論」は「個々の事実や認識を統一的に説明することのできるある程度の高い普遍性をもつ体系的知識」と説明されている。だから、「論」と「学」という場合の論は、「理論」の略語であると考えるのがよいであろう。そこで本稿では、「論」を、辞書の説明でいう「理論」と同じ意味で用いることにする。

なお、『岩波小辞典　哲学』（1958年）では、「理論」が次のように説明されている。大筋は『広辞苑』と同じだが、この方が実践に言及している点で本稿での考察に際して、より有用である。

> 「個々の事実や認識を統一的に説明し、将来の実践の指針となりうる、かなり高度な普遍性をもつ体系的な知識を意味する。これは実践によって検証されていることを必要とする点で単なる仮説でなく、また実践にもとづいて発展する点で固定した教条と区別される。」

そうすると、高田や筆者が用いた「原理・原則」という言葉は、多くの事象を共通に規定する基本的なきまりのことであるから、普遍性の高いレベルでの原理・原則はすなわち理論であるし、個別的なレベルでの原理・原則は理論を構成する一要素だということになり、「原理・原則≦理論」という関係にあると見ることができる。

(2) 「学」の定義

「学」については、次のように定義されている。

> 「体系化された知識。現実の全体或いはそれの特殊な諸領域または側面に関する系統的認識」（『広辞苑』）

> 「1つの全体に系統づけられ、組織づけられた知識。単なる信仰、直感、体験などとは区別される。〈学問〉ともいう」（『岩波小辞典　哲学』）

ちなみに「学問」は、『広辞苑』では「一定の理論に基づいて体系化された

知識と方法」のことであるとされ、また「体系」とは、「一定の原理によって組織された知識の統一的全体」のことであると定義されている。

(3)「論」を体系化して「学」とすることの難しさ

以上の定義を総合して考察すると、「論」が体系化されたものが「学」だということになる。

「論」は実践によって検証されたかなり高い普遍性をもつ知識の体系のことであるが、このような意味での論は、ただ一つしか存在しないというものではない。例えば体育授業の目標について見ても、周知のとおり、いろいろな目標論が存在し、それに即応して教材論、方法論、教師論などもいろいろなものが存在する。

それらの論を、その人なりに体系化する時、その人の授業学が成立するが、実証することができたことがらに基づいて「よい体育授業」の目標論、教材論、方法論、教師論等をそれぞれ体系的に叙述し、さらにそれらを全体的に体系化させて体育授業学あるいは体育授業実践学という学の名に価する書物を著すのは容易なことではない。それは、図抜けた構想力を持った研究者だけが成し得る仕事であるというのが筆者の実感であるということは、前稿で述べたとおりである。

2－3 「論」の価値を高く評価する湯川、武谷

上記のように、少なくとも体育授業研究の分野での「学」の構築は容易なことではない。だから大学の教員人事で、「学」のレベルの研究業績をもつことを求められても、この分野の研究者にとって、それは厳しい要求だという他はない。「学」の前段階である「論」が研究業績として評価されるのでなければ、非常に苦しい。

ところがおもしろいことに、素人目にはしっかりした「学」が構築されているように見える物理学の分野で、湯川秀樹が次のように主張している。聞き手は、毎日新聞の河合武である[3]。

　　河合　先生方が取り組んでおられる学問ですが、素粒子〝学〟といわずに、素粒子〝論〟といってるところが、なかなか意味深長ですね。
　　湯川　そう、そう。素粒子論はなぜ「論」かというと、素粒子の正体が、まだよ

くわかっておらんからですね。だから、いろんな人がいろんなことをいっとるわけでしょう。そういう段階というのは、非常におもしろい。

「素粒子」を「授業」という言葉に置き換えれば、これはそのまま教育実践「学」に当てはまる。正体がまだよくわかっていないから、論なのだ。その段階が非常におもしろい。この率直さこそが、一流の研究者の一流たる所以であろう。座談には武谷三男も加わって、湯川の発言が続く。

湯川　ところがね、アカデミズムというのは「論」ではあかん、「学」でないとあかんということになりやすい。それでは困る。
河合　つまり「学」が成り立ったところでないと、アカデミズムは成り立たんみたいなね。
湯川　そうなんですね。だから「学がある」というわけや。
武谷　そういうこと、そういうこと。
湯川　私など「学」はあまりないけど「論」はある（笑い）。

素粒子の研究に「学」がないという話を聞いて、「それなら授業の研究と同じだ」と思うのは早合点であろう。素粒子の場合、研究の蓄積によってかなりの程度体系化された「学」はあるが、それを出来上がったものと考えてはいけない、独創的な「論」を盛んにすることによって、また新しい「学」が生まれるということであろう。

しかしいずれにしても、独創的な「論」を盛んにするところに学問のおもしろさがあるのであり、それをアカデミズム（大学）は評価しなければいけないというのが、湯川秀樹、武谷三男という世界的な物理学者の意見であった。

3・体育授業実践学の構築に向けての提言

3—1　実践的研究者への提言

結論に入ろう。「大学における研究業績の評価に際しては、独創的な『論』の尊重を」というのが筆者の主張である。もちろん、その論は、「学」につながる論でなければならない。

では、そのような論の文章、つまり論文が具備すべき条件は何であろうか。かつて高田典衛が、授業研究レポートが備えるべき条件として次の五つのこ

とを現場研究者に説いていたということは、前稿で述べた[4]。
　「①難点を具体的に捉える事、②時間的な経緯で記録する事、③客観的な事象を記録する事、④参考にした事例を明記する事、⑤詳細な資料は別に添付する事」
　ところが教科教育の教官人事では、いわゆる現場の実践者で雑誌論文を数多く書いている人の応募が見られることが多いが、残念ながらこれらの雑誌論文で上記の条件に適っているものは少ない。実践的研究の発表会でも、特に参考文献を明記した発表に出会うことは稀である。その意味では、研究論文の条件は何かということを、いわゆる現場の実践的研究者に知ってもらうことが必要であろう。
　しかし、稀にきちんと科学的論文のスタイルで叙述し、末尾に文献を明記した研究発表のプリントや抄録に接することがあるが、それらの筆者は、ほとんどが大学院修士課程で学んだことのある現職教員である。だから、こういう人たちがオピニオン・リーダーになって、研究論文の書き方についての知識が、いわゆる現場の「常識」となっていってほしいと思うのである。教育職員養成審議会は1998年10月、2001年度からの10年間で40歳未満の小中高校若手教員の15～25％が修士レベルの教育を受けることを目指すという答申を行ったが、こういう措置が、研究論文の書き方の「常識」の一般化を推進するものとなることが期待される。
　なお授業研究の論文は、授業記録が紙幅を食い、それがこの領域の論文を学術雑誌に投稿する際のネックになっている。そこで筆者は、授業の全体的な傾向や特徴はカテゴリー分析の方法で数量化して示し、核心の部分だけ授業記録を載せて紙数を減らすという私案をすでに発表した[5]。

3−2　業績審査の当事者への提言

　業績審査の当事者には、すでに述べたとおり、「学」につながる「論」のレベルの論文を評価し尊重してほしいということを要望したい。
　業績審査の基準として、学術雑誌に掲載された論文が何編あるかということが重視されているが、しかし、特に教育実践学というような実践的領域の場合、現存の学術雑誌で「論」がどのくらい尊重されているか疑問である。だから、学術雑誌掲載の論文が何編あるかということは参考資料とするのに

止め、一つ一つの論文の構成を吟味してほしいということを提言としたい。

■文献
1)『兵庫教育大学自己点検・評価報告書』平成9年度、25-26頁
2) 埜下昌宏「体育科教育学試論(1)」『関西教育学会紀要』第13号、1989年
3) 湯川秀樹・坂田昌一・武谷三男『現代学問論』1970年、勁草書房、94-95頁
4) 高田典衛『体育授業の改造』1979年、杏林新書、207頁
5) 小林篤「体育授業分析方法論」『体育学研究』43-2、1998年、71-78頁

(兵庫教育大学連合大学院『学校教育実践学の構築』1999年)

〈付記〉体育科教育に関する学問の名称は、今日では「体育科教育学」で統一されているが、上記連合大学院は「学校教育実践学」の構築を課題にしているので、本稿ではこれに合わせて、「体育授業実践学」という言葉を用いた。

第4節 体育授業研究の展開

1 ◆ 授業研究の「なぜ」「何を」「どのように」

❖「なぜ」研究授業を行うのか

　教育現場で行われる授業研究は、研究授業と呼ばれる。本稿では、この研究授業に視点を当てて考えてみることにしたい。

　先日、ある小学校の研究発表会で、居合わせた指導主事から「最近は、研究校に指定されるのを嫌がる教師が多い」という話を聞いた。ある一つの教育テーマを学校をあげて研究するのは、学校としての教育力を高めるとともに、当然個々の教師の教育や授業に関する力量をも高めるはずである。だから、研究のための経費やその他もろもろの便宜が計ってもらえる研究指定校となるのは、歓迎されてよいことである。しかしそれはタテマエ論で、実際は研究指定校になると仕事が増えて大変であり、その割に得るものは少なく、間尺に合わないというのが正直なところなのかもしれない。

　もっとも、こういうことは管見であって、大方の研究指定校は職員の総意で研究が進められ、着実に成果を上げているのであろう。しかし、かりに一部であるにしても、上記のような現象が見られるのもまた事実であると思われる。

　研究指定校のテーマが授業に関わるものである場合、指定校の活動は研究授業を中心に展開されることになるが、では研究授業とはどのような性質のものであろうか。「よい授業」の姿や、そのような授業を生み出すための方法を客観的・実証的に明らかにするのが授業研究であるが、こういう授業研究が学校行事として行われるのが研究授業である。「自分は、こういう授業が『よい授業』であると考え、それをこういう手だてで生み出そうとする」ということを学習指導案に書き、それに基づいて授業を行い、それを同校の教師や

外部からの参観者に公開し、授業後の研究協議会で検討・分析してもらう、という営みの全体が研究授業である。研究指定校となっている場合は、研究の出発点で、「本校では、こういう授業を『よい授業』であると考える」と「宣言」し、次々に行われる研究授業では、その「よい授業」を生み出すことを目指した教師の手だてが提示されることが多い。

　研究授業は、このような「よい授業」を成立させる方法を明らかにして、それを研究授業に参加した教師全員の共有財産にするために行うものである。だから、もしこのねらいどおりに研究授業が展開されるなら、研究授業は本当に有意義で張り合いのある行為であり、「研究指定校お断り」という雰囲気にはならないはずである。しかし、実際は必ずしもそうではないということは、せっかく研究授業を行っても、苦労ばかり多くて実りが乏しいことが少なくないことを物語っている。

❖ **研究授業で「何を」明らかにするのか**

　では、なぜこんなことになってしまうのだろうか。

　まず第一に、研究テーマが大きすぎることが多いのではないかと思われる。例えば「生きる力を育てる体育指導」というような壮大なテーマは、学校の教育目標として掲げる分には見ばえがしてよいが、研究の場合は、これを個人で行うとすれば定年までかかっても、とても終わらない。研究テーマは、もっと的を絞らないといけないが、そのための手だては、「よい授業」の姿を分析的に捉えることである。そのプロセスを私なりに描くと、次のようになる。

　まず、私（あるいは本校）が考える「よい授業」の姿について述べる。私が考える「よい体育授業」とは、「子どもたちが自ら考えながら生き生きと学習し、そして確かな知識や技能を身に付けていく授業」である。

　次に、こういう考えが決して独断的なものではないことを述べる。上に表現した「よい授業」の姿は、実は文部省サイドが言う新学力観や生きる力を育てる授業の姿に他ならないのである。指導要録では、評価の観点が「（学習への）関心・意欲・態度」「思考・判断」「技能、知識・理解」の順に並べられている。「新学力観」と言われるものの内容であり、また中教審答申で謳われ

た「生きる力」の考え方も、この新学力観に立脚している。これらの観点のうち、「関心・意欲・態度」は「生き生きした学習活動」と言い換えることができる。そうすると、「子どもたちが自分で思考・判断しながら生き生きした学習活動を展開し、知識・理解を深め、技能を向上させていく授業」が「生きる力」の素地を培う授業だということになる。

　この授業の姿は、先ほど私が描いた「よい授業」の姿と全く同じである。しかしこれは、私が指導要録や中教審答申の後追いをしたのではない。かつて高田典衛氏がしばしば述べておられたとおり、授業は子どものために行うものであり、そういう立場に立つ時、「子どものための体育授業」の姿は自ら一点に収斂されてくるのである。そして歴史的に見れば、多くのすぐれた実践家が生み出してきた「よい授業」を、最近になってやっと文部省サイドも「よい授業」として認知し、その一般化のためのキャンペーンを張っているということができるであろう。

　このように論じて、私が考える「よい授業」が21世紀に目指される授業の姿に他ならず、しかもそれは、行政サイドに追随したものではないことを明らかにする。こうなれば、研究の焦点は「子どもたちが自分で考えながら生き生きと学習する体育授業の研究」ということになる。「生きる力を育てる体育指導」より、はるかに具体的である。「確かな技能や知識の習得」ということは、上記の学習活動の結果としてついてくると一応考えておくことにしよう。

❖「どのように」研究授業を進めるか

　次に、こういう「よい授業」を生み出すことを目指した学習指導案を書くことになる。これは「学習活動」と「教師の活動」の欄とから成るが、子どものどんな学習活動を生み出すために教師はどんな活動をするか、その対応関係がよくわかるように書く。実際に、児童生徒としてこういう自律的・自発的な授業を受けたことがあるか、あるいは今までにそういう授業を参観したことのある人なら、授業の具体的なイメージが浮かんでくるであろう。そこに自分の独創を加え、思いを練るのである。

　しかし、そういう授業を受けたことも見たこともない人が、独創的な指導

案を書くのはむずかしい。「今もっている技で楽しむ」「少し努力すればできそうな技に挑戦して楽しむ」という「めあて学習」の書式の指導案に接することが多いが、率直にいって、書式どおりの指導案を書いている教師の授業で、本当に子どもの思考・判断が尊重され、生き生きした学習活動が展開される授業に接することは必ずしも多くはない。

　私は、「めあて学習」という学習指導の方式を考案した人たちの創意には敬意を払っている者だが、しかしこれを利用する人たちのあまりにも定型的な学習指導案に連続して接すると、正直のところうんざりしてしまう。そんな気持ちで授業を参観するので、初めから偏見が生まれてしまうのかもしれないが、しかし、やはり教師の独創性がキラリと光る指導案に基づくのでなければ、創造的な授業はできないのではないかと思わせられる。

　過去のすぐれた授業実践の中には、子どもが自律的に生き生きと学習を展開した実践例が少なくない。そういう実践のいくつかは、『学校体育授業事典』に紹介されている。研究の場合は、まず先行研究を調べるのが必須条件である。これと同じように、研究授業でもまずすぐれた先行実践を調べ、そこから学び、そこに自己の創意を加えてほしいと思う。

　授業の場では、参観者は思い思いに授業を見て、事後の研究協議会でやはり思い思いに質問したり意見を述べたりするのが通例である。しかしこれでは、言いっ放し、聞きっ放しになってしまい、授業者は「深く追及されなくてよかった」と胸をなでおろして一巻の終わりということになりがちである。このような研究授業の後には徒労感だけが残り、積極的に研究授業をやろうという人がいなくなってしまう。

　学習指導案に描かれていた子どもたちの姿や子どもと教師の対応関係が、実際の授業で具現化されていたか。また、いたにせよいなかったにせよ、その原因は何だったかということを客観的に分析し、研究授業を本当の意味での授業研究にするには、そのための資料として、授業中の子どもたちの学習活動の様子や教師の発言・行動の記録がほしい。

　40年前、富山市立堀川小学校は、学校をあげて取り組んだ研究授業の成果を『授業の研究』（明治図書）と題して公刊したが、ここでは例えば体育の研

究授業なら、体育部の教師が手分けをして授業のさまざまな記録をとり、これをもとに分析が行われ、その結果として見出された「よい授業」を生み出すための原理・原則が報告されている。このような行為によって、この研究授業は同校教師集団の教育力を高めるものとなり、それだけでなく、この研究報告書は長年にわたって版を重ね、授業研究に携わる者の必読の文献になったのである[1]。

ところで、堀川小は大規模校であったから、このように各教科部会の教師だけで授業の記録をとる人数が足りたのであるが、中・小規模の学校では、授業のくわしい記録をとるには学校の教師全員の参加が必要になる。そのような研究授業の典型例が、大阪府の豊中市立大池小学校である。

この学校は研究主任の豊田千代教諭を中心に、20年間にわたって「土谷体育」を実践してきたが、毎月行われる研究授業では、同校の教師全員が役割を分担して授業の記録をとった。そして、授業が終わって1時間もすると記録が全部プリントされて職員に配布され、それをもとに研究協議会が始まる[2]。みんな授業記録をとる作業に参画しているから、各教師の発言は、あくまでも具体的な事実に即して厳しいものであったが、そういう共同の研究活動によって、「よい授業」を生み出すための数々の原則を見出し確認し合うことができ、後には充実感が残り、明日からの授業への意欲がかき立てられる。だから、この学校は最も若い教師が35歳という「高齢化社会」であったが、50歳代の何人もの「おばちゃん」の教師でさえも、ごく当たり前のように体育の授業で生き生きと体を動かし、自ら学ぶ子どもたちの間を不断に巡回して指導の言葉をかけてやっていたのである。

❖ **研究成果の発表を**

このような授業記録にもとづいた研究授業の結果は、報告書にまとめ、機会を捉えて発表してほしい。そのことによって、研究の成果が広く授業研究に関心をもつ研究者、実践者の共有財産になるのである。

さらにまた、もしできることなら、こういう記録を推敲して研究論文にまとめ、学術雑誌に投稿してみてほしい。いま、特に教育系大学では、実践的授業研究に携わってきた人材をスタッフとして求めている。しかし大学の人

事は、学術雑誌に掲載された論文が何本あるかということが選考の基準になっていて、その点で残念ながらシャットアウトされてしまう人が多い。実践を改善する力をもち、しかも理論的にレベルの高い論文を書くことのできる「実践即研究、研究即実践」の力量を持った人材の輩出を望んでやまない[3]。

■引用文献
1) 拙著『体育授業の原理と実践』(1986年、杏林書院) 137～139ページに筆者の堀川小訪問記を載せてある。
2) 豊田千代「"みずから心と体をきたえる子ども"の育成をめざして」『体育と保健』1993年1月号、大阪・タイムス
3) 本章第1節の「体育授業分析方法論」は、実践的授業研究の成果を学術論文にまとめる私案である。

(『体育科教育』1998年10月号)

2 ◆体育授業研究発展の六つの契機

　体育の授業研究の発展には、六つの契機があった。
　その第一は、約40年前のテープレコーダーの開発である。これによって、授業中の教師と子どもたちの発言をありのままに記録することができるようになり、これを契機に実証的な授業研究が始まった。しかし当時のテープレコーダーは大型・重量・高価で、広い場所を人が縦横に動く体育の授業の記録をとるのは容易なことではなかった。
　第二の契機は、1968年、東京学芸大学に教員養成大学として初めての大学院修士課程が設けられたことであった。その設置条件として、授業研究を中核とする教科教育の研究業績を持つスタッフを擁することが求められたので、以来教員養成大学では、授業の研究に関心を持ちながらそれぞれの専門領域で研究論文を書いてきた人たちが、軸足を体育科教育に移し、その結果、体育科教育の研究は一挙に活況を呈することになった。
　こういう動向の結果として1978年、日本体育学会の中に、今までこの領域の研究は学問として成立していないという理由で認められていなかった体育科教育学専門分科会の設立が承認された。これが第三の発展の契機である。

またこの時期にビデオカメラが実用化され、授業を映像で記録できるようになり、体育の授業記録をとる苦労が著しく軽減された。またコンピュータの普及にともなって、授業を細かくカテゴリー分析して処理する数量化の技法が考案された。これらが体育授業研究発展の第四、第五の契機となった。

そしていま、いくつかの教育系大学の大学院に保健体育のコースを含む博士課程が設けられた。その柱は授業研究であるから、これは極めて大きなインパクトで、言うまでもなく発展の第六の契機である。しかし博士課程の設置は、今までの研究成果が評価された結果ではなく、この領域の研究の必要性にかんがみて器が先にでき、その中身を埋める仕事が研究者に課せられたというのが実状である。①授業の記録をとり、②授業の全体的な傾向をできるだけ数量的なデータで示し、③授業の特徴のうち、数量化できないことがらを授業記録から読みとっていく、こういう作業を地道に丹念に積み重ねることが、いま、最も要請されていることである。

(『体育科教育』1996年9月号巻頭言)

3 ◆体育原理(哲学)研究の興隆を

私の「現住所」は体育科教育であるが、もともと体育原理(哲学)の研究にも関心があり、日本体育学会の大会でも、何回か体育原理の会場で研究発表をし、また好んでこの会場で発表を聞いてきた。

かつてこの会場は、発表演題数も多く、熱気に満ちていた。研究発表の抄録集に原理的研究とか生理学的研究という見出しがつくようになったのは第19回大会(1968年)からであるが、この年の体育原理の会場での発表演題数は41題。そのうち、直接学校体育に関係するものは15題であった。そのなかには、次のような発表が見られた。

現代体育の指導理念(阿部忍)、運動文化と人間形成(中村敏雄)、戦後体育科教育の理論実践に関する史的考察(中森孜郎)、戦後体育の研究その2(高橋健夫)、そして不肖私も、「保健体育科目に対する学生の価値態度」。

またこの5年前の第14回大会では、広い会場を満員の聴衆で埋めた体育原理専門分科会シンポジウムで、「戦後体育の分析」という演題をひっさげた丹

下保夫氏が、茨城弁丸出しで熱弁を振るっておられ、まだ駆け出しの研究者だった私は、度肝を抜かれたものであった。

しかしそれから約30年、1992年の第43回大会での体育原理の会場での発表演題数は16題、次の44回大会では13題、そして昨年の45回大会ではわずかに6題と、ついに1桁台になり、しかもわが国の学校体育を分析した研究は皆無になってしまった。学校体育の原理的研究の発表は体育科教育学の部門に移る傾向にあることが、このような大幅減の一つの原因ではあるだろう。しかしそれより大きな原因は、巨視的な視野に立って緻密で論理的な考察を詰めていくことが求められる体育原理（哲学）の研究よりも、テーマを小さく絞った実証的な研究のほうが、研究業績として評価される論文を書きやすいことにあると考えられる。

しかし、いま教育界では中央教育審議会が再開され、学校の完全5日制に向けて行政の公の動きが始まった。中教審答申－教育課程審議会答申－学習指導要領改訂という段どりであるが、問題の焦点は授業時間数の削減であり、そのために教育内容の精選、教科の統廃合など、いろいろな措置がとられるであろうと憶測されている。このような時、私たち体育研究者や体育実践に携わる者がなすべきことは、「どう変わるだろうか」と様子をうかがうことではなく、未来を展望して「こうすべきだ」という積極的な提言をすることである。そういう提言は、細分化した研究の成果だけに立脚していては生まれない。広い視野からの問題の把握が必要であり、それこそ体育原理（哲学）の研究領域である。

もちろん、「まず隗より始めよ」であることはよく承知しているが、私の車は、エネルギーが不足して迷走やエンストを繰り返している。集中的・持続的な思考に堪えるエネルギーを持った若い力よ興れ、そして、体育原理（哲学）研究のかつての熱気を呼び戻し、学校5日制に向けての教育改革への積極的な提言を、と心から期待したい。　　　　　　　　　　（『学校体育』1995年9月号）

〈注〉体育の哲学的研究の学問の名称は、いうまでもなく体育哲学であるが、教育職員免許法ではこれが体育原理と呼称されている。そこで本稿では、体育哲学と体育原理を同義に考えて「体育原理（哲学）」と記した。

年表

〈注〉「学習指導要領」は「指導要領」と略記

	社 会・教 育	体 育
1872(明治5)	・学制発布、小学校教育発足	・体術という科目が置かれる。
1873 (6)		・体術、体操と名称変更。
1878 (11)		・体操伝習所開設。指導者としてリーランド招聘。
1885 (18)	・伊藤博文内閣発足。初代文相森有礼、学校令公布	・体操科の教材、普通体操と兵式体操の2本立に。
明治中頃		・欧米諸国からスポーツが次々に輸入される。
1941(昭和16)	・太平洋戦争 ・小学校は国民学校と改称	・体操科は体錬科と名称変更。
1945 (20)	・敗戦	
1946 (21)	・米国教育使節団来日	
1947 (22)	・新制小中学校発足 ・初の小学校指導要領（試案）	・体錬科が体育科に。号令、一斉指導の禁止。 ・体育では学校体育指導要綱。
1948 (23)	・新制高校発足	
1949 (24)	・新制大学発足	・体育が大学教養課程の正課に。 ・中、高校の体育科が保健体育科に。保健、中学で70時間、高校で2単位と明示。
1951 (26)	・中、高校指導要領（問題解決学習）	
1953 (28)	・小学校指導要領改訂	・教材に代わり学習内容という用語。
1956 (31)	・高校指導要領改訂	
1957 (32)		・グループ学習発表会（竹之下休蔵）。
1958 (33)	・小、中学校指導要領改訂（文部省告示）＝系統学習、基礎的運動能力	・保健が小学校高学年体育の内容に（全授業時数の1/10程度）。
1961 (36)	・スポーツ振興法＝学校開放、スポーツテスト作成、体育指導委員制度、スポーツ少年団等の施策。	
1964 (39)	・東京オリンピック	・体力つくり研究急速に進展。
1968 (43)	・小学校指導要領改訂	・「総則第3」で体育重視。業間体育の盛行。体力、特に調整力重視の小学校体育。

1969（44）	・中学指導要領改訂	・保健体育の授業60時間増。
1972（47）	・高校指導要領改訂＝教育内容の精選集約、習熟度別学習、選択制	
1977（52）	・小、中学校指導要領改訂＝教育内容の徹底した精選、中学校に選択制導入、生涯学習、生涯体育・スポーツ	・中学保体の授業、旧に復し保健55時間に削減。 ・小学校低学年の内容、基本の運動とゲームに。 「運動の楽しさを味わわせる」「自己の能力に適した課題を持って」という表現。細かな学習内容は削除され指導書に。中3に選択制。男子武道、女子ダンスという区別なくなる。
1989（平成元）	・指導要領改訂＝生活科誕生	・小学校高学年以上「運動の楽しさや喜びを味わわせる」。小学校体育の内容、2学年単位に。
1991（ 3）	・指導要録改訂＝関心・意欲・態度、新学力観 ・大学設置基準改正	・指導資料で「めあて学習」推進。 ・大学の保健体育科目、必修からはずれる。
1993（ 5）	・学校週5日制、月1回実施	
1995（ 7）	・5日制、月2回実施	
1997（ 9）	・中央教育審議会答申＝教育内容厳選。子どもに「生きる力」と「ゆとり」を	・保健体育審議会答申。
1998（10）	・教育課程審議会答申＝授業時数削減。「総合的な学習の時間」新設 ・小、中学校指導要領改訂	・体育、保健体育の授業時数105から90時間に。 小学校中学年から保健の授業。体操を「体つくり運動」に。「体ほぐしの運動」導入。 ・小学校高学年、「各学年で履修」の条件緩和。「工夫する学習」の全面的な強調。
1999（11）	・高校指導要領改訂	
2002（14）	・完全学校週5日制発足	

さくいん

あ
足音　164・167・169
アフタービート　171

い
猪飼道夫　143
生きる力　19・23
意識焦点　155
イメージ　158

う
動きのリズム（流れ）　26・39・75・122・180
梅根悟　184
運動会　34
運動技能　10・166
運動ぎらい　233
運動処方　145
運動の楽しさ・喜び　9・12・27・37
運動の特性・本質　68・76・78・166
運動部活動　49
運動文化　39・60・146・210・236

え
ALT-PE　250

お
大谷武一　174
織田幹雄　155
オタワ憲章　32・52
小野勝次　156
オフサイド　40

か
学校体育研究同志会　65・78・90・93・217
学校保健　52
学習指導案　10・282
学習指導要領　9・15・20・30・49
学習指導要領解説　23・25
学習指導要領総則　9・21・53
学習集団　238

学習内容　10・60
学力　22・121
カテゴリー分析　109・151・249
体つくり運動　25
体ほぐしの運動　25
簡易ゲーム　78
感覚的指示の言葉　150
関心・意欲・態度　11・121・200・209・220
感想文　250
観点別学習状況　11・203

き
擬音語　160・173
器械運動　17・118
技術指導　128・194
技術認識　64・120・248
基礎・基本　15・208
技能　9・22・210
木下竹次　143
基本の運動　27・114・146・264
教育課程審議会答申　20・26・50
教育技術法則化運動　147・178・211
教科教育学　242
教科研身体と教育部会　244
教科内容　146
教材　60
教材解釈　61・132・246
教材研究　55・61・87
教師行動　111・115・119・128・219
教師の身体行動　249
教師発言　109・249
競争　35・61・67・237
共通履修　17・211
教養　184
教養目的　195

く

クーベルタン　34
工夫する学習　21・25・108
クラウチングスタート　22・139
クラブ活動　50
グリッド制　68・78・95
グループ学習　12・193
け
形成的評価　201・213
形成的授業評価　205
ゲーム　23・131・264
研究授業　280
健康教育　52
原理の理解　137
こ
行進　169・228
校内マラソン　141
小久保式跳ばせ方　167
コミュニティ・スポーツ　49
さ
サービス　40
斎藤喜博　28・74・169・177・180・219・222・227・237・246・252(他にもあり)
逆上がり　16・210・218
佐々木賢太郎　175
し
支援　14・111
思考・判断　14
自己学習力　9
自己の能力に適した課題　10
自己評価　203
静かな授業　122・227
実践記録　245・248・261
実践的研究者　257・266・277
指導技術　166・179
指導書　15
指導要録　11・202・281
集団過程　238
授業過程　108・114

授業記録　88・104・242
授業研究　182・196・242・280・285
授業診断　212・251
授業評価　182
授業分析　103・134・242・251
生涯学習　53
生涯体育・スポーツ　12・30
触球数　80・83・93
自立(律)的学習　116・118・134・148
新学力観　11・281
心体育　93
身体表現　103
す
水泳　99
ストレッチング　26・44
スピード曲線　65
スポーツ　45
スポーツ振興法　48
スポーツ少年団　49
スポーツ文化　99・146・211
せ
生活習慣病　54
絶対評価　67・200
全国体育学習研究会　12
そ
増健　52・112
総合(的)学習　20・31・57・103・148・226
ソフトボール　81・138・140
た
体育科教育学　265・267・269・285
体育教師　26・216
体育原理(哲学)　286
体育実技　182
体育指導委員　49
体育する喜び　9・184・236
体育に関する知識・体育理論　23
大学設置基準　182
太極拳　43

体操　25
態度測定　128・182・212
態度の評価　201
態度変容　183
体力　9
体力つくり　112
ダウンビート　171
高田典衛　168・235・255
高田四原則　204
竹之下休蔵　12
脱力（リラックス）　44・47
楽しい体育　9・37・47
WHO　32・52
短距離走　22・28・64・140・235

ち
知識・技能　139
知識・理解　22・121
知・徳・体　19
中央教育審議会答申　19・48
調整力　235

つ
土谷体育　102・134・143・148・284

て
「できる」「わかる」　111・121

と
東井義雄　64
東京オリンピック　48
跳び箱運動　167・173
豊中市立大池小学校　284
ドリブル　82

に
認識と実践　111・239
忍者体育　113・146・180・207・220・249

の
野口体操　26・44

は
ハーフコート・バスケット　79・95
走り幅跳び　28・88

8秒間走　89
発問　110・161
バドミントン　178
バトンパス　63
ハンドボール　132
範例学習　139

ひ
美意識　77・171・177
日比野寛　145
評価・評定　200・208
表現運動　27

ふ
部活動　49
踏み切り　174

へ
ヘルスプロモーション　32・52

ほ
法則化体育　152
ボールゲーム　68・71・92・125
保健　31・52・139
保健体育審議会　53
堀川小学校　244・283

ま
マット運動　120
万歩計　115

み
三橋喜久雄　156
宮畑虎彦　155
見る目　223

む
ムーブメント　43

め
めあて学習　13・119・283

も
問題解決学習　226

ゆ
ゆとり　47

よ

よい授業　281
よい体育授業への到達度調査　251
ヨガ　44

ら
ラジオ体操　41

り
リードアップゲーム　78
リーランド　42
リズム　41・172・243
リズムダンス　27
リズムのある動き　75・176
リレー　63

理論　268・275
理論と実践　23

る
ルールづくり　38・131
ルールの工夫　10・146
ルールの成立史　40

れ
連続技　118・122

ろ
論　268・275

わ
技の繰り返し・組み合わせ　123

〈注〉人名は故人に限定した。

［著者略歴］
小林　篤（こばやし　あつし）
1935年　長野県生まれ
1958年　東京大学教育学部卒業
同年九州大学助手を皮切りに名古屋大学、奈良女子大学に勤務し、1988年から兵庫教育大学教授（2000年3月定年退職）。

● おもな著書
『体育の授業研究』『体育の授業分析』（大修館書店）
『授業分析法入門』『すぐれた体育の実践記録に学ぶ』（明治図書）
『体育授業の原理と実践』（杏林書院）
　その他

体育授業叢書
体育の授業づくりと授業研究

© Atsushi Kobayashi 2000

初版発行————2000年2月21日

著者	小林　篤
発行者	鈴木荘夫
発行所	株式会社 大修館書店

〒101-8466 東京都千代田区神田錦町3-24
電話 03-3295-6231（販売部）03-3294-2358（編集部）
振替 00190-7-40504
[出版情報] http://www.taishukan.co.jp

装丁者————平　昌司／本文レイアウト————荻原　健
カバー写真————フォート・キシモト
印刷所————横山印刷
製本所————関山製本

ISBN4-469-26435-0　　Printed in Japan

Ⓡ本書の全部または一部を無断で複写複製（コピー）することは、著作権法上での例外を除き禁じられています。

▼体育授業叢書

新しい体育の授業研究
高橋健夫 著
体育授業の科学化のために数多くの授業を分析し、すぐれた体育授業像の内実を明らかにした。特に比較体育学的研究方法を著者が独自に開発した。
26161　■224頁　本体2,000円

体育の授業と教授技術
阪田尚彦 著
教授学の泰斗・斎藤喜博氏に師事した著者が、体育授業学の確立を目指して、教授技術に焦点を絞り、すぐれた体育授業像を明らかにした意欲作。
26173　■220頁　本体1,942円

こども・せんせい・がっこう
細江・青木・品田・池田 著
個別化・個性化教育の思潮を背景に、個を生かす体育授業像を明らかにした。子どもの行動を生態学的にとらえ、新しい体育授業を構想している。
26184　■250頁　本体2,204円

「みんながうまくなること」を教える体育　出原泰明 編著
「へたな子」や「できない子」を切り捨てずに、「できる」ことと「わかる」ことを統一する体育授業の創造を目指す教師集団の実践記録論集。
26193　■280頁　本体2,204円

体育の授業方法論
出原泰明 著
これまでの体育授業の病根をえぐるとともに、自らの実践をきびしく振り返りつつ、豊富な具体的実践を材料に、体育授業の理論と方法を提案。
26194　■212頁　本体2,000円

体育の授業を創る
高橋健夫 編著
よりよい体育授業の創造に必要な諸条件を理論的・実践的・実験的に探求した意欲作。授業実践に基づいた客観点データを収集・分析し、一般化した。
26277　■248頁　本体2,200円

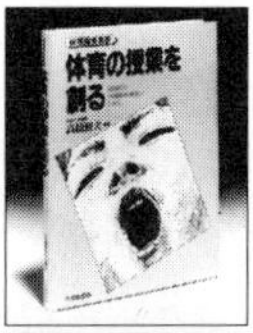

体育授業の理論と方法
小林一久 著
時代状況の変化の中で学校体育のあり方も鋭く問われている。長年に亘り体育の理論と方法を研究してきた著者が、"人間が行う体育"を集大成した。
26329　■192頁　本体2,000円

教育としての体育
中森孜郎 著
子どもの硬直化したからだを耕し、閉ざされた心を拓く体育授業を目指し、長年実践現場から研究を続けてきた著者が体育の本質にせまる。
26348　■208頁　本体2,000円

からだ育てと運動文化
久保 健 編著
一種の「心の発見」によって実践を典型化し、そこに潜む教育の法則を明らかにすることを目指す。そのような授業研究の歩みと成果を紹介。
26366　■242頁　本体2,200円

子どもの心を開くこれからの体育授業　細江文利 著
体育の役割は「運動技術の獲得」から「関係の生成」へと変わりつつある。心が開かれた居心地のよい学級をつくる体育理論と14の授業実践例。
26404　■226頁　本体2,300円

▼保健教育図書

課題学習に役立つ 新しい健康問題のとらえ方
脳死、臓器移植、遺伝子診断等を授業で扱う際の知識を平易に解説。 篠原菊紀 著　26418　■178頁　本体1,900円

保健授業づくり実践論
自身の実践記録から、授業づくりのポイントを明らかにする。
近藤真庸 著　26367　■236頁　本体2,200円

保健の授業づくり入門
保健授業における今日的話題を分析、教材研究・展開事例を紹介。
森昭三、和唐正勝 編著　26126　■314頁　本体2,200円

新版「授業書」方式による保健の授業
新項目を加え、新学習指導要領（平成11年告示）にも対応。
保健教材研究会 編　26416　■168頁　本体2,300円

健康教育への招待
保健体育教師、養護教諭、学級担任のための健康教育入門書。
高橋浩之 著　26340　■184頁　本体1,600円

エイズ―いま、何を、どう伝えるか
「真に予防に必要な知識」を「伝え方」も含めて紹介。
岩室紳也 著　26344　■226頁　本体1,200円

大修館書店　　書店にない場合やお急ぎの方は、直接ご注文ください。Tel.03-5999-5434